U0568893

大先生

中国人民大学学术大家访谈录

中国人民大学校报编辑部 编著

中国人民大学出版社
·北京·

编委会

编委会主任

张东刚　林尚立

编委会副主任

郑水泉　齐鹏飞　王　轶

编委会委员

罗建晖　孙　权　冯仕政　孙华玲　庄毓敏　刘守英　吕学明　朱　浒
张辉锋　周　勇　宋东霞　郑新业　王　易　杜焕芳　黄文艺　吕　捷
仇焕广　杨伟国　唐　鑛　臧峰宇　张鹏举　李永强

主编

郑水泉

执行主编

杨伟国　陈骊骊

采编人员

郭　琪　杨　默　刘晓阳　刘诗萌　毕　玥　阴志璟
赵　禾　蒋利华　陈　冉　李　璨　袁　源

采编助理

陈瑶怡　陈炳旭　叶　晴　禹　琳　白悦瑶　王子伊　芦文萱
王　瑞　姜林宏　丁兆颖　程思源　杨孟成　曾　慧　潘　靖
邱乐陶　杨巧莉　刘晓炫　叶语嫣　杨晓玲

特别感谢孙鹃娟、陈雨露、马大正、王润泽、刘瑞、王向明、马英民、耿化敏、时延安、刘凤义、孔祥智、仇雨临、郝立新等学者对文稿提出的专业建议，及洪荞、朱岩、刘芳、安海燕、文盈盈、马文林、卢垚、陈乙瑶、吴晨圆、贡桑旺姆、程万昕、张石磊、杨澜洁、杨祥银等老师的大力支持！

前言

欲为大学，必有大师。

2022年五四青年节前，习近平总书记在中国人民大学考察时强调："好的学校特色各不相同，但有一个共同特点，都有一支优秀教师队伍。对教师来说，想把学生培养成什么样的人，自己首先就应该成为什么样的人。培养社会主义建设者和接班人，迫切需要我们的教师既精通专业知识、做好'经师'，又涵养德行、成为'人师'，努力做精于'传道授业解惑'的'经师'和'人师'的统一者。教育是一门'仁而爱人'的事业，有爱才有责任。广大教师要严爱相济、润己泽人，以人格魅力呵护学生心灵，以学术造诣开启学生智慧，把自己的温暖和情感倾注到每一个学生身上，让每一个学生都健康成长，让每一个孩子都有人生出彩的机会。老师应该有言为士则、行为世范的自觉，不断提高自身道德修养，以模范行为影响和带动学生，做学生为学、为事、为人的大先生，成为被社会尊重的楷模，成为世人效法的榜样。"

殷殷期待，谆谆嘱托。

从陕北公学到华北联大，从华北大学到中国人民大学，85年来，一批又一批大先生汇聚这所中国共产党创办的第一所新型正规大学，共同奏出

大先生
中国人民大学学术大家访谈录

与共和国同向同行同频共振的时代交响乐。

这里名师辈出，俊彦云集。已故名师大家吴玉章、成仿吾、范文澜、艾思奇、何思敬、何干之、何洛、胡华、尚钺、吴景超、李景汉、庞景仁、石峻、缪朗山、李秀林、徐禾、塞风、许孟雄、孟氧、佟柔、戴世光、刘铮、查瑞传、苗力田、吴大琨、萧前、林文益、阎达五、阎金锷、方生、高鸿业、钟契夫、吴宝康、彭明、彦奇、曾宪义、宋涛、萨师煊、王传纶、李文海、许崇德、刘佩弦、周诚、王思治、方立天、郑杭生、夏甄陶、周升业、罗国杰、蓝鸿文、甘惜分、黄顺基、庄福龄、孙国华、李占祥、高放、卫兴华、周新城、胡乃武、陈共、赵中孚等，尽管他们的身影已经渐渐远去，但人大人会永远铭记他们在各自学科领域中的卓著成就，会永远铭记他们为学校的学科建设、人才培养和科学研究奠定的坚实基础。

岁月更迭，光阴荏苒，任书卷泛黄、年华老去，却道"未染是初心"。85年，我们"与党和国家同呼吸共命运"的底气未尝更改，"实事求是、艰苦奋斗"的决心不敢稍息，一代又一代的大先生，为"人民共和国的建设者"的摇篮、人文社会科学高等教育的重镇、马克思主义教学与研究的高地的形成做出了不可磨灭的卓越贡献。这是一群大先生传道授业的崇高追求，这是一所大学立德树人的使命担当。

如今的人大校园，仍有如邬沧萍、黄达、戴逸、方汉奇、李震中、许征帆、何沁、高铭暄、胡钧、严瑞珍、赵履宽、陈先达等一批心系教育、情牵学子的老一辈学术大师，以旺盛的学术生命力、永不停歇的创新精神和孜孜以求的治学态度，引领学科建设屹立于学术高原之巅。

"为学当如金字塔，要能博大要能高。"这是百岁老人，我国人口学、

前 言

老年学的学科开拓者邬沧萍教授"治学报国"的不懈追求。

"教育乃我之事业,科学乃我之生命。"这是"人民教育家"、新中国刑法学的主要奠基者和开拓者高铭暄教授培养"人民共和国的建设者"的坚定志向。

"有限的人生,溶入力的洪流会化作永恒!"这是"全国最美教师"陈先达教授"始终奋进在时代前列"的勇毅担当。

……

举办一级岗位教授聘任及荣退仪式,开展"吴玉章师德师风大讲堂""优秀教师教学经验分享",组织学校师德先进集体和师德标兵评选,一直以来,中国人民大学致力于塑造培育新时代大先生的良好氛围,持续加强榜样选树宣传力度,讲好"人师"故事,传播"人师"声音。

旗帜高展,使命高悬。

今年,我们在《中国人民大学》报历史文稿的基础上,兼顾《人民日报》《光明日报》《解放日报》《中国高等教育》等国内主流媒体的相关稿件,选取其中部分作品结集成册,出版《大先生——中国人民大学学术大家访谈录》一书,回顾大先生们负笈求学、追求真理、勤于治学、教书育人的人生历程,以期弘扬老一辈人大人的治学品格和道德风范,展现这所以"人民"为名的大学85载传承不绝的精神薪火。

我们坚信,有大先生们甘为人梯、循循善诱,有一代又一代的青年教师成为育人事业的中流砥柱,我们一定能建成扎根中国大地、面向国际学术前沿、在人文社会科学领域"独树一帜"的世界顶尖大学,为国家建成社会主义现代化强国和人类文明进步做出重要贡献。

愿学术之火永恒,愿思想之树常青!

目录

邬沧萍：穿越百年沧桑　丹心终系家国 ………………………… 1

黄达：探浩渺金融天地　倾一生求真求实 ………………………… 23

戴逸：履霜坚冰至　涓水汇洪流 ………………………………… 43

方汉奇：寻新闻之史脉　扬大家之正气 …………………………… 68

李震中：经世立学　矢志报国 …………………………………… 90

许征帆：胸怀家国之大义　求索主义之真理 …………………… 106

何沁：躬身党史数十载　潜心著述著真章 ……………………… 133

高铭暄：鲐背之年仍胸怀"国之大者" …………………………… 154

胡钧：笔下千钧　昂藏万仞 ……………………………………… 181

严瑞珍：踏遍千山万水　心寄田垄之间 ………………………… 201

赵履宽：拓劳人之学　育桃李芬芳 ……………………………… 219

陈先达：马克思主义哲学信仰播种人 …………………………… 237

参考文献 …………………………………………………………… 258
后记 ………………………………………………………………… 262

邹沧萍：
穿越百年沧桑
丹心终系家国

【先生小传】

大先生
中国人民大学学术大家访谈录

邬沧萍,出生于1922年,中国人民大学荣誉一级教授。我国人口学、老年学的开拓者和奠基者,我国最早一批人口学硕士、博士生导师之一。现任中国人民大学校学术委员会委员,《中国人民大学学报》(英文版)编委,《人口研究》杂志名誉主编。曾任中国老年学学会会长,中国人口学会副会长,北京市人口学会名誉会长,北京市老龄科研中心名誉主任,中国老龄协会专家组组长,首都医科大学老年医学系学术委员会副主任,国际人口研究机构联合会常务理事,国际计生联亚太地区常务理事,国际老年学会亚大分会常务理事,联合国马耳他老龄研究所兼职教授。曾任第五届北京市政协委员,第六届全国政协委员,第七、八届全国政协常委,北京市政府参事,民盟中央常委和北京市委副主委,民盟中央顾问,《群言》杂志顾问。

邬沧萍1941—1946年就读并毕业于岭南大学经济学系,1948—1951年在美国纽约大学攻读并获MBA学位,同时在哥伦比亚大学选修统计学作为第二专业。1951年回国后,先后在中国人民大学等校教授统计学、人口学和老年学并从事研究工作,1971年起开始专门从事人口学教学和研究。

20世纪70年代,在人口学沉寂20多年后,邬沧萍等率先意识到人口问题将长期成为中国最突出、最特殊的问题。他在《人民日报》上发表了新中国人口学的第一篇理论文章《人口非控制不行》,先后参加创办了中国人民大学人口研究所、人口学系、老年学研究所、《人口研究》杂志等,并担任《人口与经济》《老龄科学研究》的学术顾问,为沉寂多年的中国人口学的恢复、重建奠定了重要基础。1979年,邬沧萍与其他中国人口学者组成代表团,到联合国总部、美国、法国、英国、泰国等考察一个月,其后又多次到欧美发达国家和亚非拉国家参加会议、讲学、考察,对世界人口形势有了较为深刻的了解,也结识了当时国际上知名的人口学、老年

邬沧萍：

穿越百年沧桑　丹心终系家国

学的专家、学者和主管官员。1980年后，邬沧萍作为联合国与中国合作成立的中国人口学培训中心的中方负责人，负责培训人口学学员、邀请国内外专家讲学、选派年轻学者出国学习人口学、进行南南合作、培训朝鲜和越南年轻学者。

20世纪80年代初第三次人口普查结束后，在我国离进入老龄化社会还有一段距离时，邬沧萍就已经预测到人口老龄化将成为我国的必然趋势，并为人口老龄化进行了理论、舆论、制度建设、人才培养等各方面的准备。1983年，他开始指导我国最早的老年学方向的硕士生、博士生，建立了我国老年学的知识体系，给这门学科的研究奠定了基础。在他的倡导和推动下，我国老年学学会成立；中国人民大学老年学专业建立——这是我国高校第一个老年学专业，开创了我国老年学教育史上的里程碑。

邬沧萍完成了大量具有奠基性和创造性的学术成果，先后出版著作和教材约30种，如《人口统计学》《人口学辞典》《社会老年学》《老年学概论》《中国人口老龄化：变化与挑战》等；公开发表论文、文章200余篇，其中发表在《人民日报》《光明日报》《求是》《红旗》《中国社会科学》《中国人民大学学报》的有30多篇。学术论文和学术著作曾十几次荣获国家级、省部级奖项。

由于在学术研究、人才培养方面贡献卓越，邬沧萍荣获了多项学术奖励，如获第二届中华人口奖（科学奖）、北京市第六届哲学社会科学优秀成果一等奖，2000年获中国老教授科教兴国贡献奖。2014年，在中共中央宣传部、全国老龄工作委员会办公室评选的"最美老有所为人物"中，邬沧萍是唯一来自高校的获奖者。颁奖词称他"研学唯精，一心存报国家志；桑榆未晚，众口争夸矍铄翁"。2016年，他在清华大学"香港特别行政区高级公务员清华大学国家事务研习课程"中，讲授关于人口、老龄和"三农"问题，获得香港公务员处颁发的杏坛奖，还获得清华大学授课100

期荣誉奖。他还曾获得中华人口学会终身荣誉会员奖和中国老年保健协会突出贡献奖。

  退休后的邬沧萍除了继续带博士生，仍坚持从事人口学和老年学研究，独著和主编的《人口学学科体系研究》《老年学概论》《人口、资源、环境关系史》《邬沧萍自选集》《从人口学到老年学》《老龄社会与和谐社会》《全面建成小康社会　积极应对人口老龄化》《老年价值论》等著作，先后获得国家级、省部级奖项，其中两本还作为国家重点图书进行推广，曾在国外图书展览展出；2017年还曾应邀到中央人民广播电台解读"十三五"老龄规划。

邬沧萍：

穿越百年沧桑　丹心终系家国

他有一颗赤子之心，青年时代远赴重洋辗转求学，又冲破重重阻碍跨海归来，回到祖国的怀抱。

他一生醉心于治学，是新中国人口学、老年学的拓荒牛，积几十年专精钻研，成为中国"生老之学"的一代宗师。

他倾注心血润桃李，是我国人口学最早的研究生导师，以 85 岁高龄退休后仍坚持指导博士研究生。

他是"最美老有所为人物"，从战"疫"直播首秀到新生入学云课堂，他永远与时代合拍，永远用自己的生命之光传递无穷的正能量。

壬寅虎年金秋，他将迎来百岁华诞。承载了一个世纪的风雨洗礼，愈加闪耀的是对祖国的热爱，是对学术的挚爱，是对学生的慈爱，是对生命的大爱。他，就是邬沧萍。

爱国情结萌发自动荡年代

1922 年，邬沧萍出生于广东番禺。南村邬氏世居岭南，渐成望族，家境殷实，族中不乏读书人，涵育了重视教育的家风。母亲潘氏也家境不凡。优渥的生活条件不仅使他的双亲成为百年前的留日学生，更使邬沧萍成为一个在母腹中就陪伴父母"留洋"的孩子。他的童年衣食无忧，并得到了良好的教育机会。

邬沧萍年幼时，中国正处于国共两党第一次合作的大革命时期，席卷华夏大地的革命浪潮在广东尤为激烈，从军队到学校，处处都是高喊口号、大声唱歌的火热情景。以至于现在年近百岁的邬沧萍仍能清楚地唱出那首难忘的歌："打倒列强，打倒列强，除军阀，除军阀，国民革命成功，国民革命成功，齐奋斗！"当时的邬沧萍年纪虽小，却歌声嘹亮。

邬沧萍在小学就读时，学校环境优美、学习氛围浓厚，他也勤奋刻苦、成绩优异。然而，这样平静而幸福的生活却被"九一八"事变击得粉碎。有一天，邬沧萍刚步入校门，校园里的警钟就沉重地响起。全校师生集合到大操场，校长缓步走上讲台，满脸悲痛、声音呜咽地说，"我们的东三省丢了！"一阵沉默后，操场上响起"打倒日本帝国主义""日本人滚出东三省"的愤怒呼号。二年级的邬沧萍跟着老师同学们一块儿喊起了口号，心中第一次燃起了对占领祖国领土的日本侵略者的愤怒与仇恨。

邬沧萍回忆说："那是我第一次受到的爱国主义教育，也是从那时起我心中埋下了爱国主义情结。"从那以后，作为小学生的邬沧萍就加入了抗日宣传活动。他和同学们在老师的带领下，在课余时间里走上街头，有时是卖花集资，有时是做募捐活动。邬沧萍积极参与每一次活动，因为老师告诉他们，要为抗日战士捐款买飞机，去抗击日本侵略者。年幼时期朴素的爱国主义在邬沧萍心中萌发，改变了他的人生选择，多年后促使他放弃美国的优厚待遇，回到了当时贫穷落后的祖国，为祖国建设效力。

中学时代，邬沧萍凭借优异成绩进入广东最负盛名、被誉为全省中学精英的广雅中学。广雅中学为洋务派代表人物张之洞创办，环境幽雅，历史悠久，学风严格，理念超前。邬沧萍很快适应了寄宿制的管理模式，依旧努力学习，成绩优异。邬沧萍极为重视这段求学时光，"广雅中学不仅给了我最优质的中学教育，更与时代共同哺育了我，在我的心中深深埋下了爱国的种子"。不仅如此，学校重视体育，文体活动丰富，邬沧萍也变得热爱锻炼并因此受益匪浅。他能经受十几年战争生活的考验，直至高龄仍能坚持工作，和在中学时期养成的锻炼习惯密不可分。

在广雅中学的日子里，邬沧萍最难忘的是自己曾经历的抗日爱国学生运动。广雅中学爆发学生罢课、游行示威时，邬沧萍亲身感受到了国人日益高涨的抗日爱国情怀。对各种进步书刊的阅读，是邬沧萍最早接受的进步爱国教育。在校内进步学生组织的读书会中，大家一起学习艾思奇的

邬沧萍：
穿越百年沧桑　丹心终系家国

《大众哲学》等哲学著作，也阅读《生活》《新生》《大众生活》等传播先进思想的著作和杂志，此外，他们还能够通过香港的报纸知晓被国民党封锁的国内外消息。这些进步书籍和报刊，使邬沧萍更加清醒地认清国内政治形势，也激发了他更强烈的爱国热情。

1935年，"一二·九"救亡学生运动在北京爆发。一个月后，广雅中学开始了抗日救亡宣传的示威游行，游行结束后，学生们开始全校罢课，尽管校门外围满了持枪的军警，师生心中燃烧的抗日怒火却无法熄灭。邬沧萍和老师同学们把个人的命运同国家的命运联结在一起，高唱着革命歌曲坚持宣传抗日。从阅读进步书刊到亲历游行罢课，再到跟随学校迁到顺德，少年邬沧萍在国家的生死存亡之际，把澎湃的爱国情怀厚植心中。

为了祖国放弃"金饭碗"去喝"洋墨水"

战火在中国大地不断蔓延，父母双亲也相继病逝，邬沧萍和弟弟在短短几年间过着颠沛流离的生活，但他从来没有放弃学习，最终顺利考取岭南大学经济学系，弟弟邬法潜也考上了中山大学电机系电信专业。每每忆起那段艰苦岁月，邬沧萍都不免感慨，"我最庆幸的是，虽然父母去世得早，但是我始终没有失去上学的机会，没有中断学习"。

由于战争，考入岭南大学的邬沧萍依然经历了长途跋涉等异常艰苦的搬迁逃亡，历经五年，大学学业才辗转完成。乐观的邬沧萍曾说起一段逸事：香港沦陷后，岭南大学停止在香港办学，准备迁往粤北的新校址。邬沧萍和几个同学为了前往新校址，必须穿过封锁线。在那片"三不管"地带，时常有地痞流氓专门勒索过路人钱财，邬沧萍模仿有名地痞的语气写信让人放行，又送了些礼物，竟然安全通过。从广州到香港，再到曲江和东江梅县，直到抗战胜利返回广州，邬沧萍跟随岭南大学师生几经辗转，艰难完成学业。

　　1946年，抗战胜利后的第二年，邬沧萍从岭南大学毕业。刚刚结束战争的国民党政府为早日恢复经济建设，面向社会进行全国性公开考试招募人才。邬沧萍得知这一信息后立即报名参加当时国民政府考试院组织的特种高级财务人员考试，并在激烈的竞争中脱颖而出。在通过三场考试后，邬沧萍最终选择了海关。当时，海关待遇好，特别是他被分配到的香港九龙海关，工资比大学教授还要高，在当时被认为是"金饭碗"，几乎一辈子不会失业。

　　进入海关后，邬沧萍被送到上海开始为期一年的学习。由于成绩优异，他仅用半年就结束全部学业并很快获准前往九龙赴职。在上海学习的半年，他与后来的妻子李雅书相识、相知、相爱，收获了令他终生难忘的爱情。24岁的邬沧萍年轻帅气、学习优秀，是海关考试取得第一名的佼佼者；25岁的李雅书端庄文雅、聪慧好学，是拿到金钥匙奖的燕大高才生。两个同样出色的年轻人一见如故，一起畅谈工作、学习，畅谈国家的未来，也畅谈他们的理想。李雅书的姐姐和姐夫已在美国侨居多年，所以他们的交谈，总是离不了出国留学的话题。

　　在半个多世纪前的旧中国，出国留学无疑是许多大学毕业生的最高甚至是可望而不可即的梦想。1948年，为了开阔眼界，更为了学成后能够为改变国家贫困落后的面貌贡献力量，邬沧萍和李雅书毅然放弃了待遇优厚的工作，双双踏上了赴美留学的道路。到了美国后，他们在纽约的教堂举办了婚礼。随后，邬沧萍在纽约大学攻读工商管理硕士学位，李雅书则在哥伦比亚大学攻读历史学硕士学位。虽然离开了故土，但早已植根在邬沧萍心中的爱国情怀却丝毫没有减弱。他仍然关心远在大洋彼岸的祖国，一有时间就会和来美国后新结识的来自西南联大、中央大学的学生一起交流讨论来自国内的信息。这些青年学生和邬沧萍一样热爱祖国，思想进步。

邬沧萍：
穿越百年沧桑　丹心终系家国

在香港的亲戚还经常寄来《华商报》，邬沧萍自己也继续订阅香港出版的《大公报》和《文汇报》。这些具有爱国主义思想，主张团结，反对分裂，坚持进步，又敢于揭露真相、阐明观点的进步报纸，让邬沧萍在学习之余也能够多方面阅读到关于祖国政治局势等的各类消息。

1949年10月1日，中华人民共和国宣告成立。消息传来，邬沧萍和几个要好的进步同学异常兴奋。他们立刻决定搞一个欢庆活动，以表示对新中国诞生的庆祝。经过一番筹备，一场在哥伦比亚大学附近的纽约大学国际留学生楼礼堂里的小型庆祝活动顺利举办，满含着这些进步学生对刚刚成立的社会主义祖国的深切热爱与向往之情。

1950年，邬沧萍不仅顺利拿到纽约大学工商管理硕士学位，而且修完了博士学位的全部课程，与此同时，他还在哥伦比亚大学拿下统计学专业的学位。邬沧萍意识到，MBA课程内容对于当时新中国的计划经济派不上用场，而统计学则是计划经济的基础。在一心报效祖国的情结下，邬沧萍努力学习了统计学知识，也正是这次跨学科的选择，成为他回国后开展人口学研究的"起源"。在当时的美国，人口学也仍然是一个鲜为人知的学科，学者们更热衷于研究国民收入。参与了国民收入比较研究课题的邬沧萍通过数据惊讶地认识到了旧中国的极度贫穷和国家之间贫富差距的巨大，这深深刺痛了他的心，促使他响应党的号召，回国参加革命和新中国的建设。

万里不移归国心

邬沧萍时常说，"中国人回国还需要理由吗？留在美国才需要找借口"。在他心中，回国从来不是一个疑问句，而是一个感叹句。但在无法逃避的现实面前，这一选择依然面临着严峻考验，亦"经历了激烈的思想斗争"。万里回国路上，邬沧萍与妻子最先面对的是国民党和美国政府对中国留学生返回大陆的极力阻拦。除此之外，来自家庭和生活环境的压力、待遇优厚的工作、在美亲人的真心挽留等等，都是横亘在回国之路上的障碍，但他们最终选择遵循深埋于心中的爱国情结。到如今纵使已经时隔一个甲子，回忆起当初的选择，邬沧萍仍然感到无比自豪。

1951年8月，邬沧萍夫妻带着年仅一岁的儿子天方登上了"富兰克林号"轮船，途经日本抵达香港，又从香港乘船到达深圳后最终回到广州。到达广州后，近30名海外归来的学子受到了隆重欢迎。一周后，他们离开广州，经由上海奔赴北京。

回到祖国后，邬沧萍被教育部分配到了北京辅仁大学经济系教授统计学。正如他所设想的，工商管理学在当时的中国完全没有用武之地，他在哥伦比亚大学攻读的第二专业统计学反而派上了用场，此外英文也被认为没有用，他们又重新学习俄文。

一年后，中央人民政府仿照苏联的教育模式，对全国旧有高等学校的院系进行全盘调整，辅仁大学经济系与北大、清华、燕大各财经专业的教师一起被并入刚成立不久的中央财经学院，于是邬沧萍也随之去了中央财经学院。1953年，中央又做出撤销中央财经学院的决定，并将其中部分师资并入中国人民大学，邬沧萍随之来到中国人民大学。邬沧萍对此次调动十分高兴与激动，他回忆起这段经历时说："中国人民大学作为从解放区走出来的一所新型社会主义正规大学，声名显赫，我在美国时就有所耳闻。新型的大学里面样样都是新的、革命的，吸收的教师都是革命的、进步的青年和知识分子，很多都是解放区的学生。我们这种从国外回来的，真是想都不敢想能去中国人民大学。那个年代中国人民大学地位很高，当时大学的排位是'人北清师'。所以我回来一年后调入人大，真是喜出望外……"为此，他"一直诚惶诚恐，努力工作，力求完善自己"。

邬沧萍：
穿越百年沧桑 丹心终系家国

早在抗日战争时期，在香港读书时经常阅读中国民主同盟《华商报》的邬沧萍，就十分赞同民盟坚持国共合作、坚持进步、反对分裂的一贯原则。因此回国后，他在辅仁大学党组织的推荐下加入了"民盟"。来到人民大学后，邬沧萍一直严格要求自己，教学上兢兢业业，思想上积极要求进步。他意识到自己不是共产党人也不是革命者，想要搞好教学工作，就必须思想进步，一心跟党走。

祖国热火朝天的社会主义建设给了邬沧萍无穷的工作动力。为提高思想觉悟，他一边任教，一边开始如饥似渴地参加学校组织的理论学习，而且依然如上学时一样勤奋认真。在学校开设的马列主义夜大学四门基础理论课中，他的学习成绩一直领跑在前。"印象最深的是吴玉章校长亲自给我们讲党课，即便是在三九天，也是照讲不误。我们都是穿着一件棉袄，每个人带一个小马扎，在文化广场露天听报告，很冷的，一听就是一两个小时。"通过系统的马列主义理论学习，邬沧萍的思想觉悟和理论认识有了很大提高，世界观、人生观、价值观有了质的提升，课程中学习的马克思主义基本原理和哲学基础，也为邬沧萍的教学工作提供了"望远镜"和"显微镜"，让他能够既站得高看得远又对小问题看得更加深刻。

与新中国人口学共同走过的岁月

1953年，中央政府决定开始对全国进行第一次人口普查，这是新中国成立后的一件大事，翔实的人口普查资料也将为国民经济发展第一个五年计划提供重要依据。一年后数据公布，大家都没有想到居然超过6亿，大大超过原来普遍认为的4.75亿的估计数。这个数字足足高出估计数四分之一，一直焦急等待这次普查结果的知识界学术界顿时掀起热议。很多学者分别在各种场合提出了中国人口过多、必须要节制的问题。当时马寅初提出的"控制人口数量,提高人口质量"的正确主张,为我国在20世纪七八十年代推行计划生育政策提供了理论基础。作为中国人民大学统计学系的年轻教师,同时也是这次人口普查工作的直接参与者,邬沧萍由此开启了对人口问题的思考。

1957年,邬沧萍成为中国人民大学第一批下乡劳动的知识分子,在北京西山南平庄村整整干了一年农活后,才回到人大继续从事教学。也是在这个时期,邬沧萍编写完成了他的第一本著作《商业统计学》。后来,邬沧萍又去了条件更为艰苦的湖南湘潭易俗河,也曾与学校的其他教师一起被下放到江西省余江县的刘家站"五七"干校劳动。提起那一段经历,邬沧萍十分坦然,"实践也证明经过劳动锻炼的这些人,后来都是比较坚定、任劳任怨的。他们大部分人思想作风都艰苦朴素,爱国主义立场坚定。通过劳动,我慢慢就觉得经历农民生活对我从事社会科学有好处"。

1971年,中国在联合国的合法席位得以恢复,需要履行会员义务参与各类问题的讨论。在人口问题引起全世界重视的背景下,人口大国中国受邀参与在1974年召开的第三届世界人口会议。为了适应新的国际形势,新的研究人口问题的班子迅速筹备起来。一直从事统计学专业教学,并且精通英语的邬沧萍,"求之不得"地被吸收进人口学研究小组。因为早在美国留学期间,他就萌发了研究中国人口的愿望。他在美国就曾想过,中国并不像过去所说的那样"地大物博","人口多是提高人均收入的一个大障碍,必须改变"。加入人口学研究小组,是一心要改变祖国落后面貌的邬沧萍在我国人口学研究的道路上迈开的第一步。

1974年,邬沧萍在人口学研究的道路上又一次做了坚定的选择。这一年,国务院文教办公室牵头,联合北京市委和计划生育办公室,共同建议在中国人民大学的基础上成立一个专门研究人口的常设机构。在当时的形势下,这个人口学研究机构的成立,无疑表明一度受到忽视的人口学重新

邬沧萍：
穿越百年沧桑　丹心终系家国

得到恢复和正名。因为当时人们对马寅初人口论遭受的批判记忆犹新，所以愿意继续从事人口学研究的教师并不多，甚至可以说是极少的。邬沧萍在这个时刻义无反顾地留下了，他有信心亦有决心搞好中国的人口学研究，也因此成为中国最早从事现代人口学研究者之一，到现在，也是我国从事人口研究时间最长的人。

虽然邬沧萍义无反顾地留在了初建的人口研究所，但无论是当时中国国内的国情，还是国际上人口学研究发展的具体情况，都在客观上为刚刚成立的人口研究所工作的开展带来很多困难：专业从事人口学的学者屈指可数，留下的著作寥寥无几；缺乏现代的理论方法和人口数据；难以与国际接轨，学术环境堪忧。建所初期，邬沧萍和刘铮、戴世光、查瑞传等学者们共同克服困难，开始了研究工作。他们首先从外国人口学研究现状、人口思想史、人口发展史、人口统计学技术方法等入手，翻译英文、俄文等人口资料文献，也编著了很多有关人口学研究的著作，为没有理论和方法的中国人口学研究做了很多基础性工作。随着《世界人口统计简编》《资本主义国家经济统计指标基本知识》等著作的问世，邬沧萍等学者可以说是在废墟之上建立起了中国人口学的第一层基座。在邬沧萍的建议下，人口研究所还创办了我国第一个人口学学术期刊《人口研究》。该期刊的出版，无疑更积极地促进了我国刚刚起步的人口学研究队伍的发展和壮大。这是中华大地第一批从事人口学研究的工作者迈出的重要一步，也是他们为中国人口学研究最早的奉献。

中国人口学研究真正迈开步伐快速前进，是在党的十一届三中全会后。1979年，我国与联合国人口活动基金合作，组成了一个人口学家代表团出国考察。这是新中国成立后第一个出国考察访问的人口学家代表团，也是邬沧萍自1951年归国近30年后第一次走出国门进行考察访问。代表团中有三人都是研究人口学的党外学者，这让邬沧萍十分感慨，他觉得

"亲身体会到党的改革开放,看到党对知识分子的信任,从心底里感觉和党的感情又拉近了一步"。1981年,中国人口学家第一次出席在马尼拉召开的国际人口学会会议,并随代表团对联合国总部及美、英、法、泰等几个国家的各类人口学机构进行考察访问,让邬沧萍亲眼见到了我国人口学研究同国外人口学研究的差距。访问美国时,他也见到了阔别近30年、在美国过着富裕生活的几位亲友。不同境遇的对比使他百感交集,更坚定了改变祖国贫穷落后面貌的决心。

1979年5月15日,《人民日报》发表了邬沧萍与刘铮合写的一篇文章《人口非控制不行》。自马寅初的《新人口论》以及其他学者的人口论述在1957年被批判后,时隔20多年没有人敢公开发表关于人口的论述。这是在十一届三中全会以后,中国冲破人口问题"禁区"之时,《人民日报》刊登的第一篇关于人口学理论的文章,也是邬沧萍和刘铮本着解放思想、实事求是的原则撰写完成的,亦可说是邬沧萍在我国人口学研究的道路上迈出的有力一步,这篇文章被形容"为之后新时期人口科学的蓬勃发展吹响了号角"。

1980年,《人口研究》刊登了由邬沧萍、刘铮和林富德联合发表的《对控制我国人口增长的五点建议》。这是三位作者对北京、河北、江苏等地的工厂和农村进行深入调查后,用手摇计算器,按照人口统计学年龄移算法,根据当时取得的人口年龄结构和分年龄死亡率,推算出我国人口发展趋势及预测结果,最后由邬沧萍起草完成的一份研究报告。在当时既没有电脑,也没有现如今那么多人口预测软件的条件下,要预测出我国人口发展趋势,可以想见是何等艰难不易。因此,这是自新中国成立以后,我国学者关于人口问题提出的第一份研究报告,不仅具有积极的时代意义,更浸满了邬沧萍和那一代学者的辛勤汗水。

在1982年中国第三次人口普查后,邬沧萍即敏锐地发现中国人口老

邬沧萍：
穿越百年沧桑　丹心终系家国

龄化的苗头已经出现，并出现出生性别比失衡问题，于是他着手进行调查研究，并在科研项目"中国人口问题研究"中承担了对中国人口出生性别比的分析研究，终于在我国第三次人口普查后准备召开国际会议之前，完成了又一篇力作《中国人口性别比的研究》。在 20 世纪 80 年代初至 90 年代中期长达十几年的时间里，一直致力于我国人口学研究的邬沧萍，不仅先行开始对中国人口发展战略进行思考，更明确提出人口零增长的战略构想，同时还为推行中国的计划生育工作做了大量的研究和宣传，为人口学发展做出了卓越贡献。

与老年学结下不解之缘

在开拓、创建和发展中国人口学的同时，邬沧萍也因较早预见中国人口的老龄化而成为最早创建中国老年学的人口学家。他的学生、北京大学教授穆光宗称他"在老年学领域……迄今为止，在国内被公认为是最有影响的老年学家，也是这方面事业最重要的开拓者之一"。

自第一次全国人口普查后，虽然此后连续数次全国人口普查工作邬沧萍均有不同程度的参与，但让他印象最深的是 1982 年进行的第三次全国人口普查。为了完成这次普查工作，600 万名调查员被动员起来，甚至超过有些国家全国人口的总和。技术设备也从用笔记录、用算盘计算"升级"为使用现代化的电子计算机，有了很大改进，调查项目也增加了很多。第二年公布的数据显示，中国已经有 10 亿人口了。经过对人口结构等数据进行分析，邬沧萍率先意识到中国老龄化问题已经初露端倪，他在不久后的国际学术会议上分享了自己的观点，赢得了与会学者的普遍赞赏。此后，他就逐渐将研究重点放在人口老龄化上。

在当时的历史环境下，中国人口学研究的重点是控制人口，很多人觉得人口老龄化在中国不会出现，也有人认为这个时期在中国开展老年学研究对计划生育工作大局不利，因而邬沧萍对人口老龄化的认识让当时的有些学者不以为然。但邬沧萍仍然坚持对老年学的研究，并力所能及做了许多应对人口老龄化的准备工作。在人口学研究领域中早早预见到我国人口老龄化，并结合当时的中国国情为人口老龄化做好准备工作，这是邬沧萍为创立中国老年学迈开的第一步，也是他对开创中国老年学的贡献，不由让今天的我们对邬沧萍的超前意识和对老年学的辛勤付出更加钦佩。

1984年，邬沧萍在指导研究生利用中国1982年人口普查数据率先研究老龄化问题之后，又撰写完成了自己第一篇有关人口老龄化的文章《老龄问题和我们的对策》，并在《人民日报》发表。1987年，邬沧萍又完成了《论老年学的形成、研究对象和科学性质》一文，发表在《中国人民大学学报》。这是一直积极投身开创中国老年学的邬沧萍为进一步推动老年学研究的又一贡献。

这之后，邬沧萍又先后发表了《创建有中国特点的老年学》《老年学在我国是一门有现实需要的科学》《人口老龄化与我国老年学研究的开展》等多篇论文。这些论文的完成和发表，既为中国刚刚兴起的老年学开创了道路，也代表了邬沧萍潜心研究中国老年学取得的初步成果。而他在《中国人民大学学报》发表的《论老年学的形成、研究对象和科学性质》及《创建有中国特点的老年学》更是得到了我国著名科学家钱学森先生的赞扬。

为中国编写一部有关老年学研究的书是邬沧萍埋藏已久的心愿，进入20世纪90年代，邬沧萍对老年学的研究更加广泛和深入。1999年10月，浸满了邬沧萍致力于中国老年学辛勤汗水和治学心得的《社会老年学》出版了。这部书是邬沧萍和他的学生经过几年的时间共同研究社会老年学的成果，也是他们为发展中国老年学做出的卓越贡献。如今《社会老年学》

邬沧萍：
穿越百年沧桑　丹心终系家国

出版已有23个年头，仍在中国老年学研究领域闪烁着耀眼的光芒。

邬沧萍在担任第六届全国政协委员时就提出提案要成立中国老年学学会。1986年经过国家体制改革委员会批准，中国老年学学会正式成立，并加入国际老年学学会。邬沧萍在第一届大会上被选为副会长，在第二届大会上被选为会长，任职长达10年之久。后来每一届都被选为名誉会长。在担任会长期间，他组织了许多有影响力的学术活动，担任名誉会长以后，继续参加中国老年学学会的年会活动，并在学会成立20周年大会上获得了老年学终生贡献奖。

此外，邬沧萍关于"健康老龄化""积极老龄化""未富先老""老龄社会与和谐社会""存在决定健康长寿"等一系列学术思考和实践指导已成为我国制定积极应对人口老龄化中国战略的重要参考。

为国育才初心不改

如果说科学研究是邬沧萍的毕生志趣，那么在中国人民大学70余载教书育人的历程，则每每令他深感欣慰与自豪。让他尤其引以为傲的是，在他的悉心指导和陪伴下，已经有一大批人口学和老年学的本科生、硕士生、博士生成长起来，他们奋战在教学和科研第一线，奋战在为人民服务的第一线，取得了可喜可贺的成绩。每当看到学生们成长起来并取得成绩时，邬沧萍的心中就会涌起一阵阵抑制不住的激动，深深以自己的学生为傲，"我的学生早已超过了我们这些曾经指导过他们的老师，真的是青出于蓝而胜于蓝，成为我国人口学和老年学领域的领军人物和带头人"。看着学生们学有所成，邬沧萍就像一个园丁看着他亲手培育的秧苗不断茁壮成长，终于开花、结果，心中充满欣慰与激动。

2005年退休后，"退而不休"的邬沧萍更加忙碌。除了带硕士生博士生外，他还受聘于清华大学对外文化教育交流中心，担任清华大学客座教授。一直到2016年9月，第105期授课结束，94岁的邬沧萍才向清华大学提出辞请。20多年来，邬沧萍出色完成为香港特别行政区高级公务员国家事务研习课程班讲授人口问题、老龄问题和"三农"问题的教学任务。正式退休后，依然为老年学拼搏奉献的邬沧萍硕果累累。

从20世纪70年代走进中国人口学，开拓创建中国人口学到首创中国老年学，到以95岁高龄主编完成60万字巨著《全面建成小康社会　积极应对人口老龄化》，依然在为中国老年学辛勤浇灌的邬沧萍，至今已满百岁，是人人景仰、学养深厚、品德高尚的寿星。

谈起长寿的秘诀，邬沧萍表示"仁者寿，勤者寿，智者寿，乐者寿"，这是他百年人生的凝练和真实写照。历经千般种种，奉献大半生智慧，如今，这位精神矍铄的百岁老人仍然活跃在人口学和老年学界，正如学生在贺词中所写："百岁华发少年梦，万世桃李下成蹊。"

（执笔人：陈骊骊　叶　晴）

邬沧萍：

穿越百年沧桑　丹心终系家国

【侧记】

学术与人生路上的导师

孙鹃娟

回想起来，到今年 2022 年我认识邬老师已有 25 年了。第一次见到邬老师是 1997 年 10 月在北京召开的国际人口科学研究联盟（IUSSP）第 23 届国际人口科学大会上。他渊博的学识和谦和的态度给我留下很深刻的印象，于是 2000 年我坚定地报考了他的博士研究生，并有幸顺利以各门单科以及总分第一的成绩考上人大博士，成为邬老师的学生。

更幸运的是，在随后的学术与人生道路上，我总能时时得到邬老师的无私指导和教诲，于是我也得以更全面地了解为何他既能够做到在治学之路上持之不懈、硕果累累，又能够在耄耋之年依然健康矍铄。

邬老师对于学术有着常人难以企及的热情。我跟随邬老师学习时他已经 78 岁了，但几乎每次与他的交流无论什么主题，总会在三五句话之后转移到他的学术观点上。他通过大量阅读、关注时事、积极参与会议来保持对现实问题的敏锐观察。在他还住在人大林园时，我记得他用来存放书稿目录卡片的柜子就是他家客厅里最醒目的家具，卡片上写满笔记和出处。如今最新出版的学术著作他也会仔细阅读，上面用各种颜色的笔做了很多批注。

他对学术的热爱也对我产生了很深的影响。我在读博士期间跟随邬老师进行过生育政策、老龄化、孝道、生活质量等几个主题的研究。每一个研究问题都在他积极而又严谨的推动下得以顺利完成。我们在《求是》

《浙江大学学报》《群言》等有影响力的杂志发表了几篇论文。跟着邬老师学习是一件既"省心"又"不省心"的事。说"省心"是因为他对任何研究都会下很大功夫查文献、反复揣摩、不断修改，例如我们要撰写一篇论文时，到我手里的"提纲"常常是写得满满的好几页，而我顺着他的思路再进一步做些补充，文章和论证就基本成型了。邬老师甚至还会标注出来要查找的某些资料，所以跟他一起写文章真的是比较轻松的一件事！但"不省心"体现在对于每一个主题、每一篇文章、每一章书稿他都会不满足于原有的想法，而是反复斟酌思考，而且只要一有思路就会打电话给我，滔滔不绝地谈他的新想法，以至于与邬老师讨论论文的"电话粥"常常长达一个多小时。但正是因为他如此浓厚的学术热情才推动我这样一个当时的老年学新人在踏入这个学科后也致力其中，并作为自己终生矢志不渝的事业。

邬老师是一个非常崇尚理论创新且有着开阔学术视野的智者。他总是力图从现象看到本质，再深入浅出地用最简练甚至是通俗的语言表达出来，而如果没有进行过深入的理论思考与艰难求证的人是难以体会其中的艰辛的。记得在我的博士论文选题时，一开始我想选的是当时比较热门而我自己又容易把握的题目，但邬老师已经看到了我国老龄问题发展的前景和老龄研究更深层次的问题，他提出研究中国老年人的生活质量是更有意义和价值的。正是在他有远见的指导下，我通过对老年人生活质量理论、指标体系的初步研究得以对老年学、老龄问题有了一个比较系统的探索，至今对于我的教学和研究都是非常有益的。

他时常教导我说，"中国的老龄问题特别需要理论指导，但理论创新是最难的，加上很多人不够重视，使得不少研究总是停留在很多重复性或表面性的结论上，缺乏有深度和广度的理论思想"。我想，作为一个已经卓有建树的学术大家，他依然忧心于学科的发展问题，如果没有强烈的学

邬沧萍：
穿越百年沧桑　丹心终系家国

术使命感和对老年学、人口学深深的热爱是不会反复强调这些无关个人得失的问题的。至今我在研究中遇到难题时心里总是不会慌张，因为身边有这样一位学识渊博而又乐于分享的导师可以求助，何其幸焉！

勤奋必须是描述邬老师的关键词之一。他的勤奋严谨有目共睹、不胜枚举。无论大至学术报告、书稿论文撰写还是小至一场社区讲座，他都亲力亲为做大量的工作。记得在他的指导下我们曾做过一个生育政策与老龄化方面的研究，其中有一个法国生育率数据他觉得有疑义，为了弄清这个难以发现的小问题，他连夜查找了很多历史资料来纠正。如今我自己也担任了博士生、硕士生导师，在工作中我也时常提醒自己要学习老师这种勤奋、严谨的精神。

在他的世纪人生中，经历了不少曲折坎坷，但他总是用积极乐观的心态来应对。我想也许正是对生活始终怀有饱满的热情和豁达向上的态度，他才能若干年如一日地坚持锻炼、坚持营养、坚持学习、坚持做研究。作为一个长寿而又健康的老人，我观察到他的长寿秘诀其实很简单，但他能够在每天的生活中把这些健康原则贯彻始终，才能最终达到全面健康的状态。邬老师把健康长寿归结为"仁者寿，勤者寿，智者寿，乐者寿"，最近两年更进一步上升到哲学层面上的"存在决定健康长寿"。而在这些真知灼见的背后我看到的是他对生活自始至终的热爱和积极去体现自我价值所做的努力。

2003年我博士毕业时，非常荣幸地在邬老师、杜鹏老师等的鼓励支持下，继续留在人民大学从事老年学、人口学的教学研究。这些年来，邬老师在学术思想上对我的启迪和指导始终没有中断过。一旦他有新的思想或看法，常常兴奋地与我分享，有时还把手稿或请红芳帮助录入的打印稿寄送给我，让我得以不断学习前沿理论知识。

在邬老师的信任、鼓励和鞭策下，我参与了他主编的《老年学概论》

（第二版和第三版）、《全面建成小康社会　积极应对人口老龄化》、《老龄社会与和谐社会》、《老年价值论》等书稿部分篇章的撰写工作。在撰写过程中，老师总是预先就考虑到可能遇到的问题，并及时给予我思想认识上的启示。对于不同的学术观点，他一方面会直言不讳地提出他的意见，另一方面也会包容而耐心地听取我们的想法，因此在他的指导下从事研究，既充分感受到他的丰富思想和广博视野，也得以领略他兼容并蓄、有容乃大的学术精神。

在生活中，邬老师还是一位积极乐观、睿智豁达、慈祥宽和的长者。我的就业、安家、结婚、生子、出国等这些人生中的重要事情都得到了他的关心和帮助，他还用他丰富的人生经验和睿智的思想给我指导，让我更有信心和能力去面对生活中的困难。我和我的家人都已经在心底里把他当成了最敬重、最慈爱的长辈和亲人。

这些年来，我是如此幸运地能够跟随邬老师学习、成长，不仅向他学习专业知识，更深深体会到他作为一位学术大家所展现出的常人难以企及的治学精神、思想境界和人生智慧，使我感到我在工作和生活中也要把这些知识和精神财富传扬下去，行为世范，做学生为学、为事、为人的大先生。

（作者系中国人民大学社会与人口学院教授）

黄达：
探浩渺金融天地
倾一生求真求实

【先生小传】

黄达，天津人，1925年出生。中国人民大学一级岗位教授，著名经济学家、教育家，新中国金融学科主要奠基人，享受国务院政府特殊津贴。现任中国人民大学校务委员会名誉主任、教育部社会科学委员会顾问、中国金融学会名誉会长等职。曾任中国人民大学校长、第八届全国人大代表、第一届中国人民银行货币政策委员会委员、国务院学位委员会委员及应用经济学科评议组召集人。

黄达于1946年5月进入华北联合

大学法政学院财经系学习，后于1946年深秋转入该校政治学院研究室攻读研究生，1951年至1983年夏，历任中国人民大学财政系教研室主任、副系主任、系主任等职，1983年夏起担任中国人民大学副校长，1991年底至1994年6月，担任中国人民大学校长。

黄达是新中国金融学教材与课程体系的主要引领者。从新中国第一部金融学教材《资本主义国家的货币流通与信用》（1957年版），到突破苏联框架的《货币信用学》（上册）（1959年版），再到《社会主义财政金融问题》（1981年版），最后到《货币银行学》（1992年版、1999年版）和《金融学》（2003年版、2009年版），他编著的不同版本的金融学教材一直引领新中国金融学教材和课程体系建设的方向。

黄达是新中国经济学领域综合平衡理论体系的系统论证者。他的代表作《财政信贷综合平衡导论》（1984年版），标志着财政信贷综合平衡理论体系得到系统论证。

黄达数十年如一日，在完善金融学科体系、丰富金融学科内容、促进中国金融学科发展方面不遗余力。世纪之交，针对经济金融全球化对中国金融学科建设提出的新挑战，他在国内率先提出兼容宏观金融与微观金融的"大金融"学科建设的整体设想。他始终坚守在中国金融教育的第一线。1984年，教育部与美国福特基金会合作共建"中美经济学教育交流项目"，作为项目中方主席的黄达开始致力于推动中国经济学教育交流与人才培养的国际化进程。多年来，他不懈地致力于为中国金融教育走向世界建设通途。

黄达是新中国金融理论的积极实践者与金融决策的积极参与者。早在改革开放之初的1979年，他便开始正面讨论当时尚属"禁区"的通货膨胀问题，开改革开放以来国内讨论该问题之先河。一直以来，他积极为国家金融规划和决策、金融事业创新和发展建言献策，多有成就。

> 黄达：
> 探浩渺金融天地　倾一生求真求实

黄达的科学研究与教学成果集中体现于1999年、2005年、2010年以及2014年先后出版的《黄达文集》（上、下卷）、《黄达文集（续）》、《黄达文集（再续）》（上、下卷）、《黄达文集（三续）》以及2005年出版的《黄达书集》（6卷本）。他曾先后获得第二届"孙冶方经济科学奖"（1986）、首届"中国金融学科终身成就奖"（2011）、第六届中国经济理论创新奖（2013）以及第三届"吴玉章人文社会科学终身成就奖"（2014），并多次获得国家级优秀科研（教学）成果奖和优秀教材奖。

在中国共产党百年奋斗史上、在中华人民共和国 70 多年创业史上，高等教育都占据特殊重要的地位、起到举足轻重的作用。纵观我国高等教育发展的历史，无疑是星光熠熠、大师云集的。而若要梳理新中国金融学科的奠基、创新、发展脉络，赓续具有中国特色的马克思主义经济学传统，黄达这个名字无可回避。

他是一位学人，生于中华民族历尽屈辱、生死存亡之时，求学于火热革命年代，学成于中华人民共和国诞生之际。他奉献所学，应着祖国的需要著书立说，潜心于学术研究，结缘货币银行学 70 余载，从中国的经济现实出发，在探索中奠定了新中国金融学科和金融理论的重要基石。

他亦是一位师者，醉心于教书育人，固守三尺讲台，在党和国家为社会主义建设而进行探索和实践的过程中，始终耕耘在高等教育领域，全身心地引导着学生和他一起参与到了解、欣赏、介绍中国货币银行学景观的旅程中，为国家建设培养了一代又一代专业人才。

他与学术结缘的 70 余载，亦是在关注现实、求真求实中不断创新的 70 余载，他被经济学界誉为新中国金融学教材与课程体系的主要奠基者与引领者、新中国经济学领域综合平衡理论体系的系统论证者、新中国金融学科体系的主要设计者、新中国金融教育事业的主要开拓者、新中国金融理论的积极实践者与金融决策的积极参与者。

迎着光明前进　踏着波涛弄潮

1925 年 2 月，黄达出生在天津一个知识分子家庭。受到身为工程师的父亲影响，他自幼的求学理想也是学习工科，对于经济学则并不感兴趣，更从未想过将其立为终身志业。在当时，知识分子在社会中的地位较为特别，之所以这样说，是因为他们既能够与财富阶层有所交往，也能够接触

黄达：

探浩渺金融天地　倾一生求真求实

到平民阶层。因此少年黄达从对人们社会地位和经济状况巨大差异的现实中，早早了解到社会百态，为自己此后从事经济理论的研究和教学工作积累了初步的实践基础。

因为战乱的影响，黄达小学毕业后失去了到南开中学读书的机会，只能在一所教学质量不太好的中学读书。初中二年级时，父亲的去世彻底翻覆了他的幸福童年，甚至一度使他辍学。但他没有放弃读书，经过努力考入天津历史最久的市立第一中学高中部。这所天津当时最好的学校只招收男生，而且学生入校后一律剃光头，因此大家都叫它"和尚学校"，但这里拥有一流的师资。黄达的数学老师杨学涵，风骨清介，学问扎实，同学们提起他总是肃然起敬。正是在他的教导下，黄达补齐了经济理论所必需的高等数学根基。语文老师裴学海是一位知名的文字学家，带领学生们一窥汉语的殿堂。还有带领大家历游中国古往今来文学园地的王荫浓老师，也于无声之处将民族精神的种子播撒在少年们心中。

黄达最爱的地方是学校的图书馆，午间休息的两个小时里，他常常狼吞虎咽地解决午饭，就为了能够省下一个半小时在图书馆读书。从中外文学作品到科技知识读物，不论是课内课外，他都满怀着兴趣翻阅。广泛涉猎的阅读习惯，为他此后从事经济理论研究教学奠定了坚实的文化基础，让他受益终身。

在几经辗转、好不容易完成高中学业后，他又因病错失了升学机会，只能谋个职位糊口。这段坎坷时光没有摧毁黄达心中的希望，他仍在不断地寻找着光明。

1946年，21岁的青年黄达做出了人生的重大决定：追求光明。他离开了国统区，只身前往解放区，通过考试进入华北联合大学法政学院财经系学习，不久又转为该院研究生。在那个动荡的时代，每个人的命运之帆随时都可能因为时代洪流而彻底改变方向。令黄达没有想到的是，国家和人民的需要将他引向了经济学领域，乘着劲风，一路远航。

如果从大学时代算起，那么黄达与这所英雄的学校结缘已有76载。他尤其看重学校精神实质的一脉相承。1992年，那一年是中国人民大学建校55周年。时任校长的黄达和领导班子对学校的精神实质进行了深入思考，他先后三次分别为河南校友会、广东校友会、校庆55周年展览题词："永远奋进在时代前沿""永葆中国人民大学奋进在时代前列""烽火中为民族存亡战斗成长的大学永远在时代的前沿开拓奋进"。并在建校55周年庆祝大会的讲话上，郑重地向全体人大师生说："永远奋进在时代前沿"应该是中国人民大学继承陕北公学、华北联合大学和华北大学传统的核心内涵。在他看来，不论时间如何推移，中国人民大学对于传承自陕北公学、华北联合大学和华北大学"永远奋进在时代前沿"的精神都不会也不能动摇，并且更应该在不断前进的时代中自觉地以"永远奋进在时代前沿"的精神使学校持续保持开创、进取的锐气，在高等教育之中建树应有的功业，这才是人大精神的根基所在。

2012年11月1日，在延安的清凉山，延安市和中国人民大学联合举行了"陕北公学旧址暨中国人民大学延安教育基地揭牌仪式"。黄达在这个仪式上以反问的形式对"永远奋进在时代前沿"进行了诠释："陕北公学和华北联合大学的校友们经常思考这样的问题：陕北公学的精神应该怎样概括，怎样提炼？是不是对时代脉搏的敏锐体察和把握，是不是激情迸发地响应时代的召唤？是不是为时代的使命而全身心地奉献青春年华和毕生精力？是不是永远在时代大潮的前沿搏击、奋进，或者说永远做时代的弄潮儿？"

自华北联合大学到华北大学，再到中国人民大学，从学生到教师再到校长，他既是学校历史的亲历者，伴随学校一路成长、一路奋斗；也是学校历史的创造者，引领学校在改革开放新的历史阶段下一路走在时代前列。

黄达：
探浩渺金融天地　倾一生求真求实

在陡峭山峰上没有喘息地"爬坡"

新中国成立后，党和人民面对的是一个经济上千疮百孔的烂摊子。全国人口的五分之四是农业人口，但当时全国的粮食产量只有1亿多吨，农业生产力水平相当低下；工业生产基础极其薄弱，钢铁、煤炭、电力、汽车制造等重工业产能极少，不能满足国家需要，轻工业的发展也非常落后，洋货充斥市场，新中国的工业生产亟待发展。在当时的情况下，大批经济建设人才的培养和造就成为首要大事。时代的重任，责无旁贷地落在了高等教育领域，落在了新中国第一代高教人的肩膀上。他们以一种"敢教日月换新天"的奋斗精神踏上了新征程，迈开了为建设社会主义制度而选才育人的坚定步伐。1950年10月，党中央在华北大学的基础上，亲手缔造了新中国第一所新型正规大学中国人民大学。学校成立初期，按照国家经济建设急需成立了八大系。结束了在华北大学四年学习的黄达，进入财政系货币流通与信用教研室，踏上了新中国高等教育的讲台，明确了以经济理论为授课方向，"一点儿思想准备都没有"地开始沿着自己为之奋斗终生的职业道路前进。

正式开始教学和研究工作，摆在包括黄达在内的新中国第一批高校教师面前的是重重困难。当时，人民大学的授课模式采取了苏联专家为人民大学教师先讲、教师们再给学生讲的方式，但双方语言不通、文化相异，教师队伍本身也存在较大文化差异，要在这样的条件下培养出新中国急需的经济建设干部，不啻"挟泰山以超北海"。在得知即将站上大学经济学讲台时，黄达就开始从最基础的经济学知识学起。他所在的是一个全部没有经济学基础的教师小组，而学生更是刚刚从战争中走出来的青年干部，教师没教过，学生没学过，真可谓白手起家。这让黄达意识到，仅仅抱持传道授业的美好愿望远远不够。想把学生教懂，首先得自己懂；自己懂了还不够，还要通过语言精确地表达观点。除了从苏联专家的课堂上、从苏联教材中学习金融学知识，黄达更从《资本论》等经典中恶补经济学和金融学的基本理论知识。经过最为艰难的第一学年，黄达深深被货币银行学这门学科吸引了，教与学已经成为一种享受。别人称赞他"自学成才"，他却笑称自己只是"土法上马"。

翻过了教学方式这重"陡坡"，黄达和同事们站在了又一重"陡坡"面前——没有适合中国学生的教材。没有怨言，顾不上喘息，他们选择继续"爬坡"。新中国成立初期，高等教育领域内一边倒地以苏联为榜样，大部分课程没有适合中国国情的专业书籍和教材，外文译著时有错误，教学时往往是在"苏联模式"中加入"中国部分"。1951年，教研室翻译了苏联教材《资本主义国家的货币流通与信用》一书，解了燃眉之急。但这样直接翻译的译著教材，学生难以迅速接受，同时也与西方世界金融领域的新进展新理论相脱节。于是，自1955年开始，黄达带领货币流通与信用教研室的同事们，结合几年的教学实践经验，又担起了以此书为蓝本、重新编写适合中国课堂的教材的重任。这是他著书立说的开篇，也是中国人民大学自主编写金融专业教材的开端。历经两年半的打磨，全新的教材于1957年出版。1959年，黄达又与同事合作编写了《货币信用学》，这部教材初步摆脱了苏联的理论框架，添加了很多切合中国金融实际的内容，将资本主义与社会主义一起纳入经济学考量，这大胆的手笔为黄达引来了诸多非议，却也奠定了传承至今的金融教材编写思路。

1957年出版的《资本主义国家的货币流通与信用》和1959年出版的《货币信用学》，可以说是以黄达为代表的老一辈财政金融学者积极探索适合新中国经济建设实际情况而形成的标志性著作，也因其重要的学术地位，直到改革开放初期都一直作为我国培养财政金融领域人才的重要教材。在新中国金融学科和理论体系的创立过程中，黄达作为领军人物，为教学而钻研、为编著教材而呕心沥血，其重要作用不可磨灭。

理论创新何惧"逆风"前行

2014年12月19日，第三届吴玉章人文社会科学终身成就奖揭晓，分别授予著名伦理学家、中国人民大学罗国杰教授，著名教育学家、北京师范大学顾明远教授，著名经济学家、中国人民大学黄达教授。给黄达的颁奖词这样写道："黄达先生，中国经济金融学界之泰山北斗。他徜徉浩渺幽深之经济金融天地，揭秘揽胜；结缘货币银行学六十五载，培育东西方两个文化平台自由漫步之英才。他博通古今、学贯东西，熔马克思主义经济学、西方现代经济学与中国实际于一炉，开创东方文化精髓引入经济金融学研究之先河，钟于斯、成于斯，终铸一代大家。他是新中国金融学教材与课程体系的主要奠基者与引领者、新中国经济学领域'综合平衡导论'的系统论证者、新中国'大金融'学科体系的主要设计者、新中国金融教育事业的主要开拓者、新中国金融理论的积极实践者与金融决策的积极参与者。"捧起"吴玉章人文社会科学终身成就奖"的奖杯，面对经久不息的掌声，黄达哂然而笑。他说，"我就像一名导游，全身心地参与到了解、欣赏、介绍中国货币银行学景观的旅程中"。

黄达曾对后辈学人说，每个时代有每个时代的发展任务，我们要走在时代发展的最前面，承担时代发展最前沿的任务，要始终站在潮头。大师之所以成其为大师，既在于他们高远的学术前瞻性，又在于他们保有的学术初心。黄达始终认为，金融学科的研究热点、理论体系、发展方向必然与社会主义经济建设的发展息息相关，不论是做学问还是搞实务，都要把经济理论与中国的现实、中国的国情相结合，而不能唯书唯上或人云

大先生
中国人民大学学术大家访谈录

亦云。

作为"财政信贷综合平衡理论"的系统论证者和主要贡献人,黄达自20世纪60年代初开始关注并涉足这一领域,直至改革开放后系统搭建起理论体系。如果没有高远的学术眼光和坚毅的学术定力,是不可能完成这一艰巨工程的。

新中国成立后,人民币制度也建立起来,成为既不同于西方国家也不同于社会主义苏联的货币体系。学术界对于人民币制度的研究,也在争鸣中发展。1957年,黄达因在《经济研究》发表《人民币是具有内在价值的货币商品的符号》一文,一度被冠以"黄金派"的帽子。为了揭示人民币如何成为金符号,他在刘鸿儒等同事的协助下,编译了苏联学者弗·伊·米哈列夫斯基的《第二次世界大战后资本主义体系中的黄金》一书。这部译著没有最终解开他的疑惑,但为他积累了关于黄金的理论和实务知识。1962年,黄达在《银行信贷原则和货币流通》一文中,由于"谈论金融、研究市场",与占据当时学术界主流的观点——苏联式计划经济理论背道而驰,在学术界引起争论。20年后,在改革开放实践的试金石下,他的主张与论点最终被证明是符合实际的科学理论,得到了业界和学界的广泛认同。

1966年,正当我国社会主义制度已基本建立,国民经济第一、第二个五年计划顺利完成,全国人民正待继续努力发展社会主义经济的时候,"文化大革命"开始了,学校被迫停办,教学科研工作被按下了暂停键。在那特殊的十年时光里,黄达仍然保持着学者的治学精神,潜心研读马克思主义经典著作,并尽可能地做一些学术研究。

1978年,中国人民大学复校,黄达苦苦等待的学术春天也终于到来。伴随着改革开放的春风,中国的经济面貌焕然一新,火热实践将一波波新问题、新热点推到理论界、学术界面前。

黄达：
探浩渺金融天地　倾一生求真求实

1979 年，黄达开始正面讨论当时尚属理论"禁区"的通货膨胀问题，开了改革开放以来国内讨论该问题的先河，提出的政策建议在今天仍具指导意义。1980 年，他明确提出"通货膨胀已是不能回避的问题"，并强调中国经济改革中通货膨胀的长期存在。1981 年，他和同事们编写出版了《社会主义财政金融问题》，从经济生活中货币层面的宏观均衡（综合平衡）角度论证了对这些范畴进行综合研究和教学的必要性，全书始终立足于中国实际。这本著作是黄达和同事们为改革开放中出现的财经问题贡献的第一个理论成果，也标志着将货币、价格、资金（公司理财）、财政、金融等融为一体的全新学科体系的首次建立。而 1984 年出版的《财政信贷综合平衡导论》，可谓集黄达多年学术研究之大成者，被誉为"对计划经济中财政信贷综合平衡问题的最后总结"。书中提出了正确解决建设资金供求矛盾是实现财政信贷综合平衡的关键这一重要论断，标志着财政信贷综合平衡理论体系得到系统论证。这一理论为宏观经济学的发展增添了中国经验，有着鲜明的中国特色，同时确立了中国宏观平衡理论的基本框架。此书获得 1986 年孙冶方经济科学奖著作奖和 1995 年全国高等学校人文社会科学研究优秀成果一等奖，并入选"中国文库"。

20 世纪 90 年代初，经济体制改革已明确进入建立社会主义市场经济体制的阶段，黄达持续关注着最新的理论热点，不断深化对综合平衡理论体系的论证。当时的金融学教材，本土的，内容失之于旧；翻译的，是外国教授结合外国实际写的，脱离中国国情。这种情况下，黄达和同事们受国家教委委托，开始编写《货币银行学》教材，该教材几经修订再版，成为全国大专院校经济管理类核心课程的首选教材。1997 年，黄达在新出版的《宏观调控与货币供给》一书中进一步深化了这一理论体系。综合平衡理论体系采用规范分析方法，按系统论的要求，建立了关于财政信贷综合平衡的分析方法系统，设计了理论分析模型。

大先生
中国人民大学学术大家访谈录

绘"大金融"学科蓝图以育英才

一方校园，隔开的是乱花渐欲迷人眼的纷扰，三尺讲台，寄托的是一位师者 70 年的执着守候。黄达热爱课堂，除了因学校被迫停办而离开教学岗位的十年，他一直都与自己钟爱的方寸天地为伴。2011 年 6 月 1 日，黄达获得首届"中国金融学科终身成就奖"，但相较于"中国货币理论研究及开拓者""中国金融学奠基人"等赞誉，他更愿意被称为"教书的"，更珍视身为师者的成就。"在中国的讲坛上，结合中国实际，面对中国学生，讲授先进的货币银行学"是他最大的愿望，更寄托着他对后辈学人最深沉的期待。即使后来担任学校领导，行政和科研工作繁忙，"不脱离教学第一线"仍是他始终恪守的准则。

1977 年，教育领域迎来拨乱反正，邓小平同志指出，"人民大学是要办的，主要培养财贸、经济管理干部和马列主义理论工作者"。1981 年，黄达成为我国首批经济学博士生导师，他首先带着审视的眼光对博士生培养制度进行了深入思考，方在 1985 年招收了第一批 3 位博士研究生并全力培养，直至他们毕业，第二批博士生才进入师门。渴望拜到黄达门下的，不乏官员商贾，但他从来只选择真正想做学问、能做学问、会做学问者收为弟子，始终坚持以"育人"作为博士生培养的原则。直到 2010 年关门弟子完成博士学业，黄达共培养了 16 位亲传弟子，而受教于他学术思想的学子，则难以计数。

作为学校金融学人才培养的总设计师，黄达认为新时代的金融学人才应该可以在中西两个文明的平台上自由漫步。这一教育思想，源于他少年时代的一个疑问。近代世界的历史，是一部西方现代文明跨越式发展并在全球传播的历史，而近代中国的历史，是一部封建王朝故步自封最终陷入

黄达：
探浩渺金融天地　倾一生求真求实

百年屈辱境地的历史。致力于改变国家命运的人士，寄希望于"西学东渐"。在这一过程中，西方现代文明的成果对于中国的学术、思想、政治和社会经济都产生了重大影响。20世纪初叶的新式学校大多按照西方教育模式兴办，自由、平等、博爱的思想在校园盛行，取代了旧式私塾灌输的仁义礼智信。在这样的教育氛围里成长起来的少年黄达，心中总有一个沉重的疑问：有着灿烂文明的东方文化，同西方文化相比真的那么"差劲"吗？中华民族虽然历经苦难，却数度将外来文明融化在自己的胸怀之中，为什么面临资产阶级文明时，反而几乎要被吞噬？

改革开放重新打开了东西方文化交流的大门，"西学东渐"进程以新的方式再度开启，东西方文化关系的问题再次成为学术界的热门话题。然而，仍然存在一种声音，认为西方文明是开放进取的文明，而中华文明则是封闭保守的文明。黄达既不赞成挑起这样的争论，也没有参加这样的争论，年少时心中的疑问再次翻涌而出，他对于一些人在文化领域的崇洋媚外耿耿于怀，每每想起，总有一股说不出来的酸楚。绵延数千年的中华文明，在黄达心中永远具有不可取代、不可超越的地位，其所蕴蓄的精神财富，是他求学治学的巨大宝藏。

随着国家经济实力的不断增强，人们的文化自信也在逐步恢复，开始冷静而客观地审视东西方文化差异。20世纪90年代以来，任继愈、季羡林两位学者都曾表达过自己的观点，认为东西方文化的根本差别在于思维方式的不同，以综合思维见长的东方文化在充分吸收西方文化思辨性的基础上，将会再度迎来辉煌。这些观点也促使黄达思考并寻找自己少年时代所提问题的答案，他把东西方文明差异与交融问题与货币金融学科联系起来，主动为学科建设寻找哲学指引，最终形成了自己的思考。在《与货币银行学结缘六十年》一文里，黄达提出了关于货币金融学科建设与东西方文化传统之间关系的问题，与此相关联的，是中国人如何在西方人创建的

大先生
中国人民大学学术大家访谈录

货币银行学理论中有所作为甚至独树一帜的问题。他认为，在古代，中国文化与西方文化相对独立发展，中国在经济思想上的建树，辉映历史，无可怀疑。而在近代以来，由现代资本主义在西方发展并建立研究体系的西方经济学，使闭关锁国的中国完全处于效仿的地位，自然无从谈起学理创建。时异世迁，中国人对于经济学学理的创建已非绝无可能，我们会以自己民族的传统智慧审视剖析西方理论，赋予其中国式的理解和阐释，更力争在实践中探索、解决西方理论体系中没有现成答案的问题。黄达信心十足地认为，中国人在中国自己的土地上，对于包括货币银行学在内的经济学原理，必然将有其应有的贡献和地位。随着时间的推移，这个在20年前看似空泛且狂傲的观点，已经在学术界、理论界赢得了广泛的认同。"'引进'的瓶颈已经突破"，黄达谦逊地将自己比作铺路石，他热切地盼望着金融学界中青年研究力量的崛起，盼望着"中国的金融学科建设必将为世界金融学科的建设做出自己的贡献"。

面对新世纪以来金融全球化对中国金融学科建设提出的新挑战与新要求，黄达在国内率先提出兼容宏观金融与微观金融的"大金融"学科体系建设，并身体力行。在2001年出版的《金融——词义、学科、形势、方法及其他》中，他系统提出了大金融学科建设的构想，重新构建基于中国国情的金融学科新框架。2003年首次出版、2009年修订再版的《金融学》，反映了金融学科的前沿成就，是他大金融学科建设思想理论与实践的标志性成果，对于中国金融学科在新世纪的建设具有里程碑的意义。

课堂对于真正的教师永远有着难以言喻的魔力。即使年近九旬，黄达仍然曾为本科生讲课，亲自引领新同学步入金融学的奥妙殿堂，鼓励他们成长为"在东西方两个文化平台上自由漫步的人才"。他更曾四处奔走、远涉重洋，力促中美经济学教育交流项目的落地，为给予中国经济学教育跨越式发展核心支撑搭建重要平台，培育了一代中青年领军人物。2001

黄达：

探浩渺金融天地　倾一生求真求实

年，黄达与诺贝尔奖得主蒙代尔教授共同冠名设立了"黄达-蒙代尔经济学讲座"，跟踪经济学尤其是财政金融领域的前沿动态，构建中西方良性学术沟通平台。后来，两位学者又冠名创立了"黄达-蒙代尔经济学奖"，以期更多的青年学子能够对当下中国的经济做出研究，提出创见。

当获得"吴玉章人文社会科学终身成就奖"这一荣誉时，黄达心中闪现的是吴玉章老校长的身影，"1948年8月，我23岁，第一次见到吴老，他快70岁了。过去听人家说，他老人家年轻的时候为刺杀清政府摄政王载沣组织过后勤接应，在广州为黄花岗起义购运军火，还在四川参与领导保路运动，等等，我觉得，他一定是刚毅、果敢、严肃、深沉，多少令人生畏的老革命。近距离接触，才发现他老人家实际是使人非常愿意在他膝前倾听教诲的慈祥长者。先后18年，我有幸聆听他老人家循循善诱、慈祥平和的教导，永生难忘。现在，中华民族已经走上振兴富强之路，虽然世界遍布荆棘、前途并非平坦，但中华民族前进的步伐不可阻挡，这应该是最能告慰他老人家在天之灵的了"。2017年，92岁高龄的黄达教授专门做了一个半小时的讲座，仍不忘谆谆叮嘱后辈学人"基础——必须强调再强调"。

面向更加广阔的学术未来，黄达的目光深邃而坚定，"现在，中国的金融学科应该在世界经济研究中登场了。作为一个大国，我们要有自己的金融创新和金融理念指导我们的实践，同时也要为世界金融学科的建设做出自己的贡献"。他毫不保留地表达对中华文明有着深沉热烈的爱，更坚定地相信中国的金融学人必将对世界金融学科的发展做出具有中国特点、中国风格、中国神韵的贡献。"近些年来，在习近平新时代中国特色社会主义思想的引领下，东方文明、中华文明，不断闪烁着耀人的光芒，令人鼓舞、令人振奋。相信这个过程必将继续、必将加强。在这样的大背景之下，东方文化精髓必将进入货币金融学科的建设之中。构建人类命运共同体这个万古伟业，需要金融这个强有力的工具；而由西方文化精髓培育出来的货币金融学科必将由于东方文化精髓的注入具有更为强大的理论活力,从而指导金融发挥更为强大的作用。"他热切地盼望着这一天的早日到来。

  偶然邂逅,结缘终生;求真求实,不懈攀登;兼容并蓄,终成大家。这位耄耋老人,总是用行动证明,他"始终站在潮头上",始终是金融学理论与学科建设的开拓者、领航人。

(执笔人:陈骊骊)

黄达：
探浩渺金融天地　倾一生求真求实

【侧记】

业精德昭，一代宗师
——贺黄达先生八十华诞

陈雨露

在中国人民大学图书馆楼前，有一尊写着"业精于勤"的太湖石，每年毕业生离开人大或校友返校必在这尊石头前合影。所有的人大人皆知这四个字的内涵与分量，不仅在于它语出韩愈，更在于那是老校长黄达先生的手迹。勤奋是黄达先生最看重的治学品质，他亦身体力行，毕生勤恳。英文版的凯恩斯著作《就业、利息和货币通论》语言晦涩难懂，鲜有人能通读该书原文，人大图书馆的英文版《通论》，扉页上插着一张发黄了的借书记录卡片，寥落的几个姓名里赫然有着黄达的签名。先生没有留过洋，早年学过俄文，英语全靠自学。先生说："时代背景不同，每个人自己的条件不同，但科学之路总会被有志者走出来的。"如此境界，足令晚辈钦佩学习。

回味黄达先生的人生，点点滴滴，给我们既有温暖的感动，又有严肃的鼓励。作为黄达先生的学生，我有幸得到先生的耳提面命，在循循善诱的指导、自由平等的切磋中，感受他严谨求实的学风，学习他精雕细琢的精神——他给予我们的是传世之作，更是传世之行。先生的传世之作自不必赘言，他将半个多世纪的精力献给了我国的金融教育事业，直到如今他也从没离开过三尺讲台，著作等身，桃李天下，自然是他应得的回报。阅读先生的文字，文才风流，倾听先生的演讲，醍醐灌顶。而先生达观的人生境界和包容的态度，又时刻打动和影响着我们。

先生做学术研究坦荡正直。《财政信贷综合平衡导论》一书是他受到侯梦蟾、周升业两位先生的一篇论文启发，进一步深入思考研究写成的。在这本著作中，先生特意提到两位先生的那篇文章并作为专著附录。他毫不含混的求实态度，由此可见一斑。先生遣词工于文言而善于炼字，行文一气呵成如飞瀑直下，使阅读者十分享受；更重要的是，从文面到文里，谁都可以感受到一副铁骨铮铮。

最令我们年青一代钦佩的是，作为我国金融学的主要奠基人，黄达先生始终走在时代前列。其大部分研究成果始终居于前沿地位，毫不脱离时代的发展步伐；根植现实，毫不脱离当前的实际情况。他是一流的理论学师，却非象牙塔里的学究。他一直不间断地阅读了解国内外的最新资讯，不间断地参加社会学术活动，不间断地为学生授课，与此相伴地，他对我国财政金融理论和政策研究的影响也从未间断和减弱。

早在20世纪50年代，从尚未洗净征尘的战士转到经济学讲台上的教员，黄达先生通过不断地教与学，在短短的几年时间内建立起独立的货币银行学教学思路。他率先引进西方货币银行学，编写了中国第一本由国人自己编写的货币银行学教材——《货币信用学》，这本教材将资本主义国家的货币流通与信用和社会主义国家的货币流通与信用融合起来分析，突破了照搬苏联讲义的桎梏，成为众多兄弟院校纷纷使用的通用教材。

"文化大革命"期间，人民大学停办，先生虽到"五七"干校参加劳动，但他始终抱以乐观态度，使自身醉心于学术研究，学以致用，经世济民。他开始研究工农产品价格剪刀差问题，成为中国最早研究工农产品价格剪刀差的学者之一。

1976年"文化大革命"结束，人大复校，师生振奋。之后的几年中，先生迸发出极大的工作激情，写下了大量文章，并编著了《社会主义财政

黄达：
探浩渺金融天地　倾一生求真求实

金融问题》《财政信贷综合平衡导论》等具有重大影响的著作。《财政信贷综合平衡导论》还获得1986年孙冶方经济科学奖著作奖。

先生出任人民大学副校长、校长的十年里，在繁忙的日常工作中，仍然恪守原则，从不脱离教学第一线，并且在金融学科诸多领域继续进行深入探索。1992年，先生主编的《货币银行学》出版，迅速成为全国高校财经类学科的经典教材。

在世纪之交的几年中，黄达先生思考的主要问题是处在十字路口的金融学学科发展方向。我国传统的金融学学科主体是宏观金融，而国外金融学学科则一般设置在商学院，重点在微观金融，全国高校对此认识不一，令时人困惑。就如何处理好我国金融学学科与国际接轨的问题，先生先是在全国十几所重点大学做广泛深入的调研，后又到美国访问了美联储、国际货币基金组织和一些著名大学，最终做出这样的结论：中国的金融学教育应该走宏观与微观结合的路子，无论在本科阶段还是研究生阶段，都应该使学生了解我国习惯采用的宽口径金融的内涵和把握宽口径金融的学科框架，唯顺此势方有出路。他将这一教育思想结集成书——《金融——词义、学科、形势、方法及其他》，并在2001年出版。在新世纪之初，先生以战略的眼光，在中国金融学学科发展史上写下了浓重的一笔。

值得一提的是，就从技术角度而言，黄达先生都当仁不让地走在时代前沿。他是学院老教授中用电脑写作的第一人，更可以自己扫描图文、制作课件，充分利用各类网络资源。他对新事物的接受速度之快，令不少年轻人汗颜。

先生曾喻成仿吾老校长是人民大学这座革命熔炉的"掌炉人"。而先生自己也曾出任副校长与校长，他的熔铸艺术也可谓炉火纯青！

先生学贯古今。放眼世界，不仅他的学术著作"通古今之变，成一家之言"，在学界有口皆碑，他在人才培养方面也前瞻性地提出："我们要将学生造就成能够在东西方两个文化平台上自由往返的人才。"这成为人民大学培养财经类学生具有标志性意义的目标。他说"人类的智慧、学识和文明，永远是超越国界的","要建立真正的现代化大学，必须实现校园的国际化",并身体力行地推进人民大学与世界各国大学的交往，使得人民大学在20世纪90年代的国际交流局面迅速拓展，亦为人民大学的传统财经学科与国际主流接轨奠定了基础。他所推动的美国福特基金会项目——中国人民大学中美经济学培训中心，为中国的大学培养了具有国际视野和现代经济学研究方法的经济学人才。这批人，现在正是活跃在中国经济学界的中坚力量。

古人云"高山仰止，景行行止，虽不能至，然心向往之"，我从教十五年来，无不以黄达先生为榜样，从来没有放弃过一个衷心求学的学生，也从来不敢秘技自珍，唯恐有负先生教诲。虽是兢兢业业，常感如履薄冰。而每当见到先生，年已八旬依然精神抖擞、步履坚稳，我便又多了一分自励。

（作者系十三届全国政协经济委员会副主任，南开大学校长（副部长级）、党委副书记。原文刊发于《银行家》2005年第2期）

戴逸：
履霜坚冰至
涓水汇洪流

【先生小传】

大先生
中国人民大学学术大家访谈录

戴逸，原名戴秉衡，江苏常熟人，1926年9月出生，中国历史学家。生于江南人文荟萃之地，他自幼酷爱文学，遍读经史。1944年考入上海交通大学铁路管理系，两年后毅然退学，弃工学史转入北京大学史学系，师从胡适、郑天挺、朱光潜、许德珩、向达、邓广铭等人。1948年，戴逸因参加学生运动被国民党政府通缉，为躲避政治迫害，他在党组织的安排下离开北大前往解放区，进入解放区华北大学学习并留校任教，最初从事中国革命史、近代史研究，后从事清史研究，是清史学科开创者之一。1950年中国人民大学成立后，先后任教于中国人民大学中国革命问题教研室、中国历史教研室，1954年加入中国共产党。历任中国人民大学中国历史教研室主任、清史研究所所长、历史系主任，国务院学位委员会第二届学科评议组成员，北京市历史学会第四、五届会长，北京市社会科学界联合会第三届副主任，国家清史编纂委员会主任，中央文史研究馆馆员，中国史学会会长。

戴逸勤于笔耕，著作等身。个人撰写或主编的著作有六十余部，代表作包括《中国近代史稿》《简明清史》《一六八九年的中俄尼布楚条约》《乾隆帝及其时代》《履霜集》《语冰集》《涓水集》《繁露集》《当代学者自选文库——戴逸卷》《18世纪的中国与世界》《清通鉴》《经史札记》等。其中《简明清史》第一、二册，1986年被国家教委评为全国优秀教材，并于1987年荣获吴玉章学术基金会历史学优秀著作奖。

戴逸一生致力于清史纂修工作。20世纪50年代，董必武等中央领导同志提出纂修清史。1965年，中宣部决定成立清史编纂委员会，组建清史研究所，39岁的戴逸名列七位委员之一。1972年，为落实周恩来总理等中央领导同志的指示，经北京市委批准，清史研究小组成立。1978年，经教育部批准，在清史研究小组基础上正式成立清史研究所，戴逸负责实际工作。以纂修清史为目的，对清代历史的学术研究和人才培养工作得以全

戴逸：
履霜坚冰至　涓水汇洪流

面展开。2002年，清史纂修方案终获国家批准，年过七旬的戴逸再次披挂上阵，出任编委会主任。清史编纂工程启动以来，在党中央、国务院的关心下，经过海内外专家们的鼎力合作和辛勤努力，国家清史编纂委员会相继推出大批阶段性成果。学界高度关注的主体工程《清史》巨著，共103卷105册，约3 200万字，已于2018年向中央提交送审稿。截至2020年底，共出版"档案丛刊""文献丛刊""研究丛刊""编译丛刊"等各类图书246种3 677册，可谓成果斐然。

由于在教学科研事业的突出贡献，戴逸1959年曾参加全国群英会，1960年因在河内综合大学授课获得越南政府授予的胡志明勋章，1961年被推举为高教战线先进工作者，1985年获吴玉章科研奖，1986年被评为全国教育系统劳动模范、人民教师，1994年获国家"五个一工程奖"，1995年获首届"孺子牛金球奖"和北京市哲学社会科学优秀研究成果一等奖，2013年获第二届"吴玉章人文社会科学终身成就奖"。

大先生
中国人民大学学术大家访谈录

"我作为从华北大学转到中国人民大学的第一届新生,有幸参加了1950年的开学典礼。"彼时,他是亲耳聆听刘少奇同志在典礼上讲话的热血青年,现在,他是鬓发如雪的史学泰斗。70载时光,于历史洪流而言只在弹指一挥间,于个人而言却需要用整个生命去诠释。戴逸先生依旧在铁狮子胡同1号(现张自忠路3号),坚守着为国修史的初心使命,用不变的信念屹立在巨变的时代里,将不变的追求深扎在万变的洪流中,胸怀天下,勇毅前行。

自幼向史:小人书窥大世界

烟雨楼台,人文荟萃,戴逸生于钟灵毓秀的江苏常熟,幼年所居之地常浸笔墨浓香,那时他有着一个充满江南诗意的名字——戴秉衡。之所以改名戴逸,则是出于他对自己青年时代奔向信仰的纪念。

常熟在历史上出过黄公望、钱谦益、翁同龢等众多名士,文脉相传,戴逸耳濡目染,自幼便喜好读书,尤其是各式各样的小人书。每至下午,便有许多走街串巷的租书人,身着旧长衫,背着破旧的藤篮或皮箱,装满出租给孩子们阅读的小人书。其中有一位是因抽鸦片而穷困潦倒的书生,他擅长说书,能将岳飞、杨家将、薛仁贵的故事讲得活灵活现,每每听到都令戴逸如痴如醉。

作为流动书摊的常客,戴逸最喜欢读的是历史故事,如《东周列国志》《三国演义》《说唐》《水浒传》等等,那些画着历史故事的连环图画书,让他爱不释手,一读再读。小人书虽然大多是野史演绎,但其中真真假假、琳琅缤纷的故事为戴逸打开了一扇历史之门,潜移默化间培养了他对历史学问的兴趣,塑造着他的性格。戴逸将小人书看作自己最早阅读的历史书,也将那位租书人视为自己启蒙的历史教师——他们将戴逸带入了

戴逸：
履霜坚冰至　涓水汇洪流

数千年的历史世界中，在戴逸内心深处埋下了爱好历史的种子，"我对文史的爱好，最初就来自这些小人书和说书人，如果没有童年的这段经历，我对历史的兴趣也可能会长眠心底"。

中学时，戴逸早已不满足从连环图画中寻找历史踪迹，而是去寻阅各种历史古籍。常熟人文底蕴深厚，虽遭受战火摧残，但街上仍旧零星散布几家旧书摊供人阅览。每每有空，戴逸便一头扎进那些线装书中，沉湎于与古人朝夕对话的乐趣，甚至常常因为站着看书太久而头晕眼花。待有些零用钱时，戴逸也会在旧书摊全部花掉。他曾经攒钱买了一部《昭明文选》残本，又借来整本，花了一个多月的时间将其抄录补齐，珍重收藏。那一本本残旧的古籍成了戴逸珍藏的小书库，虽然寒酸古旧，却是他心爱的精神粮仓。

当时戴逸还没有阅读古籍的知识功底，一知半解间，只囫囵吞枣地读着，也不懂得如何做笔记，课余时间就用红蓝色笔在书上标点断句，探寻文字中的含义。戴逸曾在自述中写道，"每当夜深人静、万籁俱寂时，独处小楼之上，青灯黄卷，咿唔讽诵，手握彤管，朱蓝粲然，竟也自得其乐"。就这样，他阅读了大量古籍，而对书籍的痴迷，也成为他保持了一辈子的习惯。

1944年高中毕业后，戴逸本一心想报考文科，但当时社会上重理轻文风气严重，家乡附近又没有理想的文科大学，戴逸带着遗憾报考了上海交通大学的铁路管理系。当时，铁路管理专业是热门专业，毕业之后求职有保障，但与历史毫无干系，自然也不符合戴逸的志趣，他还是念念不忘历史和文学，道不尽满心的苦闷挣扎。

抗战胜利后，北京大学准备从昆明迁回北京，1946年暑假在上海交通大学招生，考场正好设在戴逸的宿舍楼下。对于一直"身在曹营心在汉"的戴逸来说，这是从天而降的好机会。他果断在报名表上填上了"北京大学历史系"，随后果然得偿所愿。录取消息传来，戴逸喜忧参半，喜的是自己考上了历史系的正取生，忧的是他已经在上海交通大学读完了两学年，此时放弃未免可惜，身边的亲戚友人也难以理解，认为这是"下乔木而入于幽谷"。

不过，现实的权衡也终究敌不过多年强烈的热爱。对文史的热情最终令戴逸下定决心，毅然放弃了交大的学籍，乘船北上，在北大历史系了却心中夙愿，从此走上了史学研究之路。重要抉择往往会改变人生的走向，弃工学史是戴逸人生中的一次重要转折，回首往事，他感慨万千，"对三十六年来走过的这条路并不后悔，甚至还庆幸当初的正确选择"。

投身学运：易名奔赴解放区

不同于交大严谨踏实、纪律严明的校风，北大则是一所处处洋溢着民主、自由氛围的学术殿堂。在这所学术殿堂中，课程大多是选修，学生们常常跨系听课，老师上课也不点名，纪律宽松，兼容并包。北大素来有知名教授给低年级学生讲课的优良传统，戴逸也因此亲聆许多名家教诲，郑天挺的明清史、陈垣的史源学、朱光潜的美学课、向达的隋唐史等等尽收耳中，戴逸听得甚是陶醉。教授们学术功底深厚，课后与学生们亲近交流。郑天挺先生担着学校秘书长的工作，每日早出晚归，还总和学生们谈古论今，他曾借给戴逸《明元清系通纪》作为课外读物，在他的鼓励下，戴逸第一次阅读了大部头历史著作《明史》，为自己走上史学研究之路打下坚实基础。

最吸引戴逸的是北大的图书馆，阅览室中琳琅满目的图书令他心境豁然开朗，"很多古书，我连见都未曾一见，就这样整整齐齐全都放在北大图书馆，只等我翻开。我太高兴了，一天到晚就在图书馆泡着看书"。

戴逸：
履霜坚冰至　涓水汇洪流

但规模庞大的北大图书馆，却找不到一本具有进步色彩的书刊，甚至连一份普通的《文汇报》都没有订。学生们在图书馆无法借到想阅读的书籍，多次向校方投诉无果，只能把心爱的书籍交换阅读，久之便把书籍都存在大一学生会保管借阅。

1947年夏，戴逸将升入大二，大一学生会面临解散。戴逸当时正负责保管书籍，暑假期间他的挚友陈宗奇也来帮忙管理，并提议办个图书馆，当时的戴逸并未意识到这是中共地下党组织的决定，但他由衷地赞同这个建议。战乱纷争阻挡不了思想进步的步伐，北大学生们积极投身于爱国民主运动的进步潮流中，各种进步社团如雨后春笋般出现，新图书馆便在这个大背景下筹备建立，以"孑民"命名，一方面是崇尚老校长蔡元培先生"思想自由、兼容并包"的治学思想，另一方面是希望新图书馆能及时获得校方批准和资助。

为了能使更多的同学阅读到进步书籍，戴逸和大家奔走呼号，面向社会筹措资金、募捐书籍。他曾挨家挨户地登门拜访北大教授募书，说明来意后，教授们大多非常同情和支持，当即捐出大量书籍。经过一段时间的努力，戴逸等人已经从教授、学生、书店、北大老校友等处募集了一千多册书籍，其中很多是国民党当局禁止传看的进步书刊。

眼见募捐到的图书日益增多，请学校帮助解决房屋、家具和照明等问题迫在眉睫。为此，戴逸与一位田姓同学专门拜访了校长胡适，却遭到了反对，戴逸抗声争辩，不欢而散。幸而得到郑天挺和邓广铭先生的帮助，孑民图书馆才得以如愿开馆，戴逸被举荐为常务总干事兼编目股股长。孑民图书馆虽然体量不大，却为爱国民主运动期间的北大学生提供了宝贵的精神食粮，学生们口口相传：想看解放区出版的革命书籍，就去孑民图书馆！

由于戴逸优秀的学业成绩和积极投身于学生运动的干劲，北京大学的中共地下党组织早已将他列入入党考察对象。1948年5月下旬，地下党组织派专人找戴逸谈话，决定发展他为中共党员。戴逸十分激动地表示愿意为党的崇高目标——实现共产主义而不懈奋斗。

正值暑假，戴逸暂时没有履行入党手续，而是回到了常熟老家。此时正在节节败退的国民党，对北大学生运动的镇压却更为严酷，制造了"八一九"大逮捕事件，准备拘捕11所高校的进步学生，戴逸的名字赫然出现在通缉名单之上。

戴逸在回到北大后不久就被国民党特务逮捕，带到特种刑事法庭接受当局审讯。胡适得到此消息，赶忙写了一封信保释他。得益于胡适当时在国民党内的声望，戴逸收到了"保释在外，听候传信"的处理意见，暂时恢复了自由之身。时局危急，戴逸未敢久留，通过地下党组织迅速离开北平，准备奔赴华北解放区。

戴逸担忧因自己参加革命牵连亲人，便决定易名出行。他以革命乐观主义精神解释自己的新名字，"我是'逃'出来的，那就叫戴逸吧"。逸，表示逃离虎口，而戴逸本人身上也恰恰有一种遨游史海的超逸之气。自此，世界上少了一个青涩的学生"戴秉衡"，而多了一个革命青年"戴逸"。在华北解放区，戴逸开启了读史修史的学术生涯。

学术肇始：革命史到近代史

1948年，戴逸进入解放区华北大学，与众多热血青年一起学习革命知识。戴逸感觉自己仿佛一滴水汇入了革命的磅礴浪潮中，深深地被恢宏壮丽的革命运动所感染，时时刻刻都有一种激情涌动。

讲授新民主主义革命史的老师是著名党史专家胡华，他以历史学家的敏锐洞察力，深刻地分析着党的诞生、成长——历经挫折却不断发展壮大的伟大历程。从未学过中共党史的戴逸宛若发现了一个新世界，从此更加

戴逸：

履霜坚冰至　涓水汇洪流

坚定了革命信念。培训结束后，戴逸在分配工作的志愿表上毫不犹豫地填写下"历史研究"四个字，并幸运地被分配到胡华所领导的政治研究室革命史组。

作为胡华的助手，戴逸学到了丰富的革命史知识，阅读了大量的革命史文献和马列文章。北平解放后，华北大学搬到刚解放不久的北平，第二年以华北大学为基础合并组建的中国人民大学正式开学，成为新中国创办的第一所新型正规大学。

在革命史组的工作中，戴逸阅读了大量马克思主义书籍，在逐步深入的学习过程中，他更加深信马克思主义是指导历史研究的科学理论，要学会运用马克思主义这把锐利的"解剖刀"去发现历史规律、分析历史进程、解释历史发展，从而以史为鉴、指导现实。胡华经常和戴逸谈论写作问题，他很欣赏戴逸的才华，鼓励他选择一个研究题目试着写作。

当时新中国刚刚成立，新解放区的一些群众不了解抗战的真相，刚好戴逸读到了一篇通俗易懂的解放战争史，他联想起幼年时读过的演义小人书，萌生出写一本通俗的抗日战争史演义的想法，"当年废寝忘食地阅读史料、用心构思、伏案写作、推敲文字的情景，至今犹历历在目"。两年后，25岁的戴逸以王金穆为笔名出版了自己的处女作《中国抗战史演义》。虽然戴逸自认为这本书"幼稚、浅陋、平庸"，但这本普及型读物填补了民众知识的空白，一经出版便受到了广泛欢迎。

1952年，随着中国人民大学的蓬勃发展，革命史组一分为二，戴逸被调往中国近代史组，担任近代史教学的任务。戴逸回忆道，"当时的历史界有个毛病，就是厚古薄今，老师们喜欢讲春秋战国，好像到汉代以后就没有什么可讲的了。当时几乎没有老师做近代史研究，学校把我调过去填补空缺"。

研究鸦片战争后的近代史的学者很少，用马克思主义观点撰写的中国近代史书籍更是寥寥无几。面对教学科研任务中的重重困难，戴逸夜以继日地工作着，在中国近代史领域摸索前进。经过几年的教学实践，他积累了系统的理论知识，萌发了编纂中国近代史著作的想法。于是从1956年起，戴逸在繁重的教学任务之余着手写作《中国近代史稿》。写作既如绣花又如拔河，需要兼顾细致的耐心和坚定的意志，戴逸花了两年的时间从鸦片战争写到太平天国运动失败，共计40万字，但这也只完成了全书的四分之一。

1958年，《中国近代史稿》第一卷由人民出版社出版，这本书以马克思主义理论作为分析工具，结构严谨、论证缜密，厘清了中国近代史的整体逻辑，被当时的学者们评价为"一本流行很广的好书"，也成了戴逸的第一部代表作。作为学术新秀，戴逸参加了吴晗主编的"中国历史小丛书"编委会的工作，又任北京市历史学会中国近代史专业组的组长，行政工作十分忙碌，但在他的坚持下，《中国近代史稿》第二卷的写作到1964年基本完成了。

第二卷正待出版，戴逸便开始着手第三卷的写作工作，但此时"文化大革命"开始了。"文化大革命"的导火索是姚文元发表的《评新编历史剧〈海瑞罢官〉》。海瑞是清官，戴逸曾以星宇为笔名执笔写过一篇名为《论"清官"》的文章，该文章被批判涉嫌为清官辩护，是调和主义、折中主义的毒草。因此，戴逸被打成"黑帮分子"，监督劳动，关进牛棚。后来，他到江西余江"五七"干校劳动，过了好几年的"猪倌"生活，与书本绝缘。但繁重的劳作和清贫的生活并没有打垮戴逸的意志，在艰苦的岁月中，他始终坚信"守得云开见月明"。

三起三落：穆穆清风又几重

"欲知大道，必先为史。"易代修史是中国社会流传千古的史学传统。

戴逸：
履霜坚冰至　涓水汇洪流

"清朝有两百多年的历史，对当今中国的影响最为密切，我们要了解现在中国的问题，必须彻底了解清朝的历史。"戴逸认为，"清朝灭亡以后，民国曾经修过一部《清史稿》。但因为都是清代遗老遗少所写，他们站在清朝立场上，歌颂清朝，反对革命，把国民党叫作'乱党'，甚至史书里都不提孙中山。所以，《清史稿》在民国时期一直被当作禁书"。

早在1958年，时任国家副主席董必武就提出要编纂两套历史书的设想，一是中国共产党党史，二是清朝历史。这一提议得到了中央的高度重视，周总理专门找吴晗谈过清史编纂事宜。因为戴逸研究的近代史属于晚清史，所以吴晗特意征询了戴逸的意见，两人一起畅谈了许多清史研究的想法。遗憾的是，随后的三年困难时期使得清史纂修工作被迫搁浅。

1965年秋，清史纂修第三次被提上日程。中宣部决定成立清史编纂委员会，委员会由中国人民大学副校长郭影秋领导，戴逸名列七位委员之一。然而在"文化大革命"中，修史计划再一次搁浅，但清史研究仍久久萦绕于戴逸心中。学校被迫停办后，原中国历史教研室的教师被分到北京师范大学，郭影秋再次向中央提议成立清史研究小组，戴逸也成了北师大清史研究小组的成员之一。

1978年，中国人民大学复校，清史研究所终于得以成立，戴逸担任所长。当时，举国上下正在改革之初，《清史》纂修条件尚不成熟。戴逸清楚地意识到当时社会上没有一部系统完整的清史著作，漫漫史卷，两百多年光阴，直接着手纂修大型清史未免陷入没有抓手的困境。于是，戴逸向郭影秋副校长提议先编写一部简明扼要的清史著作，以梳理清代历史的主要线索，就这样开始了《简明清史》的写作。

面对着浩如烟海的史册，戴逸发挥蚂蚁啃骨头的精神，沉下心来，一步步、有条不紊地进行资料收集整理考证等工作，花了七年时间。戴逸以马克思主义唯物史观为根本遵循，系统阐述了清朝历史，完成了70多万字的《简明清史》，这也成为研究清史的权威性著作，是戴逸的又一部代表作。年过花甲的戴逸仍旧笔耕不辍、著书立说，专注于清代边疆开发和乾隆时代的研究，相继推出《乾隆帝及其时代》《18世纪的中国与世界》等重要著作。

清史纂修三起三落，几经波折，戴逸在清史领域钻研半生，早已华发满头，但依然系心于推进清史编纂的进程，在杂志上撰文呼吁："编纂《清史》，此其时也！"2002年，清史纂修方案终获国家批准，耄耋之年的戴逸坚守着作为历史学家的使命感和责任感，再次披挂上阵，出任清史编纂委员会主任。

编纂清史是一项巨大的文化工程。600年以来，中国易代修史仅四次：朱元璋下令修元史；顺治帝下令修明史；袁世凯下令修《清史稿》；第四次就是21世纪启动的清史纂修工程。数十年准备，终到落实之时，戴逸深感任重道远、责任重大，"我一则以喜，一则以惧——一方面因为圆了多年的梦而高兴；另一方面内心又充满了忧惧，担心事情干不好，对不起国家，对不起后代"。

担起重任后，戴逸首先调整了作息时间，几乎每天都前往办公楼坐班、召集会议、安排前期工作，在统筹推进总体设计的同时开展多个项目。即使每天的日程安排得很满，作为清史编纂的领头人，他仍常常因为担心项目的质量和进度而食不甘味、寝不安席。

与戴逸以往的著作不同，《清史》的封面上看不到"戴逸著"的字样。21世纪以后，戴逸停笔不写，而是扛起《清史》主编的使命职责，他为修史"大我"舍弃"小我"，肩负起几代史学家的郑重托付，承担起修史的历史重任。作为接续传统"二十四史"的第二十五史，《清史》工程浩大，卷帙浩繁，除了3 000多万字的主体工程，还包括三类基础工程：国内档案整理、国内文献整理、国外档案文献整理。根据时代背景的需要，修史

戴逸：
履霜坚冰至　涓水汇洪流

的体例、史观等都需具备创新性，《清史》纂修的创新之处或可概括为六个方面：具有世界眼光、做好档案基础工程、创新编纂体例、创新史观、采用白话文修史及学者修史。2018年2月，《清史》三稿基本完成，这部由国内2000多名清史学者共同完成的百卷巨著终于进入了最后的审阅阶段，圆满完成编纂任务。编纂工作虽已完结，而戴逸与清史的缘分却将在历史的长河中绵延不绝，历久弥新，愈久弥醇。

治学有道：上下求索勘古今

中国自古以来有着源远流长的史官文化，修史者秉笔直书，鉴前世之兴衰，考当今之得失，在历史的帷幕后叙述着辉煌的文明。他们史心清透，史德温润，因此散发着令后人敬仰的亮光。戴逸的学术之路并非坦途，经过多年的艰辛求索，他探索出自己独特的治学之道。

戴逸将治学概括为勤、苦、乐、迷四个境界，四个境界贯通串联，互相成就，筑成通向大家之路。

做学问没有捷径，勤字是立根之本。戴逸总结做学问的四勤：眼勤、耳勤、手勤、腿勤。眼勤，要多看书；耳勤，要多听老师的教诲、同学的讨论和各种意见建议；手勤，要勤于记笔记、写文章；腿勤，要勤于跑图书馆，勤于查阅各种资料，参加各种学习活动。唯有勤奋刻苦，才能做大学问。

治学第二境界为苦。戴逸曾感慨："治学是在茫茫的大海中航行，坐在用'苦'字做成的船上，才能到达'乐'的彼岸。"在读书遇到困难之时，要忍得住苦闷焦虑，有坐冷板凳的精神，忍得艰苦，方有成就。而苦与乐相辅相成，读书苦中有乐，苦尽甘来，乐在其中。"山重水复疑无路，柳暗花明又一村。"当从书本破解疑惑，豁然开朗后，精神的满足与愉悦是难以与外人道的。

治学的最后一个境界是迷，乐到极处，自然入迷。迷是一种强烈深厚的感情，要喜爱自己的专业达到"一日不见如隔三秋"的程度，任何力量都不能将自己与书籍分开，这是成才的重要条件。从勤到苦，从乐到迷，而入迷之后自会更加勤奋执着，这又回到勤字，四个境界贯穿循环，螺旋上升，不断提升治学的境界，通往成功之路。

戴逸自年少起坚持不懈地阅读史书，忍得住治学的困苦，耐得住求学的寂寞，在书中与古今中外的伟人促膝长谈，自得其乐，忘却自我，其治学情状，正是勤、苦、乐、迷这四个境界循环往复的必然结果。"立志高远，贵在坚持"便是戴逸治学经验的毕生总结。

除了戴逸本人归纳的治学四境界之外，他还曾对历史学家提出"四要"，即四项要求。戴逸解释道："前人说过，优秀的历史学家应具备史学、史识、史才、史德。我把前人说的这八个字转换成'资料、思想、文采、道德'。含义不完全相同，而大体上还是接近的。'学'是指知识、资料、信息；'识'是指理论、思想；'才'是指文采、才华；'德'是指道德、人格。这是对历史学家四个方面的要求。每一位历史工作者必须从这四个方面用功夫，努力锻炼，不断提高，才能成为合格的，以至优秀的历史学家。"

治学四境界和治学四要对后辈历史学家们启迪颇多，戴逸以此严格要求自己，治学严谨，方成为一代博专并举的清史大家。一方面，戴逸旧学深厚，少时阅读的大量经史子集为其积累了坚实的文史哲功底，同时戴逸又不同于长年待在书斋中的"学究派"，而更像一名"革命战士"。戴逸接受并运用马克思主义历史唯物论的理论方法探寻历史规律，其治学过程和革命运动紧密联系在一起，理论适应时代，实践检验真知。另一方面，戴逸的学识非常渊博，从革命史到近代史再到清史，治学过程逆向回溯，贯穿几百年。正如中国社会科学出版社前任总编辑王俊义所说:"戴逸的独特之处在于两个方面的贯通:一是纵向的前后通,按史学界通行的划分,清史以1840年为界划归两端,之前为古代史,之后为近代史,以往是两批人分头搞,戴老师则前后都搞。二是从横向左右通,他编撰《18世纪的中国与世界》,把清史放到世界背景下思考、讨论,学术视野开阔。"国际18世纪研究会原主席约翰·施洛巴赫称"戴逸教授主编九卷本《18世纪的中国与世界》是一件具有里程碑意义的事情。这个著作定将为这个时期的研究奠定基础",由此可窥戴逸深厚学术造诣之一斑。

大家风范:经世治学堪表率

铁狮子胡同内,清史研究所后的一栋红砖瓦房里,戴逸在此居住了半个多世纪。"华发皤颠,而犹弗舍。"历史在戴逸身上留下痕迹的同时,他也用纸笔无声诉说着历史的变迁。

戴逸毕生寄情清史,正如他笔下的那句:"清史是我的专业,我将毕生的精力贡献给它,可说是寝于斯,食于斯,学于斯,行于斯。清史是我理念之归宿,精神之依托,生命之安宅。"但当人们用"清史泰斗"尊称戴逸时,他却连连摆手:"不敢当不敢当,我只是个修史的。"

虽为大家,但戴逸一贯谦逊,他待人宽厚,平易近人。清史编纂委员会的成员们开会时,虽有时会意见不合,但整体气氛非常轻松和谐。戴逸有几次提出一个想法,副主任们纷纷反对,戴逸面对争议也并不生气,而是始终坚持学术民主,鼓励大家有什么就说什么。有时候他当时不接受反对意见,但思考一两天还会说"你们这个主意还是比我的好"。清史研究所副所长杨念群写道:"与先生受教论学,如书院中师生之间坐而论道,切磋辩难,洵洵有古风焉。这才是令弟子终生难以忘怀、时刻铭记在心的求学体验。"每次有新著面世，戴逸还会为后辈亲笔题书，并工整盖上赠书印章，以示尊重，表现了一位慈祥老人关怀后辈的拳拳之心。正是因为戴逸亲善和蔼的人格魅力，以宽广的胸怀兼容多样意见，清史编纂委员会温馨和谐的氛围得以存续至今。

除此之外，令人钦佩的还有戴逸炽热的家国情怀。戴逸有着高度的"经世"情怀，在做学问的同时，保持着高度的责任感、使命感和政治敏感性。

正如戴逸在北大读书期间就积极投身学生运动一样，他不将自己局限于一方书斋，不同意"史料即史学"，而是主张学有所用，在更广阔的视野中看待历史，他认为"历史的因铸成现实的果。鉴古而知今，史学可以使我们在一个巨大的远景中观察自己和社会，这样才能够透彻地了解现在、预见未来"。但戴逸同时也强调，"史学不是对策学，任何以现实需要为借口随意剪裁历史的行为都是不被允许的"。

20世纪60年代之时，珍宝岛事件发生不久，戴逸以中俄尼布楚条约为课题，在写作之时怀着强烈的民族感情，以冷静客观的立场写成《一六八九年的中俄尼布楚条约》一书。为中苏谈判提供了有力的历史依据，也开了研究清朝边疆史的先河，填补了学术空白。"南海仲裁案"发生之时，戴逸特别嘱咐在《清史·边政志》中设海洋篇，要把清代对南海诸岛及相关海域行使主权和管辖的历史讲清楚。戴逸对清政府的边疆治理问题格外重视，多次叮嘱专家有关边界条约签订史实的叙述一定要准确，反映了他对国家领土主权的强烈关注。

20世纪80年代戴逸就提出应建立"避暑山庄学"，体现了其对皇家园林保护修复问题的思考。戴逸的著作《乾隆帝和北京的城市建设》从北京城市建设规划的角度探讨清代皇家园林的价值，《乾隆帝及其时代》一书亦列有"北京城市建设"专章，细致梳理京城"三山五园"兴建的历史脉络。30多年后，北京的城市管理者和规划者开始意识到，应从古都整体保护的角度对皇家园林进行修复和整治，并逐渐付诸行动。20世纪90年代，国家提出西部大开发的战略设想，戴逸又敏锐地意识到情势发展和环境保护之间的紧张关系，撰写了《清代开发西部的历史借鉴》一文，一方面肯定了清廷西部开发的举措所带来的积极影响，另一方面又敏锐地注意到清朝无补偿地开发导致森林消失、牧场萎缩、水土流失等问题，颇有先见之明。

"高山安可仰，徒此揖清芬。"如今96岁高龄的戴逸依然住在初心起航的张自忠路平房内，他用一生的执着坚守编撰《清史》的史学追求，用一生的无私胸怀"国之大者"，用一生的心血支撑起人们对他的称誉——清史泰斗，史学重镇。

(执笔人：阴志璟　禹　琳)

大先生
中国人民大学学术大家访谈录

【侧记】

戴逸与清史纂修

马大正

倾力推动清史纂修

世纪之交,中国史坛再一次发出纂修《清史》的倡议。2000年12月,戴逸教授在接受《瞭望》杂志社记者采访时率先提出"纂修《清史》,此其时也",倡议把大型《清史》的编写任务提到日程上来。这是中华人民共和国成立以来第五次动议纂修清史。

从定鼎北京始,清朝历史达268年之久,蕴含了极为丰富的内容,同今天的社会现实联系紧密。不仅中国的版图疆域及新中国成立之初的人口基数奠定于清朝,当代中国的政治、经济、社会、军事、文化、外交、边疆民族等诸多方面的问题,很多也是从清代演化、延伸而来的。要深刻了解当代中国国情,就离不开对清朝历史的科学认识。中华人民共和国成立后,国家领导人曾有四次纂修《清史》的提议。特别是1965年秋,周恩来总理责成中共中央宣传部筹备纂修《清史》,中宣部为此召开部长会议,决定成立清史编纂委员会,以中国人民大学副校长郭影秋为清史编纂委员会主任,关山复、尹达、刘大年、刘导生、佟冬和戴逸为委员,并在中国人民大学成立清史研究所,纂修《清史》,蓄势待发。但随之而来的"文化大革命"使酝酿多年的《清史》编纂工作刚要启动即被搁置。

戴逸：
履霜坚冰至　涓水汇洪流

经历了几十年的风风雨雨之后，当年修史动议的参与者和亲历者多已谢世，戴老师是为数不多的健在者之一。虽历尽磨难，戴老师对清史的研究从未中断。20世纪80年代以降，他带领清史研究所同人先后完成了《清史编年》和《清代人物传稿》等项目。如何完成时代使命，不辜负学界重托，实现《清史》纂修，成了戴老师数十年来时刻思考的重要问题。

戴老师纂修《清史》的倡议得到学界热烈反应。2001年3月，时任全国人大代表、中国人民大学李文海教授，时任全国政协委员、北京大学王晓秋教授，分别在全国人民代表大会和中国人民政治协商会议上提交"纂修《清史》正当时"的建议和提案。同年4月6日，戴老师和李文海邀请季羡林、任继愈、王钟翰、朱家溍、蔡美彪、龚书铎、王晓秋、郭成康、马大正、朱诚如、成崇德等专家学者共商纂修《清史》大事，一致呼吁尽快启动纂修《清史》的工程，遂有学术界十三人联名向中央写信，呼请由政府出面组织纂修《清史》。与此同时，戴逸组织中国人民大学清史研究所专家进行纂修《清史》的必要性和可行性论证，并着手起草纂修《清史》的工作方案。

2002年8月，中共中央、国务院做出了启动清史纂修工程的决定，成立了国家清史纂修领导小组，同年12月12日，成立了以戴逸为主任的国家清史编纂委员会。几代学人的努力终于得到回报，戴老师数十年如一日倾力推动《清史》纂修的愿望终成现实，他不顾古稀之躯，日夜操劳，忘我工作，倾注全部心血领导这项国家重大文化工程有序开展。

精心谋划纂修布局

戴老师精心谋划纂修布局，他对清史纂修工程两个全局的设计是带有战略性和指导性的。

第一个全局是清史纂修工程的全局。

戴老师将清史纂修工程分解为主体工程、基础工程和辅助工程三大板块。主体工程是指《清史》，"要写出一部观点正确、实事求是、记事翔实、条理清楚、内容丰富、史料确凿的高质的《清史》，能够反映我们的学术水平，成为新世纪标志性的文化工程"；基础工程是指对国内外有关清代档案、文献的收集和整理，"整理档案文献可以提高《清史》的质量，纂修《清史》又可以带动文献档案的整理，两者相辅相成，并行不悖"，"抢救和保护珍贵的档案文献，这是功在当代、利在千秋的事业"；辅助工程是指要筹建档案室、图书室、网络中心和出版中心。对清史纂修工程的总体布局，戴老师打了一个形象的比喻："我们要打造一艘航空母舰，不仅仅需要航空母舰，还要有许多驱逐舰、巡洋舰、潜水艇，要形成一个战斗群，形成规模性的文化工程。"唯有如此，清史纂修工程才"可以称得上名副其实的国家行为、国家工程，是新世纪标志性的文化工程，意义重大，影响深远"。

第二个全局是对主体工程《清史》的总体布局。

自2003年至2004年，国家清史编纂委员会在全国召开了八次体裁体例研讨会，其中包括戴逸老师带领我们在台湾的宜兰和台北召开的两次研讨会，研究清史编纂总规划，确定《清史》全书的总体布局和框架，将其分类分卷。

根据戴老师的设计，《清史》的五大部类包括通纪、典志、传记、史表、图录，我们称之为新综合体。简言之，通纪实际上就是一部清代通史，这是20世纪初以来章节体的体裁体例，典志、传记、史表是二十四史的传统体例。图录是个创新，因为《清史》有编图录的可能，有地图、有绘画、有照片，以图证史、以图明史。所以《清史》既吸收了20世纪西方国家修史的章节体的体裁体例，也继承了传统二十四史的体裁体例。

戴逸：
履霜坚冰至　涓水汇洪流

在五大部类中，通纪是"全书的总纲"。通纪以记载史实为主，同时应该有必要的、紧密结合史实的议论，要揭示出历史现象的内在联系。所以我们对这部通纪费心最多。2003年6月4日，戴老师在国家清史编纂委员会全体专家会议上发表题为《贯穿〈清史〉的一条主线——新修〈清史·通纪〉内容要旨》的长篇学术讲话。"把清代近300年史加以扼要的叙述，前后贯通，表现历史发展的大趋势和我们的历史观，阐明清代从崛起到发展与鼎盛时期，到衰落以至灭亡的全过程。"2004年10月30日，戴老师在《清史·通纪》工作研讨会上再次就《清史·通纪》的撰写发表五个方面的指导性意见，即：(1) 对清朝历史的定位；(2) 必须用辩证的思想去对待历史；(3) 要把清朝近300年历史放在世界历史的长河里来考察；(4) 叙述史实要准确、丰满、清楚；(5) 文字要简明、流畅、生动。戴老师更是直接负责督校近400万字的九卷通纪。

两个全局的确定，奠定了清史纂修工程的整体格局，确定了清史纂修工程的主要内容，明确了清史纂修工程的纂修进程和最终目标。作为清史纂修工程总主持人，戴老师功不可没！

从2008年12月份开始，我们把已经完成初稿的《清史》进行了审改，审改过程很复杂，因为毕竟参加这项工作的有千余人，很难做到浑然一体。但是作为一部书，它必须是一个整体，这就需要学者不断打磨。其中发生了一件特别让人困惑的事——我们意识到，因为是集体创作，这部书可能存在很多重复交叉和遗漏的地方。同一件事情，不同的人写，也许根据不同的史料，就会出现差异，甚至有时也会出现重大的遗漏。我们中间就发生过一个很大的笑话。我们在核对传记名单的时候，突然发现里面没有慈禧太后！因为妇女卷的主持人认为慈禧应该放在光绪朝卷，而光绪朝卷的主持人则认为慈禧会被放在妇女卷里面，结果两边都没放。因为慈禧这个人物太显眼了，所以被发现了。还有一些中等级别的人物更容易造成遗漏。当时戴老师就提出要"三查",就是查重复、查矛盾、查遗漏。2014年以后,我们对"三查"下了很大的功夫,也收到了较好的效果。

当前,我们除了做好审读的配合工作外,还要继续进一步打磨、修饰书稿,每一部类的专家们都在照常工作,按照我们自己查出来的问题进行修改。同样,根据审读的意见,我们还会继续修改。出版环节还有三审三校,下面到底还要延续多长时间,不好预测。

我们从2003年就开始主持编辑和出版五套丛书,包括"档案丛刊""文献丛刊""研究丛刊""编译丛刊""图录丛刊"。另外在戴老师的坚持下,我们还编了清代诗文总集《清代诗文集汇编》,从6万多篇清代的诗文中间,选了4 000余种,汇编成800余册。戴老师还撰写专文《弹指兴亡三百载,都在诗文吟唱中——清代诗文简论》,指出:"诗与文是我国悠久的文学体裁,唐宋最盛。而《全唐诗》仅四万首,清代诗文之多,远迈唐宋,其艺术水平亦高超卓绝,可与唐宋相比肩。"

学问人生魅力人格

最早知戴老师之名还是1958年我大学三年级上中国近代史课,指定参考书是当年刚出版的戴逸著《中国近代史稿》(第一卷),立论和文采让我佩服得五体投地,确实是高山仰止。1975年我参加《准噶尔史略》研究小组时到中国人民大学清史研究所请教戴老师等诸位老师,这是我第一次直接面见戴老师请教。自此之后,学术交流从未中断。我在主持中国社会科学院边疆中心工作过程中,得到了戴老师多方面教导。我视他为师,他把我当成朋友。

2002年,我成了戴老师的部下。当时国家清史编纂委员会成立,我受聘为副主任,一直是做他的助手,他是我名正言顺的领导,从2002年到

戴逸：
履霜坚冰至　涓水汇洪流

现在，有19年了。19年来，在戴老师带领下，我参与了新修《清史》的设计、立项、撰写、审改、定稿五个阶段的学术组织工作。这些年来不说每天见面，至少开头几年是每个星期都要见一次。现在因为他年龄大了，我们不让他来上班，说你别来了，我们到你家去就行了。最近一次是2021年9月9日，那天老人家精神很好，一口气对我们讲了通纪第9卷有关清末新政与革命党人活动进行修改的想法，但毕竟年事已高，且听力严重下降，我们表示相关意见已落实专家进行修改，请老人家放心、宽心。

戴逸的学问人生所展示的魅力人格，不是作为学生辈的我能来评价的，但从我个人感知感悟的角度留下深刻印象的大致有三。

一是炽热的家国情怀。

戴老师在做学问的同时，保持着高度的政治敏感性。因为我长期做边疆研究，在编纂清史过程中，凡是涉及边疆、民族、中外关系的问题，他首先会找我来问。比如说前几年关于"南海仲裁案"，围绕这个问题，戴老师当时特别跟我说："在我们的《边政志》里边，要设海洋篇，在海洋篇里面一定要把清代对南海诸岛及相关海域行使主权和管辖的历史讲清楚。"他的政治敏感性是他学术素养的本能反应。他对《边政志》给予特别的关注，多次叮嘱专家有关边界条约签订史实的叙述一定要准确，清政府对边疆的经营与治理一定要立足国家统一的视角来进行评议。同时，戴老师批判历史虚无主义，坚持唯物主义，态度鲜明。他坚持太平天国起义在推动历史发展中的进步意义，坚决反对曾一度流布甚广所谓"邪教"论的歪理邪说。

二是严谨的治学风格。

戴老师治学严谨，他曾著文对历史学家提出四项要求，即资料、思想、文采、道德，传诵一时，对后辈学人启迪莫大，我也是受教者之一。戴老师说："前人说过，优秀的历史学家应具备史学、史识、史才、史德。

我把前人说的这八个字转换成'资料、思想、文采、道德'。含义不完全相同，而大体上还是接近的。'学'是指知识、资料、信息；'识'是指理论、思想；'才'是指文采、才华；'德'是指道德、人格。这是对历史学家四个方面的要求。每一位历史工作者必须从这四个方面用功夫，努力锻炼，不断提高，才能成为合格的，以至优秀的历史学家。"从我个人先后学习戴老师所著和主编的《一六八九年的中俄尼布楚条约》、《简明清史》和《18世纪的中国与世界》，可深知戴老师是如何将这"四要"贯彻于研究实践之中的。尤其是《一六八九年的中俄尼布楚条约》，以丰富的资料、严谨的考证厘清了清代康熙年间中俄双方签订条约的史实，既是一部严谨的学术专著，也是一部不可多得的以史为鉴可供决策部门参阅的精品力作。

三是宽厚的待人之道。

戴老师待人宽厚，没有架子，是位很好相处的老人。我们编委会主任、副主任开会，是一个非常愉快的过程。愉快在哪儿？愉快在氛围的和谐。不是说我们没有争议，我们有争议，甚至有几次戴老师提一个想法，我们副主任统统反对，听完以后，戴老师突然明白了，说怎么你们都不同意我的意见！他也不生气，始终坚持学术民主，所以我们也有什么说什么。有时候说了，他当时不接受，但是过了一两天，他会说"你们这个主意还是比我的好"。因为戴老师喜欢下围棋，所以他有一句口头禅，"是不是我又下了臭棋了？"当然，戴老师也有他的短板，科研组织不是他的长项，所以在科研组织的问题上，他有的时候会犯书生气的毛病。但辅佐戴老师的李文海教授不仅是学问大家，也是科研组织的大师，我们几个副主任在这方面也是各有所长，这样正好形成互补。正因为戴老师待人宽厚，所以在国家清史编纂委员会里这种温馨的和谐氛围持续至今，成为我们每一个成员的宝贵精神财富。

戴逸：
履霜坚冰至　涓水汇洪流

戴老师宽厚待人、平易近人体现在日常生活各个方面，每次有新著面世，戴老师都亲笔题书，并工整盖上赠书印章，以示尊重。我们后辈学人收到的不仅是给人启迪的学术名著，还是一位慈祥老人关怀后辈的拳拳之心！

（作者系中国社会科学院中国历史研究院学术咨询委员会委员、中国社会科学院中国边疆研究所研究员。原文刊载于《光明日报》2021年11月22日11版，收入本书时有所删减）

方汉奇：
寻新闻之史脉
扬大家之正气

【先生小传】

方汉奇：
寻新闻之史脉　扬大家之正气

方汉奇，中国人民大学荣誉一级教授。祖籍广东普宁，1926年12月27日生于北京。1949年毕业于国立社会教育学院（后并入苏州大学）新闻系。1948年起从事新闻史研究。1950年任上海新闻图书馆研究馆员。1951年起先后在圣约翰大学、北京大学、中国人民大学从事中国新闻史教学研究工作。

方汉奇创立中国新闻史学会，成为新中国成立后中国新闻史研究的奠基人之一。曾担任中国新闻史学会常务理事、首都新闻学会副会长、国务院学位委员会第三届学科评议组成员以及该委员会首届新闻传播学学科评议组召集人。现任中国人民大学荣誉一级教授、博士生导师，新闻与社会发展研究中心顾问兼学术委员会主任，中国新闻史学会名誉会长，中华全国新闻工作者协会特邀理事，北京大学、清华大学、南京大学、暨南大学等17所大学新闻传播学院的顾问、课程教授及兼职教授，北京大学新闻学研究会学术总顾问。

方汉奇笔耕不辍，成果显著。已出版著作《中国近代报刊史》《中国新闻事业通史》《中国新闻事业编年史》《新闻史的奇情壮彩》《报史与报人》《中国当代新闻事业史》《中国新闻传播史》等12种，这些著作影响了几代新闻学人。已发表新闻史论文250余篇。

方汉奇从事新闻史教学研究工作60余年，是公认的中国新闻史学权威和学科带头人。作为中国新闻史学界的泰斗，方汉奇获奖无数。曾两次获吴玉章奖金新闻学一等奖，一次获教育部全国普通高等学校优秀教材一等奖，两次获北京市哲学社会科学优秀科研成果一等奖，一次获北京市高等教育精品教材奖以及教育部国家级教学成果二等奖。1984年被评为全国一级优秀新闻工作者，1987年被评为全国优秀教师，1987年、1997年两次被评为北京市优秀教师。2009年12月在中国传媒大会2009年会上被评为"共和国60年传媒影响力人物"。2017年9月，获吴玉章基金委员会颁发的"吴玉章人文社会科学终身成就奖"。1991年起获国务院颁发的政府特殊津贴。

史海钩沉，他在尘封已久的新闻史"守望"；

学海泛舟，他在常学常新的新闻界"探索"；

为人为师，他在新闻学教学研究中"站岗"。

他就是被大家亲切称为每根白头发都是学问的"活字典"方汉奇先生。

在刚刚举办的中国人民大学 2022 年毕业典礼上，三位大先生应邀前来为毕业生壮行，其中一位便是身体硬朗、思维敏捷的方汉奇。他言为士则、行为世范的先生之风，给毕业学子树立起人生表率。

作为精于"传道授业解惑"的"经师"和"人师"的统一者，方汉奇严爱相济、润己泽人，用人格魅力呵护学生心灵，用心回应来自每一个学生的求教，以学术造诣开启学生智慧，以崇高的道德修养关爱学生成长，真正是学生为学、为事、为人的大先生。

足迹：风雨如晦行远自迩

1926 年 12 月，方汉奇出生在一个书香世家。他的外曾祖父林启，在戊戌变法时担任杭州知府，创办了求是书院，也就是今天浙江大学的前身。外祖父林松坚，早年留学日本，曾是鲁迅在教育部工作时的同事。祖父是前清秀才，父亲方少云毕业于中国大学，曾在国民政府参政会、立法院任职。母亲林君璧毕业于北京女子师范大学，听过鲁迅先生的课，与学生运动重要骨干刘和珍是同班同学。在方汉奇的印象里，母亲旧体诗词写得不错，还写得一手娟秀的簪花小楷。在良好家庭环境的浸润下，方汉奇自幼就对知识充满了渴求。

方汉奇出生时，祖父为他取名"方汉迁"，希望孙儿能像汉代史学家司马迁一样，后因"汉迁"与"汉奸"谐音，常遭到同学戏谑嘲笑，外祖

方汉奇：
寻新闻之史脉　扬大家之正气

父便为他改名为"汉奇"。方汉奇回忆道，"闲暇时候，外公会督促我念古文，如《古文观止》《左传》等"。正是这些古文积累，为他后来的学习研究打下坚实基础。

时代风云变幻，局势动荡，抗日战争烽火让方汉奇的少时求学之路异常曲折。从小学到中学，他辗转西安、北京、香港、重庆、韶关、上海、汕头等地，先后读过14所学校。方汉奇曾在自述中提到，"颠沛流离的求学经历导致了数理化学得不好，毕竟数理化需要系统的学习，而文科就不一样，到哪里学都一样，到哪里学都是看文章"。1946年，他凭借文科积累被苏州的国立社会教育学院（后并入苏州大学）新闻系录取。

方汉奇在家里七个孩子中排行最长，为了体恤父母、照顾弟妹，他凭借自己的努力，获得学校给予的甲等公费，"不要学费和饭钱，一个月两斗半米的伙食费，有时还能有点儿结余，每年还发一套单衣和一套棉衣。因为家离学校很远，并没有回乡路费，整个大学时期都没回过家"。在那样艰苦的生活条件下，方汉奇度过了四年求学时光。

亲眼见到、亲身经历风雨如晦的年代，让方汉奇具有强烈的家国情怀。他还记得当年在北京师大二附小读书的时候，"勿忘国耻"的口号时常出现在图书报刊、文体活动中，更时常出现在课堂中，音乐老师教唱的《毕业歌》等救亡歌曲给他留下了深刻印象。他第一次学会唱《义勇军进行曲》是1938年在香港，这首歌传达的同仇敌忾、振兴中华的期待是他们这一代知识分子永远挥之不去的记忆和感情，这种激情感染了一代人。据方汉奇的博士生、中国人民大学新闻学院王润泽老师回忆，唯一一次看到方先生热泪盈眶、义愤填膺，是回忆起了20世纪30年代的一段往事。当时，全班师生集体到动物园游玩，被几名窃踞华北的日本军人及其走狗公然拦住队伍，还打了老师两个耳光。"受此大辱，同学们立即罢游回校，都趴在书桌上号啕大哭。"方汉奇深情地说，"我现在一听到国歌，一唱国歌就会激动，救亡图存的感情总让我激动不已。"也正是他们这一代人，将"国家兴亡、匹夫有责"的信念根植心中，将"保家卫国"的责任扛在肩上。

1950年3月，方汉奇受到大学系主任马荫良先生邀请，正式在上海新闻图书馆参加工作，三年后又调到北大中文系新闻专业教新闻史。1958年，北大中文系新闻专业整个建制并到已经成立三年的中国人民大学新闻系中，方汉奇自此开启了他60余年中国人民大学的学术之旅。

在时代的洪流中，方汉奇随波向前，他见到了学校红楼松树林中一溜热气腾腾的炼钢小高炉，亲身体会了"教育与生产劳动相结合"，春耕种地、夏收拔麦、冬修水利，经历了全系师生对教材"所谓修正主义观点、资产阶级观点"进行批判，还曾到四季青公社万寿寺大队魏公村生产队参加劳动和"四清"运动，更远赴江西"五七"干校度过一段劳动生活，直到1972年北大中文系给新闻专业工农兵学员上课，方汉奇才又回到了北京。1972年到1978年人大复校前，方汉奇在北大中文系新闻专业工作了六年才正式回到人大。

动荡岁月磨炼了方汉奇的意志，也锻炼了他的能力。在狂风骤浪中，方汉奇唯盼家国安宁、国泰民安。"那时候是身体最好的时候，干起活儿来是强劳动力"，"西郊校园的所有下水道我都钻过，当时的人大校舍多为两层楼房，所有房顶都上过，打扫卫生、扫厕所，再苦再累再脏的活儿都不在话下"。虽然是知识分子，但他从不自视清高，总是任劳任怨地做好本职工作，"我的体会是知识分子过劳动关不难，劳动人民过知识关不易"。饱经了运动雪雨风霜，方汉奇参加劳动、摸爬滚打，在风雨沧桑的岁月里不忘胸怀家国、坚定行远自迩。

艰难时光里也有温馨相伴。方汉奇与妻子黄晓芙就相识于动荡岁月，从此鹣鲽情深、相濡以沫、相敬相惜。彼时，曾在《申报》工作了大半辈

大先生
中国人民大学学术大家访谈录

方汉奇去她家做客的时候，在藏书中发现了五十几种报纸，都是铁军烈士生前亲藏。战火纷飞，当时的梅州可见的报纸只有一两种而已，这五十几种出版于京沪一带的旧报自是十分难得，长辈见方汉奇对这些旧报爱不释手，便将报纸送给了他。

这是方汉奇所集的第一批报纸，这次做客也成了他集报爱好的开始。虽然是穷学生，方汉奇为自己的集报爱好却想尽办法、出手"阔绰"。当时集报的人不多，他常去旧书店"淘宝"，用很少的钱就能买到很多报纸。1947年8月，方汉奇与学长穆家珩一起逛旧书店，找到了一堆20世纪20年代的《时事新报》和《申报》。那天他们用一个烧饼的钱换来了好几种旧报，收获颇丰，倍感高兴。大学期间，方汉奇逛了三年旧书店，藏报增加到1 500多种，还有不少可称为"海内孤本"的珍品。1954年，他的收藏已达2 000多种。如此丰富的收藏不仅仅满足收藏欲，更是珍贵的研究资料，方汉奇于1948年撰写了13 600多字的论文《中国早期的小报》，在《前线日报》副刊上连载了8期。这是他发表的第一篇学术论文，自此，他走上了新闻史研究之路。

方汉奇对新闻史的爱好与积累，让当时大学系主任马荫良印象深刻。也正因为此，方汉奇毕业后，第一份工作就是时任上海新闻图书馆馆长马荫良推荐的上海新闻图书馆研究馆员。当时，这个图书馆被用来安置上海解放后因《申报》《新闻报》停办而退下来的老新闻工作者、老报人，馆内共有23人，方汉奇是唯一的年轻人。三年时间里，方汉奇整理旧报资料，吃住都在馆里，整天跟老报人打交道，白天听老报人讲20多年新闻工作的旧闻趣事，等到晚上5点下班后，方汉奇便一人读书看报。三年里，他看完了出版78年的全部27 000多份《申报》，为后来新闻史的教学与研究打下了坚实的基础。

1952年的全国高等院校调整，是中国高等教育史上的一件大事，20

方汉奇：
寻新闻之史脉　扬大家之正气

子的上海新闻图书馆馆员黄寄萍注意到了这个工作努力、为人踏实的青年，便成就了自己女儿黄晓芙与方汉奇的一段美好佳缘。在最困难的日子里，两个人也仍然互相支持、共渡难关。方汉奇调离上海时，黄晓芙毅然舍弃上海生活，陪伴丈夫北上工作，长期留在北京过北方人的日子；方汉奇下放"五七"干校，黄晓芙辞掉北京工作，与丈夫同甘苦共患难，直到最终回到北京。黄晓芙中学教学任务繁重，方汉奇骑车送妻子上下班，担负起家里各种家务，更支持妻子重新走入大学。每每回忆起这段往事，方汉奇总是很平淡地说"也就是为她下了近15年的厨房"。这平淡之中最为真挚的感情，被弟子们传为一段佳话。也正是这样的互相支撑、相互陪伴，让方汉奇在艰难岁月中不孤单，在矢志耕耘中有寄托，在漫漫长河中有牵挂。

治学：中国新闻史奠基人

三面环壁，皆为书籍。每一个走进方汉奇书房的人，无一不被其满壁书籍所震撼。方汉奇正是在这方浩瀚书海中，坐得了冷板凳，守得住旧书斋，几十年如一日，探究中国新闻发展史的脉络，追溯着近现代中国报业历程，他曾说，"我这一辈子只做一件事，就是研究新闻史、教新闻史"。

与新闻史的结缘源于他儿时集报的爱好。1937年日本帝国主义悍然发动的"七七"事变震惊中外，国家危亡、民族危急！无数国人的命运从此发生了天翻地覆的改变。当时在北京念小学的方汉奇，不得已跟随家人逃难。1943年，方汉奇转学至梅州中学念高二，偶然间遇到北京旧时相识长辈。这位长辈是方汉奇姑姑方群凤的同班同学，毕业于燕京大学的地下党员，当时在粤北一所小学当校长，丈夫是已牺牲在抗日前线的北伐老四军的将领。于战乱中遇故交实属不易，感情分外珍贵，相互多有走动。一次

方汉奇：
寻新闻之史脉　扬大家之正气

世纪后半叶中国高等教育系统的基本格局由此发端。在此次院系调整中，中国的新闻教育格局也发生了巨大改变，南方新闻教育资源汇聚到复旦大学，北方燕京大学新闻学系交由北京大学接办，由此形成了中国新闻教育"一南一北"的基本格局，一直持续到1955年中国人民大学新闻系成立。众所周知，民国时期，新闻学高等教育以美国为圭臬。新中国成立之初，中国自己的新闻学高等教育体系亟待建立，中国新闻史便成为重要基础和核心内容，而当时中国新闻史的知识体系构建仍处于起步阶段。就是在这样"青黄不接"的境况之下，方汉奇于筚路蓝缕中启山林，于困难丛生中斩荆棘，开始了他60余年新闻史研究生涯，做了他"一辈子想做的新闻学教学研究事业"。

1953年，应北大中文系副主任罗列之邀，年仅27岁的方汉奇来到未名湖畔的燕园，成为中文系新闻专业的一名助教，负责新设立的新闻专业的教学科研工作。当时在大学里教新闻史并非易事，为了及早建立新中国的新闻教育体系，包括课程内容在内的各方面都要进行巨大的调整和变革，但缺少资料令当时负责中国新闻史教学的方汉奇颇感棘手。方汉奇曾经进行分析：新中国成立前，总共出版过不下50种新闻史研究专著，其中通史方面的代表作有戈公振的《中国报学史》等，剩下的都是地方新闻史、新闻史人物、专门史或者文集之类的出版物，比如姚公鹤的《上海报纸小史》、胡道静的《上海新闻事业之史的发展》等。这里面"最见功力、影响最大"的就是戈氏著作，但《中国报学史》仅错误就有200余处，而且缺少共产党领导的革命新闻史方面的内容。因此，作为中国新闻学基础学科的中国新闻史，其学科建设的基础还是很薄弱的。

作为新中国成立后第一代新闻史学者，也是新中国新闻史学科的奠基人之一，方汉奇风雨兼程、艰辛探索、殚精竭虑。当时，中国新闻史研究还是一片尚待开垦的全新领域，在大学里讲授这门课程的，除了复旦大学的曹亨闻老先生，便只有方汉奇一人。他手上连一本通用的教材都没有，涉及现、当代部分的内容更是一片空白。往往下个星期要讲的课这个星期还没有备出来，"找米下锅"的方汉奇"只好到图书馆、档案馆去查，连暑假也不闲着，工作节奏十分紧张"。他打听到北京大学图书馆藏有毛泽东主办的《湘江评论》原件，但原件由馆长向达亲自保管、不能外借，他就在向达的办公室里翻阅报纸、完成备课，不断丰富备课内容。五年燕园时光，方汉奇看完了2 000多本书。由于长期伏案工作，他上衣的两肘总是最先磨破，为此准备了多副袖套备用。

1958年，北京大学新闻专业并入1955年成立的中国人民大学新闻系，方汉奇随迁人大，他依旧潜心备课、深挖厚积。有人曾这样评价方汉奇，他如同大侦探福尔摩斯一样，在各种历史文献中史海钩沉，埋首于浩如烟海的故纸堆中，日复一日、年复一年寻觅星星点点的一手史料，一点一滴、一砖一瓦筑牢新闻史教学研究的学科大厦。通过这样的点滴积累，方汉奇以研促教、教学相长，至1965年编印出一本《中国近代报刊史简史讲义》，终于初步绘制出新闻史的知识图谱，为后世学子点亮了一盏明灯，指明了前进的道路和方向。

遗憾的是，刚刚步入正轨的教学工作被一段长达十年的政治运动所打断，甚至连人民大学也被迫停办。直到1978年党的十一届三中全会，把过去批判错的东西逐步改正过来，从做法到观点都进行了拨乱反正，学校也正式复校，方汉奇上下求索的学术生涯终得以再次扬帆、顺利起航。

复校伊始，百废待兴，方汉奇用书箱当书桌，用两年的时间写出了57万字的《中国近代报刊史》。这本书在1981年一经出版便引起了学术界的震动，它对中国近代新闻事业的产生和发展做了科学、系统的记述，涉及报刊500余种、报人1 500余名，纠正前人著述失误200余处，受到海内外新闻学界高度评价，被认为是继1927年戈公振《中国报学史》之后的

方汉奇：
寻新闻之史脉　扬大家之正气

又一中国新闻史权威著作。"历史研究的目的是总结好新闻事业历史的经验教训，可以使我们聪明一点儿，少走弯路，不犯历史上曾经犯过的错误"，这是方汉奇的治学追求，也是方汉奇的为学方向。他坚持"新闻史是历史的科学"，在研究中"所涉研究方向要正确，框架体系要经得住实践检验，史料也要全面重新开拓"。这位"不喜欢标新立异，老老实实的史学工作者"，在无涯的史海中坚守着"实事求是"的为学原则，坚持"史料第一、多打深井、厚积薄发"的为学方法，坚定走"有一份史料说一份话，言必有征，无征不信"的为学之路。"这些基础性研究对于后来的研究者是功德无量的，就像第一幅地图，标记了重要的矿产、河流所在位置。"王润泽如是说。

不积跬步无以至千里，正是有了多年积累，方汉奇的学术研究进入了厚积薄发的黄金时期。他所引领的多打深井、多用一手资料的新闻史研究方法和路径，对学界后辈影响深远，已经在中国新闻史学界成为一种共识。

1983年1月，他发表论文《从大不列颠图书馆藏唐归义军"进奏院状"看中国古代的报纸》，振聋发聩地提出"中国报纸始于唐代"。20世纪30年代，向达在英国求学时在大英博物馆发现了唐归义军"进奏院状"，这是20世纪初从敦煌石窟被窃走的珍贵文物之一。凭借极为深厚的知识积累和专业素养，方汉奇敏锐地意识到，这份罕见的古代报纸实物将对我国古代报纸起源研究产生极为重大的意义。托当时在新华社伦敦分社记者也是其学生孙文芳的帮助，方汉奇得到了这份文物的誊录件。之后便开始了不避繁难的深入研究，逐字逐行地梳理辨析，一个问题一个问题地探讨论证，一个线索一个线索地追寻研究，条分缕析，层层深入，消弭疑窦，终于，方汉奇推出了自己的结论：当时馆藏于大不列颠图书馆的这份"进奏院状"，是一份唐僖宗光启三年（887年）的官方报纸，同时也是世界上现存的最古老的报纸,并由此得出中国新闻事业肇始于唐朝的结论。

20世纪80年代,国内学术环境不断改善,方汉奇和宁树藩、陈业劭等老一辈新闻史专家组织全国20多家新闻学术单位的50位学者开始编写《中国新闻事业通史》,这是中国新闻史学者第一次集合一起从事重大研究,这样的学术开拓可谓前所未有。与此同时,方汉奇与全国新闻史学工作者们联合起来,一起到民政部注册了中国新闻史学会,创办了《新闻春秋》,并请陆定一和邵华泽题写了刊名。历时13年,《中国新闻事业通史》3卷本于1992年、1996年、1999年分别完成,全书共计268万余字,研究自先秦两汉以来两千多年中国新闻事业的发展历程,是中国新闻史的集大成之作。1998年,217万字的《中国新闻事业编年史》编写工作也完成了,编撰了自《开元杂报》到1997年中国新闻史上的大事记。2013年12月,《中国新闻事业通史》英文版10卷本面向全球发售,成为第一批向海外介绍中国新闻学研究的经典文献,是中国新闻传播学走向海外的重要里程碑。2015年,《中国新闻事业编年史》又进行修订,将编年史的下限延伸到2015年。有了通史和编年史,中国新闻史的学术基础逐渐厚实,在整个新闻传播学中的地位大大提高。这一切都与方汉奇的广阔学术视野和超前学术眼界密不可分。

方汉奇经常用"为学当如金字塔,既能博大又能高"自勉,作为中国新闻史研究的"指路人",他七十年如一日,潜心治学中国新闻史,为新中国新闻学架桥开路。他用历史唯物主义的观点秉笔直书,所撰述的《中国近代报刊史》、主编的《中国新闻事业通史》和《中国新闻事业编年史》早已成为中国新闻史学科的扛鼎之作,所创办的中国新闻史学会也已成为中国新闻传播界的学术重镇……见证了中国近百年新闻事业的波澜起伏,关注着现实发展,紧跟新闻事业革新,方汉奇谦称自己只是"一个新闻事业的守望者","正好给新闻教学和研究站过岗,如此而已"。

方汉奇：
寻新闻之史脉　扬大家之正气

为师：泽被后学持灯者

先生之风，山高水长。"要给学生一桶水，自己须有十桶水"是方汉奇一直坚持的为师之道。"对前辈，高山仰止，景行行止；对同辈，人之有技，若己有之；对晚辈，弟子不必不如师，师不必贤于弟子"这三句话，方汉奇在不同场合多次强调。作为新中国资历最深、教龄最长的新闻史学家之一，多年来，方汉奇以著名史学家范文澜提倡的"板凳须坐十年冷，文章不写一句空"为座右铭，矢志不渝地耕耘培育，锲而不舍地持灯坚守，他所培养的弟子大都已成长为国内学界的中流砥柱，在新闻史论研究和实践领域发光发热。

自1953年成为北京大学中文系新闻专业一名助教始，方汉奇便正式成为一名教师。实际上，他的从教生涯开始得更早。早在1951年，上海圣约翰大学报学系主任黄嘉德要找一位兼职讲授新闻史的教师，马荫良便推荐了方汉奇。当时的方汉奇比学生也大不了几岁，但讲课效果出奇不错。"一上讲台，四座静听。"黄嘉德当即请方汉奇常去兼课。于是，方汉奇开始每周去上海圣约翰大学报学系讲两个小时的新闻史专题。据当时就读于这所学校中文系的范敬宜回忆，"旁听方汉奇先生的课，屋内皆满，印象深刻，多年不忘"。

这段授课经历被时任《解放日报》编委和秘书室主任罗列看在眼里，于是才有了1953年罗列调任北京大学中文系副主任后邀请方汉奇到北京大学任教。怀揣对教师这个职业的兴趣，方汉奇欣然来到燕园从事新闻史教学工作，这一干就是一辈子，在他"最好的年华"里做了"最应该做的事"。

方汉奇课上得好，在新闻学院是出了名的。20世纪80年代，他在人大开设公开课讲授新闻史，场面十分火爆，屋内站满了来听课的学生，甚

大先生
中国人民大学学术大家访谈录

至连窗口都挤满了人。有学生回忆他的课堂，用"满座叹服，惊为天人"来形容丝毫不为过。方汉奇史学功底超强，以人物为圆心，前后串联，他"讲梁启超，随口就可以背出一篇千字政论，一边背诵，一边踱步，兴之所至，旁若无人；讲到一个历史人物或事件，他能讲出与此相关的正史、野史，就像说单口相声一样，常让学生听得忘了下课"。许多无缘听他讲课的学子都后悔自己晚生了20年。

为人师者，比知识讲解更加重要的是方法的传授。大学时代，方汉奇曾师从曹聚仁先生。在曹先生的新闻采访课上，他学来了做卡片积累资料的方法，从此便一直坚持下来，手摘笔录，笔耕不辍。方汉奇总是坚持"扎实和勤奋才是成长的捷径"，他这样对学生说，"做学问要靠积累、靠坚持、靠长时期钻研，要坐得住冷板凳。基础要扎实，不扎实就得补"。几十年积累下来，分门别类、蝇头小楷的新闻史卡片已有10万余张。这些凝聚他半生心血的卡片大部分已在下放"五七"干校时丢失，剩下的已在退休后捐给了中国人民大学新闻学院。凝视着书房中与学生的合影，方汉奇说，"当教师不仅要当'教书匠'，更要从做人到做学问都全心全意、尽心尽力"。

方汉奇与王中、甘惜分三位教授同为我国第一批新闻学博士生导师，从1985年招收第一届博士开始，他已培养了50多位博士生。他非常重视学生的广泛涉猎与博闻强识，鼓励自己的研究生发挥特长，遵循兴趣不断开拓，"早日选定研究方向"，"围绕选题做深入的研究，不断地在学术上有所发现、有所发明、有所前进"，并且总是尽最大的努力鼓励他们、帮助他们。每年，弟子们会在恩师生日时不约而同云集团聚，更不必提书籍报刊中由其弟子所撰写的访谈或札记和方汉奇为弟子作的一篇篇书序，这些都是师生间关系融洽、亦师亦友、互敬互爱、彼此砥砺的最好印证。如今，方门弟子都在学术百花园中各领风骚，在各自的学术领域厚积薄发、

方汉奇：
寻新闻之史脉　扬大家之正气

尽展风流，不断在拓宽、深耕、研精新闻史学科地图方面贡献智慧。

方汉奇不仅是学生们的良师，更是他们人生中的益友。他所关注的也远不只亲传弟子，而是以一种师者大爱关注着每一位上进好学的后辈。在2020年9月中国人民大学的开学典礼上，满头银发的"活字典"方汉奇为8 800多名新人大人带来一堂"公开课"。他勉励大家，"最好的年华要去做最应该做的事"，鼓励大家要"多读些书、多坐冷板凳、多泡图书馆"，要做"有目标、有担当、会思考的人"，同时细心叮嘱"大家要好好锻炼身体，全面发展"。谆谆嘱托道不尽大先生对年轻学子的种种期盼，殷殷重托更展现了老一辈学人对后辈的无限关怀。七十年光阴，"一辈子只教新闻史"的方汉奇"咬定青山不放松"，埋头育人不停歇，桃李芬芳满园绽，坚定勇毅向前行。

做人：与时俱进坚守初心

如今，年过九旬的方汉奇被称为"时髦的'90后'"。这位同龄人中的"潮人"，古稀之年学电脑，杖朝之年开微博，鲐背之年玩微信，与时俱进随时关注着现实的发展，紧跟日新月异的媒介技术革新，生活忙碌而充实，经常"两眼一睁，忙到熄灯"。

"凡是人类感兴趣的，我都感兴趣。"方汉奇坚持不断学习，永远保持着对新事物的新鲜感和好奇心，"要想知道梨子的味道，就要亲口尝一尝"。他也常说"学习是没有止境的"，1998年左右，他就成为中国互联网最早的一拨网民之一。在弟子们的记忆中，方汉奇让学生进行了几次现场指导，把操作写成指南，就按图索骥开始了互联网之旅。2010年，84岁的方汉奇开通了微博，一不小心"玩"成了大V，拥有了众多粉丝。微信兴起之后，他又兴致勃勃学会了聊天建群和扫二维码，每天早晨定点在学院教师群发早新闻，和老师们分享当天的新闻综合报道。

方汉奇无疑是幽默的，他曾在《方汉奇传》座谈会上开玩笑，"我只是显微镜下被研究的一个小动物，如果刘泱育（该书作者）的这个成果得到公众的认可，那都是他的功劳。他跟屠呦呦研究青蒿素一样，我只是青蒿素"。这让在场同行和弟子忍俊不禁。方汉奇的微信收藏了各种表情包，有一次在"方门弟子"群里，他想发致谢的表情却不小心点错了，赶紧致歉笑称"本想派个小姑娘来感谢大家，没想到她哭起来了！"逗得弟子们大乐。

方汉奇更是无私的，2017年12月24日，他决定将自己所获"吴玉章人文社会科学终身成就奖"奖金100万元全部捐赠给中国新闻史学会，用于推动新闻学、新闻史研究和新闻传播学科发展。宣布捐出奖金的第二天，他"蹦蹦跶跶着"去银行办理转账手续时，还被银行工作人员疑心遭到了诈骗。看着银行工作人员一副"老先生肯定被骗了"的表情，陪同的新闻学院教授哭笑不得地翻出了前一天捐赠仪式的新闻。这件事又被传为老先生与银行工作人员严谨认真的一段佳话。

方汉奇胸怀"国之大者"，不忘初心担使命。新冠肺炎疫情蔓延时，已经封笔多年的方汉奇先生提笔挥就《抗击"新冠" 老兵报到！》一文，分享了对疫情的见闻和思考，撰写"家国情怀 浴火重生"八个大字向抗疫英雄和人民致敬。同时期，一则题为《96岁大陆新闻学泰斗方汉奇先生和岛内98岁新闻学泰斗李瞻先生拜年》的短视频引发网络刷屏，两位九旬老人的"知音情"不仅跨越了海峡，还跨越了时间，所谓"高山流水觅知音，海峡两岸一家亲"，是老一辈新闻人带动两岸新闻学界携手共进的深刻写照。

一辈子秉持着"要当先生，先当学生"的方汉奇，自称"我没有闲着的时候，要不断地有所学习、有所前进"。活到老、学到老就是对他现在

> 方汉奇：
> 寻新闻之史脉　扬大家之正气

生活状态的最好诠释。正所谓"发愤忘食，乐以忘忧，不知老之将至云尔"，方汉奇用自己的毕生精力跋涉在新闻史海之中，坚守在教学研究之中，扬大家之正气，正所谓"何思何虑，至大至刚"，如方汉奇是也。

（执笔人：郭　琪）

大先生
中国人民大学学术大家访谈录

【侧记】

将新闻史作为科学潜心研究

王润泽

2016年12月27日,中国人民大学新闻学院教授方汉奇迎来九十寿辰。当月17日,人民大学举办了"方汉奇教授从教65周年学术思想研讨会",在图书馆大厅内,方先生的学术之路图片实物展览也同时举办。

之前,《人民日报》《新闻爱好者》《新闻春秋》等多家媒体纷纷组稿,刊发系列文章为方先生祝寿。而在各种社交媒体上,学界的祝贺更是数不胜数,方先生"感谢大家善颂善祷",并自喻为屠呦呦手里的青蒿素、显微镜下的小动物,开始被世人进行研究了。皓首穷经的老前辈慢悠悠地说出如此语句,让人忍俊不禁。

一

方汉奇先生是新中国成立后的第一代新闻史学者,也是新中国新闻史学科的奠基人之一。

众所周知,中国近现代新闻事业是舶来品,新闻理念和业务规则都以西方为师,虽然在实践中受到中国社会历史影响,时常彰显中国文化印记,但在学科体系构建上仍有着深刻的西学背景。

新中国成立后,中国需要建立自己的新闻学高等教育体系,中国新闻史便成为重要基础和核心内容。甚至如下之说也不为过:中国新闻史的学

方汉奇：
寻新闻之史脉　扬大家之正气

科建设是新闻学在中国获得合法性的基础，是新闻学在中国独立性体现的关键因素之一。

作为新中国第一代新闻史学者，方先生的工作可谓筚路蓝缕，所涉研究方向要正确，框架体系要经得住实践检验，史料也要全面重新开拓。

方先生在分析新中国成立前中国新闻史的研究特点时说："立场观点比较陈旧。多数著作以资产阶级报刊为正统，以无产阶级的革命报刊为异端，对后一部分报刊的介绍，既简单又有偏见。个别作者站在反动立场，为帝国主义和官僚军阀所做的报刊涂脂抹粉，发表过不少错误的议论。"

从1949年到1978年，第一代中国新闻史的专家学者主要进行了无产阶级新闻史的挖掘，《向导》《新青年》《新华日报》等一批革命报刊获得比较充分的研究。但受时代限制，这些研究角度单薄、片面，特别是革命报刊以外的新闻史研究更显薄弱。

但是，这并不代表当时的研究没有价值，它借鉴了政治史和革命史，从一个侧面分清了中国报刊发展的阶段和特色。而且，在新中国成立之初，借助意识形态和革命史的研究范式，可以获得比较成熟的研究成果。

二

方先生新闻史研究所坚持的方法和立场是经得起历史检验的。史料第一、多打深井、厚积薄发，这是先生研究新闻史的特色，也是特长。

方先生的论文成果题目都非常朴实，如《记新发现的明代邸报》《新闻史是历史的科学》《于右任主持时期的〈神州日报〉》《一代报人成舍我》等，这些论文不卖弄艰涩难懂的概念，看似也没有明快点睛的问题意识，仿佛随手拈来，便成一文，但背后史料的广博深入，一般人难以望其项背。

我曾撰文专门谈方先生的史料观，在印证一段关于《开元杂报》到底是不是印刷报纸的学术争论中，先生征引四种以上的史料，彼此印证，读来宛若福尔摩斯断案一般，环环相扣，逻辑清晰。先生曾言：有一份史料说一份话，言必有征，无征不信。

"文革"期间，方先生下放江西，出发时带去所有书籍，只要条件允许，他就会做学术积累。他曾写下10万余张学术卡片，密密麻麻地记载着各种报纸和书籍上搜集到的有关新闻学方面的资料。

20世纪80年代初，方先生得知英国大不列颠图书馆藏有中国珍贵的唐归义军"进奏院状"原件，便邀请驻英的新华社记者孙文芳帮忙调阅誊录，开始对这份报纸进行详细深入的研究，并结合《开元杂报》等其他唐代文献记录，考证出邸报的出现不会晚于唐朝，中国官报雏形从唐朝就开始了，唐代是中国新闻事业的肇始。这一系列结论目前被大部分新闻史学者接受并认可。后来，有学者认为，"进奏院状"应该是新闻信，先生亦从善如流。

在东京访问期间，方先生借机去横滨寻访了戊戌变法后梁启超等维新派知识分子的办报遗迹。他边走边回忆，清末志士异域办报的细节，甚至哪篇重要文章出自哪个门牌号码的房屋都如数家珍，历史镜头感极强。

方先生研究著名新闻工作者邵飘萍。他实地到邵飘萍的故乡调查，通过家人对其属相的回忆，确定了其出生年代，并四次走访介绍邵入党的罗章龙同志，确定了邵飘萍中共党员的身份。

我曾经用三层境界来诠释方先生的史料解读功夫，即：史料文本本身的意义，史料在所属专业领域的价值和意义，史料在整个社会历史层面的价值和意义。其中最难的是最后一部分。

方先生曾说，"新闻史是历史的科学"，是"属于文化史的部分"。后来，有人质疑，中国古代是否有真正意义上的新闻，是否应该对"报刊"

先有清晰的概念界定后才能进行研究，否则会影响中国新闻史的合法性。先生则表示，欢迎各种不同角度的研究，各有所长、各抒己见，互相补充、彼此交流，共同提高。

我曾跟方先生闲谈，如果各种研究流派都兴旺起来，或许先生的研究也可以称为"方汉奇学派"。先生回答说："我不追求标新立异，我就只是一个老老实实的史学工作者。"

三

改革开放之初，学术百废待兴。1981年，方先生的《中国近代报刊史》率先问世，这是自戈公振的《中国报学史》之后又一部通史类著作，内容则比前者整整多了一倍。

《中国近代报刊史》里大量的一手资料让人常看常新，新闻史大家、日本龙谷大学的卓南生教授誉其为"不朽经典著作"。此书一出，即成当时新闻史学界的重大事件，引来美誉无数。就在一片赞扬声中，先生自曝写作初衷和过程，指出作品前紧后松，越写越放开，但整体上还是个"放了半个脚"的作品。

后来，《中国近代报刊史》准备再版，但方先生表示，就不再进行修订了，因为任何作品都是时代的产物，还是留给后人做研究吧。

四

新闻学曾长期是语言学、文学或法学的附属学科，发展没有独立性。新闻学要进行学科发展，必须要进行一级学科建设。

中国传媒大学原副校长、中国新闻史学会名誉会长赵玉明教授回忆说，那时，新闻学因为是文学下面的二级学科，有什么重要问题，常常要到一级学科那里去请专家帮忙来进行投票，既不方便，也没有自主性。为此，方先生带领我们多方争取，将新闻学升为一级学科。如果没有方先生领导我们争取新闻学成为一级学科，就没有今天传播学成为二级学科的可能。正是以方先生为代表的一代新闻学专家的努力，才为以后新闻传播学的大发展提供了学科制度上的保证。

方先生高远的学科建设视野还在于创立了国家一级学会——中国新闻史学会。中国新闻史学会成为联络中国新闻传播学研究的重要平台和纽带，是国内最大的新闻传播学学术团体。在历届会长的努力下，学会已有16家二级分会，涉及报纸、广播电视、互联网新媒体、广告、新闻史、新闻理论、传播学、新闻业务、伦理法规等新闻传播学所有领域。在前任会长陈昌凤教授（清华大学新闻与传播学院执行院长）的带领下，学会设立了每年评选一次的中国新闻史学会学会奖。

方先生在民间和官方两个领域对新闻学的建设都功不可没。

五

方先生的道德文章在新闻学界广受称颂。

我敬仰的大师级学者——"马克思主义理论研究和建设工程"《中国新闻传播史》首席专家、华中科技大学的吴廷俊教授，以新记《大公报》研究和《中国新闻传播史新编》两度入主吴玉章学术奖，虽未能入"方门"攻读博士，但一直获得先生无私帮助和指教。他常孩童般地为是不是"方门子弟"而"争辩"，自诩为"方门弟子"，对先生执弟子礼。

民国新闻史国家重大项目首席专家、南京师范大学的倪延年教授，指导其博士生刘泱育进行方汉奇研究。刘泱育有幸被拉入"方门弟子"微信

方汉奇：
寻新闻之史脉　扬大家之正气

群。倪延年教授得知对刘泱育笑言，我想进这个群都难，没想到你倒进了！一席话，惹得在场专家笑语不断。

人大新闻学院马少华老师曾说过，他在课堂上推荐过方先生的一篇文章《读〈开元杂报考〉一文后的断想》，其重点不是在新闻史方面的知识普及，而是让学生知道，作为一位学术大家，在面对青年一代学术质疑时的谦卑态度，先生的"君子之风"和"古人之风"尽显无遗。实际上，那位提出质疑的年轻学者，在方先生的鼓励和支持下，从这篇文章出发，继续了新闻史的研究，终成著名的新闻史研究专家。

先生之风，山高水长。所有的求助，在方先生那里都会有下文。提携后人是他的一种习惯。

我是在工作之后跟随方先生读博的，由于工作关系能常常陪伴在先生左右，而他的那种平和之力却无法言传。时间越久，就越品出学问之味。既然献身学术，就要好好做下去。学人安身立命之所在，就是学术，不在于教授几级，不在于头衔几何，甚至无论课题多少，也不在评奖高低，仅仅是一份执着和坚持，正如先生所言，不怕慢，不要停。

钱穆先生曾总结过中西学术本质的不同，西学为学术之学，喜欢概念和理论的创立创新，而中学为"治平"之学，是人性和学问的统一，因此中学学术之最高境界为"至善"，是道德、文章的高度统一。在方先生这里，我看到了这样的统一，他树立了学者的标杆。

（作者系中国人民大学新闻学院教授，原文《方汉奇：新闻史是历史的科学》刊发于《光明日报》2017年2月27日16版，收入本书时按书中文章体例重新拟定标题，文章内容有所删减）

李震中：
经世立学
矢志报国

【先生小传】

李震中：经世立学　矢志报国

李震中，出生于1927年9月10日，于1947年进入华北联合大学学习，后转入华北大学工作，中国人民大学成立后继续留在学校工作。曾任中国人民大学财政信用系副主任、经济计划系副主任、计划统计系主任等职。1978年学校复校后，李震中任副校长、党委常委，兼任计划统计系主任、计划统计学院院长等职。曾经担任的主要社会兼职有全国高等教育自学考试指导委员会副主任兼经济管理专业委员会主任、中国宏观经济学会副会长、中国物资经济学会副理事长、中国投资协会副理事长、中国房地产及住宅研究会常务理事、全国高等院校计划学研究会会长等。

作为经济学家、教育家，李震中一贯重视将马克思主义理论与中国实际相结合。由他主编的《计划经济学》是有计划经济实践以来第一次全面系统地概括总结计划经济理论的著作。该书共发行80余万册，获北京市哲学社会科学优秀成果二等奖，为中国计划经济学的创立和发展做出了贡献。

人大校内的宜园住着许多老先生。

穿过修剪整齐的小花园、冬青和新柳，我们来到计划经济学泰斗——李震中的家中。

质朴的房间里，朝西北的窗透出一丝薄阳。木头皮子泛黄的老电视柜上十二三英寸的电视机，泛出亮晃晃的光。小茶几盖着层印花布面。经年使用的绿色塑料椅子被推到茶几下边，客人来了，就随时抽出来落座。

四季如春的客厅里，李震中倚坐在轮椅上，攥着把手，腰板竭尽全力地撑着，令他看上去仍然精神矍铄。

老共产党员

李震中是一位典型的老共产党员。几乎所有熟悉他的人，都不约而同地选择了这个词来形容李震中。在他们的记忆里，李震中永远穿着朴素的灰布衣，腰板挺得笔直，兜里时常揣着一本已经磨破了皮的《共产党宣言》。

而这并不只是个虚构的精神意象。

事实上，对于这个16岁就加入中国共产党的"小鬼"来说，他确确实实曾以这样的形象参加革命。

1943年2月，春寒料峭，正在上初中的小伙子李震中，怀着满腔的爱国热情从天津一路跑到山西，在晋察冀根据地参加革命，同年12月加入中国共产党。他曾先后在中共滦东地委、临抚昌联合县委、冀热辽军区工作，辗转河北和东北战场。华北联合大学组建后，他又一次进了学校，选择了计划经济专业。从1943年入党到进入华北大学前，党内工作和战争经历磨砺了他的意志和政治经验，更磨砺出一个共产党员的党性：忠诚、无畏、朴素、务实、担当。

1950年，中国人民大学诞生了。建校那天天气正好，李震中穿着笔挺的正装，微风有时拂过他的发梢。晴空高远，阳光灿烂，这个意气风发的青年或许已有预感，他一生的命运，注定和这个国家、这个政党、这所学校、这个专业紧紧相连。

新中国成立初期，公有制、按劳分配、计划经济，这三条社会主义基本特征早已是人尽皆知的"铁律"。那时，中国刚从旷日持久的战争中稍稍喘过气来，正是民生凋敝、百废待兴之时，而计划经济能够以最为高效的方式促进国民经济的恢复，因而迅速建立起计划经济体制就成了当务之急。

中国人民大学建校之初设立的八大系中，经济计划系已然在列。作为兄弟邻邦的世界上第一个社会主义国家苏联，也派出许多专家帮助人民大学组建教师队伍，李震中因为"数学特别好"，被苏联专家选中进入经济计划系，成为系里的第一批老师。

建系伊始，没有足够的教室，大家端着马扎，在寒风中围坐在一起，前面支着小黑板，膝上摊开课本，就开始歪歪扭扭地记笔记。这些场景，到现在仍让每个亲历者念念不忘。

以身许家国

几十年的时间里，李震中在经济学尤其是计划经济学基础理论方面进行了精心的探索和研究，取得了显著成果。他明确了计划经济要解决的基本问题，规范了计划经济应该遵循的原则，提出了发展计划经济的方法步骤，包括计划与市场的关系，曾对我国经济工作的规划部署发挥了重要的参考作用。作为中国人民大学计划经济领域的领军人物，他是唯一一位可以参与国家计委工作会议的学者，在一场场会议、一次次讨论中，他从学理角度提出建议，为国家的经济建设出谋划策。

由他主编的《计划经济学》和《社会主义计划经济学》，是两部内容比较全面系统、理论比较严谨、具有较大影响的计划经济学教科书，被许多专家学者引用研究，在我国计划经济学学科建设上占有重要地位。仅《计划经济学》一书就数次获奖，并突破了发行 80 万册的成绩。在著作中，他提出计划经济学的研究对象即特殊矛盾是"平衡和不平衡的矛盾""计划性和盲目性的矛盾"；提出"计划经济有个发展过程"，因而有"社会主义计划经济"和"共产主义计划经济"之区别，并第一次阐述了社会主义计划经济的特点。据此，他认为既要坚持计划经济原则，又不能超越社会主义计划经济阶段。坚持计划经济原则，不等于计划一切、调节一切。计划工作要自觉地利用商品货币关系，发挥价值规律的作用。在管理上，要实行集中统一性和分散灵活性相结合。基于这些思想，他认为计划经济学也有一个发展过程，将随着社会主义计划经济实践的发展而逐步成熟和完善起来。计划经济学作为社会主义经济学领域的一门独立学科，从此建基在科学和国内外实践经验的基础之上。此外，他还概括和总结了计划经济制度的本质特征和基本前提条件。所有这些，无疑都是对我国计划经济理论发展和计划经济学学科建设的重大贡献。

不仅如此，李震中还牵头创办了许多社会组织，召集计划经济领域的众多学者，共同探讨重大议题，把理论积极应用于实践。在他的影响和带动下，吴微、吕汝良、钟契夫等一大批著名教授积极投入教学科研工作，中国人民大学经济计划系繁荣发展起来。

一般意义上讲，现在的大学大都分为三个层级，首先是学院，分门别类的学院之下分列相关的系，系里又有细分的方向或专业。然而，很少有人知道，这样的组织架构最早是由李震中提出并推动实施的。

20 世纪七八十年代，中国的大学面临着如何改革的问题，在由旧有的以系划分的体制向新的教学体制过渡时，需要一个更宏观的层级来进行相

李震中：

经世立学　矢志报国

关专业的整合。李震中针对国民经济计划专业、统计专业以及生产布局专业的学科特点提出整合建议，使三个专业于1983年统一为计划统计学院，他也因此出任这个新学院的院长，陈云还亲自为学院题写了院名。在新的学院体系下，相关专业的知识得到联通，学生的课程设置也就更加丰富全面，这对学院的发展甚至是跨专业的交流互动都起到了巨大的推动作用。

这一举措当时在高校首开先河，后来各大高校纷纷效仿。到如今，全国的高校或多或少都采取这样的方式进行教学实践，顺应了新的历史阶段对综合性人才的培养需求，使得大量有理想、有道德、学问贯通、锐意创新的社会主义建设者和接班人走出校园。同时，为了开阔师生的视野，李震中牵头组织了一系列国际交流活动，人民大学的许多教师和优秀学生都通过这些项目，得以近距离接触其他国家的研究成果，学习国外学术界的研究方法，更好地发展自己的学术，积累更多的经验。学院里形成了良好的教学相长气氛，老师们尽心竭力，学生们求知若渴，大家都坚定地相信，未来在他们的手中会更加灿烂，国家在他们的努力下会更加富强。

党的十一届三中全会召开后，我国进入改革开放和社会主义现代化建设的新时期。作为一名负有社会责任感的计划经济学家，李震中以极大的注意力关注着我国改革开放的进展以及新形势下经济建设的新情况、新问题。他冷静思索，深入钻研，提出了许多积极慎重、有重要参考价值的理论主张和政策性建议。他认为，社会主义经济的本质特征是计划经济。坚持社会主义，就必须坚持计划经济。但是，这并不否定和排除利用市场调节的作用。市场调节本质上就是价值规律的自发调节，它对社会主义计划经济来说，不是"外在"的，而是"内在"的。社会主义计划经济本身就包含了市场调节，应该实行计划调节和市场调节相结合。

对于学术探讨，李震中则是一位宽厚长者。他谦虚好学，平易近人，一贯坚持百家争鸣，也欢迎不同意见和观点。他认为，学术争鸣要"摆事实，讲道理，以理服人，求同存异"。在许多学术会议上、课堂上以及教研室会议上，每次进行学术探讨和争论，他都说："这样好，有交叉，挺有意思！"但是，在理论原则上，他从不随风摇摆、迎合、屈从，而是坚持真理、修正错误、做到了科学性和党性的统一，受到同行和师生们的欢迎和敬重。

润物好护春

李震中的学生、中国人民大学经济系教授刘瑞至今记得第一次见到先生的场景。

那是每年一度的开学典礼，系主任李震中代表全系发言。由于过去在部队历练，他的身板极正，头发梳得一丝不苟，着装整齐，风度翩翩。甫一开口，所有的学生都安静下来，听着他的演讲。他的话并不多，但对于那个激情飞扬的年代，简洁而有力的话语，比起细声细气、引经据典的谈吐，更能感染在座怀揣梦想的华茂少年。

在这位老共产党人的身上，军人的气质与文人的风度并存，政治的经验与学术的追求共生。全场的学生都被深深吸引住，以至于这样潇洒的印象，停留在几乎每一个与他接触的人的记忆里，化成一句"先生年轻时候特别帅"的由衷赞叹。

作为一名教育者，李震中一贯主张"大学教育要注重对学生进行基础训练和能力培养"。他所说的基础训练主要指"理论基础"，"包括马克思主义的世界观和方法论"；他所说的能力培养主要指"分析问题和解决问题的能力"以及"学生自学能力"。他历来反对"死读书，读死书"，鼓励学生进行"创造性"学习。

数十年教学生涯，他带出的学生不可胜数，其中很多人都已经成长为

李震中：
经世立学　矢志报国

共和国优秀的建设者，在重要的岗位发光发热，而更多的人则是在默默地贡献着力量。无论是哪一种，李震中对他们的要求其实是一样的：不管在哪里，做什么工作，都不要丢掉做人的原则，要忠诚于党和国家，忠实于为人民服务的工作。只要做得到这一点，即使是一个普通的岗位，一份平凡的工作，也同样值得尊敬。

这种理念贯穿在他的教学过程中。在带研究生的时候，每隔七八天，他就会找学生们到他的小屋做客，聊聊最近的学术研究，聊聊共同关注的问题，但聊得最多的，还是他们内心的动向。他会不厌其烦地提醒学生们：来到人大绝不意味着享福，大家要努力增长自己的知识、承担更大的责任，将命运与家国紧紧相连。他很清楚地知道，知识的增长并不能弥补思想道德的缺陷，只拥有自以为是的傲慢，永远也不能成为一个完备的人，也绝不能成为我们的大学应该培养的人才。

此外，李震中特别强调实践在教学中的作用，主张"经济学要解决实际问题"。有一次，在给专业课设计的期末考试中，他不考干巴巴的理论知识，而是独出心裁地出了一道案例分析。他拿出当年国家统计局公布的年度国民经济社会发展公报，要求学生就公报提供的数据和内容进行分析：经济运行状况怎么样？问题在哪里？这类问题要怎么解决？……要想解决这些问题，只有扎扎实实进行案头工作，耐心梳理数据，结合实践经验才能给出答案。这次出乎意料的考试给了不少只想临时抱佛脚的学生一次打击，但给更多学生留下的则是简单朴素的道理：理论从来不是也不能脱离实际，尤其是计划经济这门学科，更要求务实不务虚。不仅如此，当年的期末考核还分为笔试和面试，也就是说，每个人都要接受几位教授当面的提问，可谓极其严苛。当然，这样做对于老师也是一个考验：十几位老师，要面试上百个学生，每一位老师的工作量骤然增加；案例分析并没有标准答案，试卷批阅的难度也大大上升。即使如此，他们依然选择这种方式。

李震中对于科学研究极为认真，也极力倡导理论联系实际、开展调查研究，并且身体力行。1958年，中国人民大学和北京大学联合组建人民公社调查组，赶赴河南信阳等地进行实地调查。李震中担任信阳调查组组长，带领师生进行了为期半年的实地调查。调查组根据实际掌握的第一手材料，写出了全面系统的调查报告，对公社化和"大跃进"中存在的问题进行了分析和概括，提出了对实际工作和理论建设都有重要意义的建议。同时，在这半年的实地调查中，学生们对经济建设的原则、对制度设计的理解都有了更新、更深刻的体验。

在学校被迫停办的日子里，李震中表现得十分淡然。"君子固穷"，人生困顿的时刻，于他而言却是一个潜下心来钻研学术的好时机。他又重新将《资本论》精研细读、反复琢磨，广泛涉猎其他计划经济理论以及相关学科书籍。就这样，夜深灯火里的那间小小的办公室，他埋首于厚厚的"书砖"。日子轻轻浅浅地过着，就像每天窗头照醒他的曙光，缓慢地移动着角度，要他把所到之处的每一粒浮尘的浮沉都看得清清楚楚。

复校后，他也一如既往地组织教师和学生到各地进行调查研究、抓第一手资料。1978级计划班学生两次社会调查回来，他都热心地前去听取学生汇报，并参加座谈、讨论。

这就是李震中一直强调的"接班人不是温室里口口相传出来的"。的确，其实不只是进行经济计划，无论是哪一个专业、哪一门学问，到最基层去，到群众的生活中去，在长江黄河的泥土中翻滚历练一遭，才能够磨砺出一番真功夫、一身真本事。

潇潇君子骨

李震中是天津人，却并没有典型天津人的那张"卫嘴子"，提到他，

李震中： 经世立学　矢志报国

同事学生们最多的评价就是"清正"。

在李震中担任副校长期间，刘瑞曾做过他的秘书，对他讲原则的脾气十分清楚，"在他那里就是按照规矩来，没有别的什么路子可走"。处理学校的事务，只要是按照规矩来，在他那里就可以很顺利地完成，即使是对自己的学生，他也从来没有过一丝一毫的偏袒或特别的帮助，有时候甚至到了有些不近人情的地步。

李震中的学生殷荣伍第一次到他家里做客时，在人大东门的小卖部买了两包茶叶，包装有点儿像现在的烟盒。他提着茶叶到了李震中家，当时李震中没有说什么，可过了两天，就直接让他的班主任把茶叶又退了回来。这一来二去，殷荣伍自己也非常尴尬。可相处久了，他开始与李震中谈得越来越投机，两个人竟然成了忘年交，一直保持联系。

担任学校领导期间，李震中始终坚持自己的原则，勤恳地做好各项工作，从不计较自己的得失。他拥有多年的教学生涯，学术贡献和教学经验都很丰富，早已满足评选教授的条件，甚至很多他曾教过的学生都在他的推荐下获得了应得的荣誉，而他直到1992年退休，才正式拥有教授职称。对此，李震中毫不在意，甚至最后接受这个称呼，也只是出于对即将离开的校园的纪念。

对于自己，他从来没有任何名利要求，而对于所发现的人才，对于学校优秀的师生，他却十分爱护，尽自己的力量，为他们争取应得的荣誉，搭建展示才华的平台。

当年的经济系人才辈出，大师云集。著名经济学家胡乃武，彼时还只是一个刚由学生转为教师的初出茅庐的青年学者。李震中十分看重这个年轻人，在人大复校后亲自筹建了经济学研究所，推荐胡乃武担任所长，为他提供了一个更大的平台历练。对于这份珍贵的相知之谊，胡乃武很是动容。学校停办期间，清华大学曾聘请胡乃武做政治经济学教授，但他复校后就离开了清华，选择回到母校，在经济学研究所里，一留就是40多年。

不仅是胡乃武，还有余广华、吴微、钟契夫、刘瑞等等，几乎所有系里的老师都受到过他的关怀，可能是一次表扬，或是一封推荐信，甚至是有时在大会上严肃的批评，都带着一种"温而厉"的君子风度。

在当时的大学校园，尊重学问、爱惜人才、奖掖后辈几乎成了一种不言自明的惯例，李震中也是被当时的老校长抓着手腕、恳切挽留担任副校长的。这些从延安一路跋涉到北京的老先生、老党员一手建立起这所大学，也把他们从莽莽黄沙中磨砺出来的落落风骨，植根在这方校园中。

作为一位"数学特别好"的经济学家，李震中的象棋下得很好，用他的话说就是"在锻炼脑子"。

当年在中央党校学习时，和他做邻居的天津老乡常常提着棋盘来找他下棋，两人分别落座，楚河汉界一摆开，就在这方寸之上开始了你来我往的切磋，常常一个下午就在小院花影间消磨过去。

李震中于书法也十分擅长。系里的老师余广华去世，他写下一副挽联——"真正的人民教师，真正的共产党员"，托人送去以表哀思。由此，很多人才得以知道他的书法和他的为人一般风骨落落。可对他而言，写好字是规矩、是态度，平日里并不会刻意显露。

或许是性格使然，或许是经历所致，李震中在为数不多的空闲时间里，也始终关注着关乎国计民生的大事。对于他而言，工作与生活密不可分，在生活中敏锐觉察出的任何情况，都会引起他的严肃思考。

1992年退休后，这个老党员依然时刻心系国家发展。学生们来看他，大多惦念他的身体，刚开始几句家常话，聊着聊着就被他引到别处：工作还顺利吗？千万要踏踏实实，不要懈怠。系里最近有什么变化？要创新，也要守住人大的传统。国家又出台了什么新政策？要多关注，多研究。

学生拜访他时，他推着轮椅去拿书柜里的《马克思恩格斯全集》，翻

李震中：
经世立学　矢志报国

开蹭掉皮的书册，两个指头夹着，一张张捻过泛黄的脆纸，指着铅笔画出的深深的线，说："你看看，我最近看这一段，说的就很精辟。"然后，他把书远远举起来，另一手指着，就开始一个字一个字地朗读。

夕照一点点拉长影子，学生们环绕在他周围，时空缓缓发生折叠，把这个空间里的人们都"叠"回到几十年前的李震中家中。皱纹在旋转中消退，白发从指缝间染黑，学有所成的学生们回到这里，坐在塑料小凳子上的仿佛仍是满脸稚气的年轻学子，在这里畅想未来。

老来犹存壮志

自从16岁加入中国共产党，李震中就离开了家乡。少小离家，老大却没有再回，就连名字也早就从薛政修改为李震中，姓氏也洒脱抛弃。今天，当年"温而厉"的大先生，在岁月的打磨下对学生多了几分慈祥亲厚，甚而生出几分天真与依赖。

李震中腿脚尚便利的时候，与学生们每年都会在学校里聚一次。请到系里的老教授，许久不见的老师和同学们都相聚一堂。李震中作为所有人的老师，有时也说几句，但大多时候，他并不多话，只是微笑地坐在那里，和老朋友回忆过去的故事，听学生们谈谈最近的工作。

徐寿春是李震中最小的弟子，李震中对他很爱护，就"像一对亲父子一样"。逢年过节，一有时间徐寿春就去拜访恩师，有时还带着自己的孩子，"爷爷、爷爷"叫得不停，令老先生十分开怀。

2019年10月1日，庆祝中华人民共和国成立70周年大会在北京天安门广场隆重举行，20余万军民以盛大的阅兵仪式和群众游行欢庆共和国70华诞。拥有77年党龄的老党员李震中受邀观礼。作为看台上坐着的唯一一位中国人民大学的老先生，他见证了这个他为之奉献一生的国家令人热血沸腾的荣耀时刻。后来，他开玩笑地对徐寿春说"他们都没通过健康检查，只有我还能去"，然后嘿嘿地笑，像一个赢得第一名的孩子。

如今，李震中的家中，多数时间都是安静的。但时间的海潮汹涌翻滚，只要敲开这扇门，就一定会发现，这位老党员的滚烫血液，仍然在他的身躯中有力地涌动。

（执笔人：白悦瑶　王子伊　叶　晴）

【侧记】

育才报国　两袖清风

叶　晴

刘瑞仍然记得，1978年，他入学的第一天，李震中作为系主任在全系大会上发表欢迎词。先生一开口，他就感受到了特别的人格魅力。不像其他学者那样漫谈的、轻声细语的，李震中的讲话如他一贯的军人作风，简洁有力，却意蕴深远。

当时的国民经济计划课由李震中领衔讲授，他总是讲第一讲"计划经济学的基本问题"。讲课的风格与他开学仪式上的发言如出一辙，简洁明了，逻辑清晰，课程内容环环相扣，把问题讲得十分深入。他一辈子几乎就只钻研一个东西，把它都摸透了。学生们都说，李震中的课讲得很精致，逻辑性很强，让大家深受启发。

人大停办期间，李震中一下从繁杂的事务中解放出来，有了空闲时间攻读《资本论》，这段时间集中认真的阅读让他对马克思主义经济学有了新的认知。

复校后，国家计划经济委员会多次邀请李震中出任司长，在时任老校长的挽留下，他选择留校任副校长，一干就是十几年。这样的选择在李震中的人生中出现过很多次，他不图名利，也不为自己谋高位，风清气正。

但他总是积极地为年轻后辈寻找机会。计划经济系曾有位年轻老师，缺少发挥才干的空间，李震中亲自筹建经济学研究所，推荐这位年轻老师到研究所，为他提供发挥才干的空间。这位年轻老师就是日后大名鼎鼎的经济学家胡乃武，他一直十分感念李震中的知遇之恩。

李震中也从不吝啬分享自己的学术资源。20世纪50年代的时候，一年一度的国家计划委员会的计划工作会议上，李震中是唯一能够旁听会议的高校教师。每次参会回来，他都专门向系里的老师传达会议精神，再由老师们传授给学生们，帮助大家了解国家的经济形势和宏观调控的最新动向。

同样心怀感念的，还有钟契夫教授。他曾随李震中参与关于"浮夸风"的调研，"文革"期间这项活动受到批判，李震中一人担下责任，没有推给任何一位同事。钟契夫的父亲是国民党人，后来随着国民党撤退到台湾，这成了历史包袱。在钟契夫拥有到国家计委实习的机会时，系里收到一封匿名信说，钟契夫是国民党将军的儿子，有历史问题。收到举报后，系里连夜就把钟契夫和学生全部撤回来，并组织调查。一是查匿名信，二是查钟契夫本人有没有问题。调查工作秘密开展，钟契夫被蒙在鼓里，也就没有心理包袱。直到"文革"期间，有人批李震中，钟契夫才恍然大悟，原来当初把他从国家计委撤回来是这个原因。

李震中当领导期间，十分注重维护老师们的利益，积极帮助老师们办实事。20世纪50年代的时候，评职称名额不多，人民大学有很多老教师和出类拔萃的年轻教师没有解决职称问题。以李震中的学术影响力早就能评上职称，但是他把名额都让给了他们。这样的作风让全系上下对李震中十分信服，人民大学也因此留住了许多人才。

李震中不为自己、不为子女、不为学生谋利，他所想的基本没有个人私事，没有家庭私事，而是十分关注学校建设、教育发展、国家前途。这与他长期参加革命的经历密切相关，他将信仰坚定、对党忠诚、严于律己、宽以待人的品格带到人民大学，在工作中须臾不忘。

他经常和学生在办公室或者书房进行知识探讨和阅读交流。最小的弟子徐寿春说，他和先生就像小儿子和老父亲，先生十分亲和。年纪大些的学生回忆起当年先生一视同仁、严格要求的作风，也会感念那样的公平与毫无偏私。

李震中育人一生，退休后尽管鲜少出现在课堂上为学生们传授专业知识，却仍然以自身经历鼓舞着一届又一届的学生，希望他们走到祖国需要的岗位，发挥才干，建设家国。他努力地兑现自己对党的承诺，在他身后，一大批新时代的经济学家正逐渐成长，展露锋芒。

（本文根据李震中先生的学生刘瑞、殷荣武等口述内容整理）

许征帆：
胸怀家国之大义
求索主义之真理

【先生小传】

许征帆：
胸怀家国之大义　求索主义之真理

许征帆，原名许乃妙，1927年10月生于福建金门。我国著名马克思主义理论教育家，中国人民大学荣誉教授。许征帆1946年以笔为剑参加革命工作，担任马来亚共产党机关报《民声报》和海外革命报刊《南侨日报》（胡愈之主持）的特约记者。1948年到香港达德学院新闻专修班学习。1949年3月离港北上，进入华北大学学习，师从我国著名学者艾思奇，并于1949年10月加入中国共产党。1950年许征帆到中国人民大学马列主义基础教研室任教，开始了半个多世纪的马克思列宁主义理论教育与研究生涯。中国人民大学停办期间，许征帆曾在北京大学担任教研室主任，任教3年，直至中国人民大学复校，后一直留校任教。

许征帆曾任中国人民大学马克思主义理论教育研究所（中国人民大学马克思主义学院前身）所长、《教学与研究》杂志总编辑、马克思主义理论教师进修学院院长等职，并两次担任国务院学位委员会政治学学科评议组召集人。现为中国人民大学荣誉教授、博士生导师，马克思主义理论研究和建设工程首席专家，中国社会科学院马克思主义研究院特聘研究员，中国科学社会主义学会顾问。

许征帆是我国从事马克思主义研究的著名专家，在数十年的教学和科研活动中，他在马克思主义理论的综合研究，尤其是科学社会主义、国际共产主义运动和马克思主义基本原理的研究方面，提出了许多学术创见，形成了独具特色的学术风格。

作为一名马克思主义理论家，许征帆从20世纪五六十年代开始，先后在《人民日报》《光明日报》《学习》《红旗》等报刊上发表数篇有影响的文章，著有《时代风云变幻中的马克思主义》，合著《马克思主义学说史》，主编《社会主义论库》《马克思主义与当代》《怎样认识实践中的社会主义》《社会主义本质论》《社会主义发展道路论》等，体现出一个马克思主义斗士的无畏风格。

由于许征帆在教书育人、科学研究方面拥有突出成绩，学校授予他"优秀博士生导师"称号，2005年，作为建校以来做出突出贡献的33位专家之一，他被授予"中国人民大学荣誉教授"称号。此后，许征帆依旧信仰弥坚，老当益壮，仍然活跃在马克思主义理论教学与研究领域，仍然战斗在马克思主义阵地的第一线上。

许征帆：
胸怀家国之大义　求索主义之真理

在中国人民大学，有这样一位大先生，他用半生的时间来探索、建设中国的马克思主义理论教育事业。他就是战斗在马克思主义阵地第一线上的"斗士"许征帆。

毕生报国　以笔为刀

许征帆是坚定的爱国主义者，始终心系祖国和人民。1927年10月，他出生于福建金门县的一个贫民家庭中。百年前的中国，人民生活在水深火热中。回忆起童年，许征帆坦言："逃难一度成为生活不可分割的一部分，我在逃难的煎熬和磨炼中收获了特殊的启蒙教育。"

因为家境清苦，他少年时在中药铺当学徒，早早便目睹了同胞受日本人欺辱，由此强烈意识到国弱受人欺，萌发了对国家强大的强烈渴望。1937年，日本侵华的战火从宝岛台湾绵延到金门海滩，炮声打破了小城的宁静，10岁的许征帆跟随父母逃往厦门鼓浪屿，在贫民窟以卖报为生。很快，厦门沦陷，鼓浪屿也岌岌可危。许征帆不愿当亡国奴，遂告别家人，决心跟着同乡下南洋。他们漂洋过海，来到了马来亚。

在马来亚，许征帆进入柔佛州龙引镇育群小学读高小，并在进步老师的指导下开展抗日活动。每逢国耻纪念日，他们都会去卖花筹赈，集齐一笔钱后再想方设法把赈款汇给八路军。他在新加坡南洋华侨师范学校上初中时，阅读了曹禺的《雷雨》《日出》等文学作品，获得文学熏陶的同时，还有幸得到作家巴人（王任叔）、高云览的指导，也锻炼了文笔。日本占领马来亚和新加坡后，许征帆被迫逃难到印尼，在小岛上以捕鱼为生。辛苦劳作之余，他也没有放弃读书，自学了《古文观止》《现代文选》《大众哲学》等书。其中艾思奇的《大众哲学》是他的哲学启蒙书，对他影响至深，为他以后从事教学科研工作打下了基础。

世界人民反法西斯战争结束后，许征帆返回马来亚。遥望神州故土，他听到的是同胞过海关被国民党层层盘剥；李公朴、闻一多相继被特务刺杀，内战一触即发；社会两极分化加速，在战争中发财的人高高在上，在战争中遭殃的人食不果腹。有感于社会的种种病态，许征帆胸怀民族大义，愤然以笔为刀，写出了《失业》《探病》《怒吼吧！龙引河》等激扬文章，刊登在《南侨日报》和《风下》杂志上。他也从比较关注民族解放斗争问题转移到思考更加深刻的阶级压迫与被压迫、剥削与被剥削问题。同时，他在中国共产党地下党员胡愈之的引领下，走上了革命道路，成为马华新兴文学运动的一名新兵。

许征帆在晚年接受采访时曾说，"每一个人，无论是普通学生，还是知名学者、专家，都有一个如何处理自己与祖国关系的问题"。对于在战火中度过少年时光、后又辗转异国多年的许征帆来说，对这个问题的体会格外深刻。1946年，他将自己的名字改为许初帆，正式参加革命工作，他的革命人生也从这里张开风帆。

当时，许征帆担任了马来亚共产党机关报《民声报》、新加坡进步报纸《南侨日报》的特约记者，撰写新闻报道和活动文章。这些工作也给他惹来了不小的麻烦。1948年，他被马来亚当局列为不受欢迎的侨民而驱赶出境。离开马来亚，许征帆辗转到了香港，求学于中国共产党领导、爱国民主人士出面创办的达德学院。在这里，许征帆聆听了郭沫若、茅盾、夏衍、乔冠华等名家的专题报告，受教于胡绳、许涤新、翦伯赞、沈志远、邓初民、黄药眠等大师。在此期间，许征帆才真正意义上开始接触马列主义和毛泽东思想原著，他极其珍惜这一难得的学习机会，发奋苦读。勤学奋发之余，他还积极参加党领导的"文艺生活社"活动，并继续完成《南侨日报》的采访工作，其间完成《郭沫若访问记》等专访文章，也曾撰写了《黎明从北方启程》《搭线》等诗文和小说。

许征帆：
胸怀家国之大义　求索主义之真理

回想起在香港的学习经历，许征帆认为，在达德学院学习的两个学期令他受益终身，尤其是从马克思主义原著里汲取营养，从理论造诣深厚且兼具丰富实践经验的马克思主义学者那里，初步地、系统地学习了马克思主义的世界观和方法论及其基本原理。马克思主义的理论武装使许征帆侨居南洋十年积累的关于爱国主义与社会主义、共产主义内在联系的认知有了较为坚实的理论依据，从感性的认识上升为理性的认识。在只有社会主义才能救中国、才能发展中国，只有中国共产党才能正确地领导中国这些根本性的问题上，他进一步提高了思想觉悟。

许征帆认为，一个青年只要他立志走历史的必由之路，即使面对"山重水复"，也终会迎来"柳暗花明"。如果说他从马来亚到香港，再从香港到解放区，是先后两次从"疑无路"境地转到"又一村"佳境的话，那么，解放区的"又一村"绝不是香港达德学院那一个"又一村"可比拟的。因为解放区这个"又一村"，是通向亿万中国人民和千万海外侨胞和华人梦寐以求的新中国！

华北大学是中国人民大学的前身。1949年3月，在成仿吾校长的安排下，许征帆进入华北大学学习，师从著名马克思主义哲学家艾思奇。同年10月，在新中国成立的礼炮声中，他正式加入中国共产党，成为一名光荣的共产党员。怀着满腔豪情，他将"初帆"改为"征帆"，他的人生从此一路远航。

新中国成立初期，国家理论人才紧缺，急需一批从事马克思主义思想理论教育的教师。为响应国家号召，许征帆和他的同班同学经过三个月的紧急培训，大多都走上了马克思主义理论研究和教育教学的岗位，他更是为此事业终生坚守。1950年，许征帆开始在中国人民大学马列主义基础教研室任教，开启了他一段跨越世纪的马克思主义研究、教学"征程"。在20世纪50年代，许征帆写作了不少阐述社会主义革命和理论建设的文章，刊登于《人民日报》《光明日报》《学习》《红旗》等报纸刊物上，对后辈学子影响深远。

改革开放以来，我国经济社会迎来了崭新的发展局面。面对国内外的新形势新挑战，许征帆致力于从宏观上思考有关马克思主义和社会主义的重大理论问题。他发表了一系列具有划时代意义的论著，代表作有《时代风云变幻中的马克思主义》，合著《马克思主义学说史》三卷本（获北京市科学研究优秀成果特等奖），主编《马克思主义与当代》《怎样认识实践中的社会主义》《社会主义本质论》《社会主义发展道路论》，长文《试论我们时代在二十世纪发展的主旋律》等。他主编的《社会主义论库》三卷本被称为"学习研究社会主义必备的工具书"，其分量可见一斑。此外，他还撰写论文、文章200余篇，主持多项国家级科研项目，学术成果可谓丰硕。

许征帆以"马克思主义与当代"为研究方向，他的学术研究有一大特色，即始终坚持学术与信仰相统一。作为一个坚定的马克思主义者，许征帆对马克思主义的研究，并非全然出自个人兴趣，而是为了捍卫和发展马克思主义，为了推进和发展社会主义事业。可以说，他的学术理念和政治信仰达成了一致。他常对自己的学生说，"我们要理直气壮地坚持马克思主义：首先是因为'理直'——从符合事物发展的内在规律、符合历史发展的客观演变、经受得住实践检验等方面来认识和体悟马克思主义；于是，我们也就一定能够做到'气壮'——任何时候、任何情况下都不动摇对马克思主义的信仰，做一名自觉而坚定的马克思主义的'播火者'"。

三尺讲台　无悔人生

许征帆深知人才是事业之本，他爱才惜才，始终致力于把培育人才放

许征帆：
胸怀家国之大义　求索主义之真理

在各项工作之首。许征帆在教育科研岗位上辛勤耕耘了半个世纪，"俯首甘为孺子牛"是对其爱岗敬业、为国奉献精神的最好诠释；"桃李满天下"则是对其付出的最好回报。他从1950年起在中国人民大学马列主义基础教研室任教，在中国人民大学被迫停办的岁月里，他一度调至北京大学担任教研室主任并任教3年。复校之后，他继续回到人大从事自己无限热爱的马克思主义理论教育工作。1986年，在他的努力付出下，中国人民大学马克思主义理论教育研究所正式创立，这是国内高校第一家专门从事马克思主义理论教育研究的机构。

许征帆是一位兢兢业业的师者，他先后为本科、专修科、研究生班、教师进修班、博士生班讲授过"社会发展史""马克思主义基础""科学社会主义原理""马克思主义政治学""国际共产主义运动史""马克思主义与当代""马克思主义与当代社会思潮"等课程。他是中国人民大学教授，清华大学、南京大学、东南大学、浙江大学、武汉大学、西安交通大学、中国人民解放军南京政治学院等40多所高等院校客座教授，可谓桃李不言，下自成蹊。

作为马克思主义理论教育者，许征帆有独特的教育观。他曾在《人民日报》上发表《马克思主义理论教育不可忽视》一文，呼吁社会重视马克思主义。他提出"马克思主义理论教育是文科教育的灵魂"，并具体阐述了马克思主义理论教育和文科教育的关系。他进一步指出，"高校应是马克思主义理论教育的重要阵地"，认为高校在马克思主义理论教育建设中发挥着重要作用，这一观点在现在看来无疑也是正确且极具前瞻性的。最后，他也提到进行理论教育的方式方法，"搞好马克思主义理论教育，贵在真心实意，贵在扎扎实实，贵在坚持不懈"，他是这么说的，在多年的教学生涯中，更是这么做的。

许征帆坚信，马克思主义理论教材是促进高等教育培根铸魂、启智增慧的重要载体，是坚持和发展马克思主义在意识形态领域指导地位的重要保障，是确保高等教育为党育人、为国育才的重要工程。在多年从教生涯里，许征帆始终积极认真负责参与高校马克思主义理论教育教材的编写工作。受国家教委委托，他多次担任《马克思主义原理》等教材的编写组召集人和统稿、定稿人，主持编写了《科学社会主义的理论与实践教学要点（修订试用本）》和《科学社会主义》等专业教材。同时，他还担任《教学与研究》杂志的总编辑，该杂志是国家教委看中学校的教学科研力量，专门委托中国人民大学主办的为高校马克思主义理论教学服务的杂志。他认为，"我们的刊物应大力帮助教师在教学中生动具体地坚持理论联系实际的方针；在为教师提供授课有关的理论观点和资料时，要特别重视观点和资料的统一性和准确性；人们对经典著作可能有不同的理解，但引用时，绝不能断章取义，要结合具体背景，实事求是"。这些指导思想体现出他严谨的学术品格，也在很大程度上保证了刊物的质量。

在具体的教学实践中，许征帆也频出新意，不拘于教条。他讲课深入浅出，课后坚持因材施教，进行个别辅导。如在讲授"邓小平理论"课程时，许征帆为了便于讲授，将邓小平理论中的一些内容进行了概括。如将邓小平关于发展就是硬道理的思想概括为"社会主义发展制胜论"；将一部分人先富起来，先富带动后富，最终达到共同富裕的理论概括为"先富后富共富的富民强国分段实施论"；将通过"一国两制"实现国家统一的理论概括为"'一国两制'的国家统一分步到位论"；等等。这些概括不仅简洁精辟，而且便于学生接受理解。

许征帆对学生的一个基本要求是认真攻读马克思主义经典原著、注重理论联系实际。许征帆说："我建议年轻人，尤其搞社会科学研究的，阅读视野要宽广些，要认真攻读马克思主义的名著，联系新实际加深理解，也应该读读西方学者研究资本主义、评论社会主义的著作，阅读时应有甄

许征帆：
胸怀家国之大义　求索主义之真理

别意识，批判地吸收，在实事求是地了解资本主义的基础上来加深对社会主义的理解。"他非常注重学生的读书笔记，认为读书不做笔记，那么因读书而激发的智慧珠滴就不能保留，如流星划过夜空，瞬间无影无踪。他说，"许多大学问家都很重视写读书笔记，把它作为品评别人思想成果，磨炼自己的聪明才智，抒发自己的心得创见的理想场所"。

许征帆在学术上主张历史地看待马克思主义，在教学过程中，他也同样将马克思主义经典著作置于特定的历史背景下予以总结归纳。同时，他也注重向学生"授之以渔"——传授方法。他曾告诫学生："从事科学社会主义研究，不仅要通读马克思主义经典著作，知晓国际共产主义运动的风云变幻，还要熟谙中国社会主义革命、建设、改革的历史进程和国际意义；只有立足中国、心怀世界，才能在错综复杂中找到社会发展规律。"

许征帆教书一辈子，热爱专业，热爱学生，深得学生敬爱。他对教的每一门课都是认真备课，深入研习，让学生学有所得、学有所成、逐步提高。他积极鼓励学生们独立开展工作，并严格要求自己，不断用自己的日常言行影响学生，争取帮助他们早日成才。生活中，他平易近人，没有丝毫老师的架子。不论对同事、学生，还是对自己的助理，他都是和蔼可亲。每次谈话，他总是让对方把想说的话说完，然后再明确表示自己的意见或态度，即使对错误言论，也是和颜悦色地分析批评，从来没有见过他疾言厉色。他用自己的真诚、睿智、雅量，以及丰富的知识、高远的见识，很快赢得师生的尊敬和爱戴。他十分注重学生思想素质的教育，时常教育学生怎样学会做人、如何开展科研工作，他语重心长地说，"学习、科研和做人一样来不得半点虚假，只有踏踏实实地工作，才能不断完善自己"。

许征帆善于从战略全局的高度考虑问题，处事非常具有人性化，让人如沐春风，感觉到实实在在的温暖。他特别喜欢与青年人在一起，在国内受到他点拨和支持从而走上学术研究道路、做出一番成就的人达数百之多，他倾注心血培养了许多研究型、教育型人才，如姜辉、秦宣、刘建军、辛向阳等，现在都已经成长为我国马克思主义理论研究和教育的中坚力量。

许征帆的治学和育人是高度统一的。中国人民大学习近平新时代中国特色社会主义思想研究院副院长王向明教授是许征帆的学生。他认为许征帆在育人实践中，始终笃守一个最基本的原则："马克思主义教育者必须首先让自己成为真正的马克思主义者，对马克思主义真信、真懂、真用、真教。"许征帆自身就是一个对马克思主义"真信、真懂、真用、真教"的模范，所以在做文章和教学时都充满激情，广受学生们欢迎。同样，他也要求学生们对马克思主义兼具理性认同和情感共鸣。他默默地以不同的方式支持青年人，他的谦逊、缜密和对年轻人真诚的热爱，都对学生们产生了巨大的影响。

基于许征帆长期在教书育人、科学研究方面的突出成绩，学校授予他"优秀博士生导师"称号。2005年，作为建校以来做出突出贡献的33位专家之一，许征帆被授予"中国人民大学荣誉教授"称号。

献身学术　探索真理

作为我国重要的马克思主义研究专家，高校马克思主义理论教育的开创者与奠基者之一，许征帆在马克思主义理论的综合研究，尤其是科学社会主义、国际共产主义运动和马克思主义基本原理的研究方面，提出了许多学术创见，形成了独具特色的学术风格。许征帆笔耕不辍，编写了大量马克思主义研究的学术专著、教材与文章，几十年如一日地活跃在马克思主义理论教育的三尺讲台上，言传身教，将自己在马克思主义的综合研究，尤其是科学社会主义和国际共产主义运动的相关研究方面的重大研究

许征帆：
胸怀家国之大义　求索主义之真理

成果和学术创见，毫无保留地奉献给中国马克思主义理论教育事业。

许征帆十分重视对于马克思主义整体性的综合研究。虽然可以从三个主要组成部分做专门的研究，但他更认可应该把马克思主义作为一个整体来看待，从整体视角出发，将马克思主义的科学体系和思想实质最大限度地发掘出来。他的全部学术思想与研究成果也离不开整体把握的方法论。中国人民大学马克思主义学院教授刘建军认为，许征帆通过把对马克思主义的认识提高到马克思主义观的角度，并从这一独特视角，比较系统地考察了马克思主义的主要内容、理论特性、行进机制、功能作用、发展历程、历史命运等方面。具体来说，许征帆的学术思想和研究成果围绕着从整体意义上对科学的马克思主义观的构建、马克思主义规律的探索，以及将马克思主义放到整体性的科学社会主义和国际共产主义运动的时代与社会思潮之中的研究与发现。

如何构建科学的马克思主义观？许征帆认为，马克思主义是彻底而严整的科学理论体系，内容极其丰富宏伟，很难下一个概括而全面的定义，只能从不同角度来综合把握。刘建军教授在简述许征帆的学术思想时，总结了许征帆提出的七个正确把握马克思主义的方法论原则。一是从本性和本来面目上认识和把握马克思主义，反对教条和修正主义，破除一切对马克思主义的"魔化"和"神化"，排除一切对马克思主义的阉割和附加。二是从时代特征上来认识和把握马克思主义，在与时代的关系中，在时代风云变幻和时代更替中把握马克思主义的性质、特点和运行规律。马克思主义是时代思想的精华，同时又科学指引时代发展的方向，这两者是辩证的统一。三是从实践根基上认识和把握马克思主义，正确判明马克思主义的根基。从事实出发，实事求是，这就是马克思主义的根基。四是从结构整体上认识和把握马克思主义，把马克思主义看作科学的理论体系。要力求按照马克思主义理论体系的本来面貌，正确地再现其主要组成部分以及主要理论创造的内在的、立体交叉的、相辅相成的密切联系，防止任意地排列、机械地割裂，把它摆成"理论拼盘"，捏合成板块结构的僵死模式。五是从科学本质上认识和把握马克思主义，在同各种思潮的比较中把握马克思主义的本质特征，着重掌握马克思主义的精神实质。马克思主义区别于和优胜于其他理论体系的本质特征是：以实践为基础的严格的科学性与彻底的革命性的高度统一。六是从历史发展上来认识和把握马克思主义，要研究马克思主义史，探究马克思主义拓进的轨迹，考察马克思主义的曲折征程和历史命运。七是从实际结合上认识和把握马克思主义，把握马克思主义与各国具体实际的结合，尤其是与各国社会主义实践的结合。善于指明如何将这些基本原理应用于本国，让群众通过亲身经验去检验它，这样它就会深入群众的心坎。在许征帆的学术体系中，以上七点不仅是他多年来坚持研究马克思主义理论的方法原则，也是他思想体系的重要内容，只有从整体的视角出发，结合马克思主义的主要特征，科学的马克思主义观才得以构建。

许征帆对于马克思主义发展规律的研究十分深入。探索马克思主义发展具有历史性和规律性，通过深入研究马克思主义发展的历史，才能更好地考察其特征与规律。从阶段划分上，许征帆把马克思主义的发展历程划分为三个70年。

马克思主义曲折发展的第一个70年，是从1847年至1917年，即以第一个共产主义国际组织的组建为起点，到社会主义革命的第一次胜利为止。在这个阶段，马克思主义创始人和继承人结合时代要求，相继解决了科学社会主义与工人运动的初步结合，以及扩展和深化这一结合的问题；进一步探索帝国主义条件下，经济文化较不发达的国度工人运动的走向和具体走法的问题。在这个历史阶段中，马克思主义的发展首先直接表现为工人运动自身的发展和社会主义革命自身的发展，马克思主义的历史命运则首先直接地与工人运动的兴衰和社会主义革命的成败息息相关。

马克思主义发展的第二个70年,是从1917、1918年之交至1987年冬,即以第一个社会主义公有制的社会制度的创建为起点,到十来个国家社会主义革命的胜利、制度的奠定和建设的开展相继成为现实。马克思主义在这个阶段的重要任务是:解决经济文化比较落后的国家如何建设、如何巩固和发展社会主义制度的问题,解决民族解放运动如何与无产阶级革命运动汇合的问题,解决殖民地、附属国的无产阶级如何把民主主义革命进行到底并转变为社会主义革命的问题。马克思主义在这个阶段中的发展,首先表现在社会主义事业的横向拓进,马克思主义的历史命运首先直接地与实践中的社会主义运行状况密切关联。

马克思主义发展的第三个70年,从十月革命70周年前后起,到21世纪中叶,即我国社会主义现代化建设发展战略第三步完成之日。这个阶段中,马克思主义的发展首先表现在向发展和解放社会生产力的广度和深度进军,表现在社会主义两个文明建设的协调发展和综合国力的显著提高,马克思主义的历史命运则将首先直接地与社会主义通过体制改革实现自我更新、自我发展和自我完善的效果息息相关。这个时期将以较好地发挥社会主义的优越性,较好地实现社会主义的自我完善,从而有力地印证马克思主义的新胜利而载入史册。

通过对历史阶段的划分,许征帆敏锐地从历史中发现了马克思主义发展的理论高潮和实践高潮的规律与差异。马克思主义的理论高潮与实践高潮在过往历史中表现出复杂的关系,理论高潮有可能是实践高潮的指导,也有可能是实践高潮的总结。许征帆分析二者之间的复杂关系,从历史实践上升到理论领域,引出了马克思主义在发展中需要解决的三对理论矛盾:一是总的指导原理的普遍性和实践的具体性的矛盾。马克思主义理论中有基本原理,也有具体结论。后者是前者在具体实践中运用所得到的认识。

基本原理与具体结论通常是相互渗透的，但随着时代的发展，二者也会分离开来，具体结论会过时，而普遍原理还在与新的具体实践的结合中不断前进和发展。二是理论的完整性与体系中重点的变化性、重点与非重点发展的某些不平衡性的矛盾。马克思主义理论本身是完整的，但这种完整性往往通过被提到首位的重点的变化性，以及某种条件下重点与非重点发展的不平衡性的曲折道路展现出来。在某个时期，马克思主义在某个方面得到突出的发展；在另一个时期，马克思主义的另一个方面得到突出的发展。三是理论内容和形式的矛盾。整个马克思主义理论发展的过程就是不断地从实践中汲取新营养、扬弃旧形式、形成新形式的历史过程。

科学社会主义和国际共产主义运动研究领域也是许征帆时刻关注的重大理论领域，如何认识社会主义，如何认识资本主义，如何认识二者的关系，仍然是当前研究中非常重大的理论问题。面对风云变幻的国际局势带来的重大理论与实践问题，他潜心研究，批驳错误观点，捍卫守护社会主义意识形态主阵地。许征帆在全球范围内的国际共产主义运动整体研究中认识到，在社会主义革命发生论中，有两个重要的问题，他称之为"双要题"：一是革命从哪一个国家、以何种方式和规模率先"起步"的问题；二是这一起步如何带动其他国家革命的发生，从而使革命拓展、深化，使革命走向同时或相继胜利的"征途"问题。他认为：革命的"起步"和革命的"征途"是两个不同层次的问题。这两个不同层次的结合，可以从理论上产生出不同的革命发生"模式"。比如：同时发生，同时胜利；相继发生，相继胜利；同时发生，相继胜利；相继发生，同时胜利。东欧剧变，苏联解体，在国外学界对社会主义一片悲声，甚至对苏联历史进行新解，大肆攻击苏联社会主义建设的历程和领导者的时候，许征帆接连发表《天将降大任于斯制度也——话说社会主义制度的坎坷征程》《反对机会主义的光辉典范——纪念列宁诞辰121周年》《十月革命开辟的新时代在曲

许征帆：
胸怀家国之大义　求索主义之真理

折前进》《嘲弄历史者，必定为历史所嘲弄！——斯大林反法西斯战功是不可否定的》《谁说社会主义"讲不清"》等文章，在国内外引起强烈反响。尽管英、美、法以及我国港台地区的电台曾做出这样那样的评议或曲解，但是许征帆仍坚持自己的学术观点不动摇，充分显示了一名学者坚守学术信念的铁骨。事实证明，在今天，当遮蔽历史的烟尘日渐散去的时候，他对于历史任务和历史事件的评价，正和大家重新思考的方向所吻合，历史最终不会将真理湮没。

许征帆具有很强的现实性与针对性。如他发表在报刊上的文章《反对机会主义的光辉典范——纪念列宁诞辰 121 周年》《十月革命开辟的新时代在曲折前进》《嘲弄历史者，必定为历史所嘲弄！——斯大林反法西斯战功是不可否定的》，都表现出一个马克思主义者的战斗精神，在国内外产生过较大影响。许征帆的文风也格外引人注意。由于早年从事记者工作，又师从巴人、高云览等知名作家，许征帆的文字格外鲜活、激昂，极富表达力和感染力。如在纪念巴黎公社 120 周年活动上，他致开幕词："120 年前，当凡尔赛还乡团因进攻巴黎而得意奸笑时，历史曾提醒人民：'谁笑到最后，谁笑得最好！'120 年后，当反共的'英雄''好汉'因'和平演变'局部得逞而得意奸笑时，历史再次提醒人民：'谁笑到最后，谁笑得最好！'"又如他在阐述马克思学说是如何批判性地继承和发展了前人及同时代人一切科学成果的精华时所说的："正是这个伟大的学说在'刷洗'古典哲学、政治经济学和空想社会主义澡盆时，分清了洗澡水和胖娃娃，倒掉已经脏了的洗澡水，抱出洗净了的胖娃娃并将其养育成人。用学术味更浓一点的语言讲，这叫作：批判地消除其形式，科学地拯救其内容，恢复他的革命的方面。"这样的表述生动形象，让人印象深刻。

以上这些许征帆思想的简要介绍远远不能说尽他学术创见与研究成果的全部内容。除此之外，他的研究领域还包括研究马克思主义史的方法论原则、如何推进马克思主义理论教育、马克思主义与时代的密切关联，以及关于社会主义首先在经济文化落后国家取得胜利的历史观证明等等。

　　许征帆的一生是胸怀国之大者、心系人民情深的一生；是爱岗敬业，躬身讲台半个多世纪的一生；是思想淬火，为马克思主义理论教育矢志奋斗的一生。作为一位毕生服膺于马克思主义学说的学者，许征帆不但是深刻的思想者，也是勇敢的实践者；作为一名老共产党员，许征帆追求真理、心怀世界、情系民族、为学立命、为民立言；作为一位谦谦君子，许征帆高风亮节、正义凛然、待人热情、无私无畏。许征帆一生孜孜以求、不息育人的精神激励着后辈学人继承红色基因，勇攀真理高峰。

（执笔人：芦文萱　王　瑞　姜林宏）

许征帆：
胸怀家国之大义　求索主义之真理

【侧记】

许征帆：时代风云变幻中的播火者

王向明

足迹

他最初的名字叫许乃妙。1927年10月，他出生在福建金门县的一个城市贫民家庭。因生活所迫，年仅10岁时，他就到一个中药铺做了学徒。尽管生活艰辛，但南中国海的无垠波涛塑造了他宽广乐观的品格。而在散发着药香的辛苦劳作中，《药性赋》《汤头歌诀》成为他最初的文化启蒙。这——是他的童年。

1937年，日寇全面侵华，从台湾宝岛到金门海滩，战火无情地打碎了艰难却也平静的生活。为避战乱，他随家人到厦门谋生。但鼓浪屿的宁静终归短暂，无情的战火迫使他与家人不得不走上几代人的宿命之路——下南洋。在马来亚侨居的日子里，他终于进了学堂，完成了初中学业。其间，他有幸成为著名作家王任叔（笔名"巴人"）的间接弟子，成为著名作家高云览（小说《小城春秋》作者）的直接弟子。在老师指导下，他读了《雷雨》《日出》《子夜》等作品，也渐渐练就了一杆生花妙笔。这——是他的少年。

太平洋战争爆发后，南洋也不再是桃源之地。从马来亚到印尼，他和家人度过了一段颠沛流离的逃难生活。其间，他目睹了日寇的残暴、亲人的遇害。国恨家仇,使他无比渴望祖国的强大、人民的安宁。在艰险的环境下,不得不辍学的他勤奋自学,通读了《古文观止》《现代文选》以及艾思奇的《大众哲学》等古今书籍,写出了针砭时弊、鼓舞人民斗争的《失业》《探病》《怒吼吧!龙引河》等文章,充满激情和现实主义色彩,发表在进步报刊《南侨时报》《风下》上。也是在这期间,他得到中共地下党员胡愈之的提点,受聘为胡愈之主持的《南侨时报》的专任记者,从此走上革命道路。1946年,在鲜红的党旗下,19岁的他成为一名光荣的中共地下党员。也是在这时,他把名字改为许初帆。这——是他的青年。

1948年,在党组织安排下,他进入了实际是中共领导下的香港达德学院新闻专修班学习。入学前需要考试,只有初中文凭的他本来是没有资格报名的,凭着一份记者证才获得了考试资格并以优异成绩考入达德学院。那时,郭沫若、茅盾、乔冠华等经常到达德讲学,一年多的学习,不仅极大提高了他的专业素质,也使他对理论学习、研究和写作产生了更强烈的兴趣。

1949年,在新中国的召唤下,他回到了日思夜想的祖国。在党的指派下,他来到了中国人民大学的前身华北大学。中国人民大学正式组建后,成仿吾校长安排他到刚刚开办的马列主义基础研究生班学习。这改变了他的命运。新中国成立后,国家急需一批从事马克思主义理论教育的教师,这个研究生班就是为了适应这种形势而开设的。哲学大家艾思奇及当时来自苏联的一批专家亲自教学,学员们自觉刻苦、废寝忘食。研究生班几乎是以一种速成的方式完成的,三个月后,这批学员就走上了马克思主义理论研究和教育的道路,其中许多人在后来成为马克思主义理论教育、研究领域的大家。

在新中国诞生的礼炮声中,满怀着实现民族复兴的期冀,他再次改名。此后70年多年,许征帆这个名字一直伴随着他。无论是在共和国高

许征帆：
胸怀家国之大义　求索主义之真理

歌猛进的辉煌岁月，还是艰辛探索中遭遇坎坷的曲折年代，无论是在意气风发的中青年时期，还是到了沉稳大气的壮年和深刻睿智的老年，他都一直坚守在马克思主义理论研究和教学的阵地上，在时代风云变幻中播撒马克思主义真理的火种，成就斐然、桃李芳芳。

从1950年以来的数十年间，他以"马克思主义与当代"作为研究方向，致力于更有针对性和现实性地研究和思考特定时代背景下马克思主义和社会主义的重大理论与实践问题，发表了一系列有较大学术和社会影响的理论成果。他撰写了《时代风云变幻中的马克思主义》等大量关于马克思主义理论，尤其是科学社会主义和国际共产主义运动研究方面的学术著述，他的《试论我们时代在二十世纪发展的主旋律》《千难起步　万险征途——试论马克思恩格斯社会主义革命发生论的双要题》《嘲弄历史者，必定为历史所嘲弄！》等文章，从标题到内容，无不观点鲜明、语言犀利，提出了许多有创见的学术论点，形成了独具特色的学术风格，体现出一个马克思主义者高度的理论自觉和无畏的责任担当。

他长期站在教书育人的第一线，三尺讲台、无悔人生，把培养更多的青年马克思主义者作为毕生职责。他先后讲授过"马克思主义基础""科学社会主义原理""马克思主义政治学""国际共产主义运动史""马克思主义与当代""马克思主义与当代社会思潮"等多门课程。作为科学社会主义与国际共产主义运动专业、马克思主义理论与思想政治教育专业的博士生导师，他先后培育出42名博士。

这就是他——中国人民大学荣誉教授、我国著名马克思主义理论教育家许征帆一生的足迹。

治学

"萧瑟秋风今又是，换了人间。"1950年10月3日，新组建的中国人民大学举行首次开学典礼，这是新中国成立后中国共产党创立的第一所新型正规大学。中国人民大学从成立第一天起就有着强大而独特的红色基因，成为我国培养马克思主义理论研究和教育人才的重要基地。毕业于中国人民大学马列主义基础研究生班的许征帆，把研究和传播马克思主义真理作为毕生事业，成为一代马克思主义理论教育大家。

我本人有幸成为许征帆教授指导的博士研究生，而让我决心报考许老师博士生的一个重要机缘，就是拜读了许老师在20世纪90年代出版的专著《时代风云变幻中的马克思主义》。针对马克思主义面临的各种挑战和现实问题，这本书表现出对马克思主义的坚定信念，立场鲜明、分析犀利，见解独到深刻，文字充满激情和感染力，这些都深深地吸引着我。在以后跟随许老师学习的过程中，我进一步了解到他这种独特而鲜明的治学特点。

在他身上，我看到了坚定的马克思主义理论信仰与严谨的学术理性的统一。在师从许老师学习时，他多次要求我们：作为一个马克思主义研究者，决不能只从学术兴趣出发，而要时刻牢记我们的职责，是为了学习、宣传、捍卫和发展马克思主义，是为了坚持和推进社会主义事业。而这种坚定的信仰，恰恰来自对马克思主义内在真理性和科学性的把握。许老师常说，我们要理直气壮地坚持马克思主义：首先是因为"理直"——从符合事物发展的内在规律、符合历史发展的客观演变、经受得住实践检验等方面来认识和体悟马克思主义；于是，我们也就一定能够做到"气壮"——任何时候、任何情况下都不动摇对马克思主义的信仰，做一名自觉而坚定的马克思主义的"播火者"。尤为让我印象深刻的，是许老师经常告诫我们，对马克思主义的信仰不能只是在社会主义事业迅猛发展的时候，更要在社会主义经历困难、遭受挫折的历史条件下矢志不渝。人类历史上任何一个新制度代替旧制度，从来都要经历曲折而艰难的历史过程。

许征帆：
胸怀家国之大义　求索主义之真理

"风物长宜放眼量"，我们一定要有信心、有定力，在不懈奋斗中不断推进社会主义的发展。

坚持鲜明的问题意识，实现"问题中的研究"和"研究中的问题"的统一。在马克思主义视域下，任何科学研究包括社会科学，从根本上讲都是为了发现问题、分析问题和解决问题，正如马克思所说："任何在内容上有根据的因而也是合理的问题共同的命运：主要的困难不是**答案**，而是**问题**。"问题意识是一切科学研究的起点和归宿。因此，许老师认为，写任何学术论文，首要前提是要明确所研究的问题。在拟定文章的写作提纲前，一定要先拟定好研究提纲，从问题出发更深层次地发掘出新的问题、做出新的回答。并且，所研究的问题一定要是"真"问题，即做到事实之真与价值之真的统一。所谓事实之"真"，是指研究成果能够在深层次上揭示事物内在的本质联系，客观反映事物的整体状况，并能准确预见事物未来发展变化的趋势。所谓价值之"真"，则是指研究必须有明确的目的性、呈现出鲜明的价值导向。譬如，许老师从为什么"只有社会主义才能救中国""只有社会主义才能发展中国"这两个重大命题出发，在中国特色社会主义的新实践中又引申出：社会主义怎样才能有效地拯救中国，社会主义怎样才能彻底地改造中国，社会主义怎样才能高效地发展中国。从而把对这两个重大命题的研究引向深入。

从他身上，我知道了什么是敢于突破、勇于创新，知道了怎样直面马克思主义面临的种种时代挑战。熟悉马克思主义学说史的人都知道，无产阶级革命导师列宁明确提出马克思主义具有三个组成部分的重要观点。许老师则认为，马克思主义当然可以分别从三个主要组成部分做专门的研究，但更应该从整体上去把握这一理论的科学体系和思想实质。许老师正是以这一视角系统地分析和研究马克思主义的创作主体、阶级属性、基本内容、理论特征、创新机制、发展历程、历史命运等，综合多个方面对马克思主义的科学性、人民性、实践性、发展性做出新的阐述。许老师是最先系统研究"时代"命题的国内学者，他高度重视从时代发展的客观历史进程中发掘出马克思主义最具生命力的观点并对其做出新的时代阐释。他认为，学习马克思主义最根本的是要把握规律，只有深刻认识、科学运用这些规律，我们才能不断取得中国革命建设改革的突破和胜利。许老师受邓小平"一国两制"提法的启发，提出了"一球两制"的观点。他认为，当今世界，资本主义与社会主义是两种最具典型意义和复杂性质的社会制度，这两种制度长期并存将是相当一段时间内的常态，必须基于这一现实来研究问题，寻找对策。

  阅读他的著作，我熟悉了他鲜活、激昂的"许氏"写作风格。好的内容，需要有好的形式去体现。尤其是本身具有强烈理论性的马克思主义，要为大众所接受、所认同，更需要有深入浅出、富于感染力的文字表达。许老师早年跟随巴人、高云览的学习经历，以及他担任革命报纸特约记者的实践锻炼，培养出他敏锐独到的观察和思维能力，也锻造出他扎实细腻的文字功底。从事马克思主义理论研究和教学后，他通过学习马克思主义理论并进而把握其立场、观点和方法，让自己的文字表达有了更深的思想内涵，又通过文字让这种思想的深刻性更具吸引力和感染力。由此造就了许征帆式的独特文字风格——既有马克思主义者坚定的政治立场和研究方法，又有记者般敏锐的信息抓取能力和统筹文字的意识，还有小说家一般活泼利落的文字和通透的说理，从而使文章读起来不但不晦涩乏味，反倒是字里行间充满跳跃的激情、鲜明的观点、娓娓道来的说理，引发读者的兴趣和更进一步的思考。譬如，在一篇文章中，许老师这样阐述马克思学说是如何批判性地继承和发展了前人及同时代人一切科学成果的精华："正是这个伟大的学说在'刷洗'古典哲学、政治经济学和空想社会主义澡盆时，分清了洗澡水和胖娃娃，倒掉已经脏了的洗澡水，抱出洗净了的

许征帆：
胸怀家国之大义　求索主义之真理

胖娃娃并将其养育成人。用学术味更浓一点的语言讲，这叫作：批判地消除其形式，科学地拯救其内容，恢复他的革命的方面。"类似的文字表达在许老师的著述中数不胜数，留给读者深刻的印象。

育人

在70多年的职业生涯中，许征帆教授在校内外担任过许多重要职务，所有这些岗位有一个共同点，就是都没有离开马克思主义理论教育。许老师对我国马克思主义理论事业的贡献，不仅在于他在马克思主义理论研究领域有诸多建树，而且在于他为培养马克思主义理论人才殚精竭虑，做出了卓越贡献。

呕心沥血平生事，吐尽芳华育新人。在致力于马克思主义理论研究的同时，许老师把培育更多青年马克思主义理论人才作为一生的使命，他时刻在关注和思索我国马克思主义教育的发展，呼吁社会重视马克思主义教育。早在20世纪80年代，他就发表了题为《马克思主义理论教育不可忽视》的署名文章。文章剖析了一段时间内我国马克思主义教育受到种种非难的深层次原因，针锋相对地对当时颇有市场的马克思主义"过时论"、历史虚无主义等错误思潮进行坚决批判。许老师鲜明地提出，高校应是马克思主义理论教育的重要阵地，他说："历史既然肯定了马克思主义在我们社会主义共和国作为指导思想的地位，那么顺应历史的要求也应把马克思主义理论教育提到应有的高度。这绝非争学派地位高低的门户之见。对我们的社会主义、共产主义大业来说，这是为造就年轻的马克思主义者、为造就社会主义现代化人才、为造就共产主义事业接班人打基础的需要。"今天读来，这些文字无疑是非常具有远见的。基于此，许老师积极参与了高校马克思主义理论教育教材的建设，他受国家教委委托，担任《马克思主义原理》等教材的编写组召集人和统稿、定稿人，主持编写了《科学社会主义的理论与实践教学要点（修订试用本）》和《科学社会主义》等专业教材。作为《教学与研究》杂志的总编辑，他多次强调突出理论教学特色是《教学与研究》生命力所在，这种定位使得这本杂志至今仍颇具影响力。

长育人材今久矣，行看中选尽英豪。许老师常说一句话："作为老师最大的幸福就是看到学生超过老师。"为此，他倾尽心血将毕生所学教给他的每一个学生，他们中的许多人今天已成长为我国马克思主义理论研究和教育的中坚力量。姜辉、秦宣、刘建军、辛向阳等一大批马克思主义研究和教学领域的领军人物，都是许老师培养的博士研究生。他们能够取得今天的成就，固然离不开自身的努力和奋斗，但也与许老师的谆谆教诲和精心指导密不可分。

许老师在育人实践中，始终笃守一个最基本的原则：马克思主义教育者必须首先让自己成为真正的马克思主义者，对马克思主义真信、真懂、真用、真教。他曾说，搞好马克思主义理论教育，贵在真心实意，贵在扎扎实实，贵在坚持不懈。思想政治理论课教师首先要建立起坚定的马克思主义理论信仰，对马克思主义不但要有高度的理性认同，还要有真挚的情感共鸣，有强烈的事业心、责任感和自豪感。他提出，马克思主义理论教育工作者要甘于寂寞，要自觉地做一名为马克思主义胜利进军的铺路石。在授课时，教师应"用引导的方法同学生一道弄清楚究竟什么是马克思主义"，避免那种"简单地让学生从定义出发，去死记硬背什么是马克思主义的做法"，"否则会败坏精神胃口，引起抵触反感"；应"把马克思主义放在社会历史的，特别是人类思想史的长河中加以考察"；"要在马克思主义的发展进程中去把握究竟什么是马克思主义的问题"。他特别反对"那种为了博得廉价掌声而迁就学生的某些错误的思想情绪的任何表现"。凡

许征帆：
胸怀家国之大义　求索主义之真理

是上过许老师课的学生，都会感到他的讲授充满正能量，同时又鲜活生动、入情入理。如今，许老师当年的很多学生都活跃在各高校思想政治理论课的讲台上，同样得到学生的喜爱和欢迎，就根源于恩师的为人师表。

惟孜穷探到本源，深究经典求本真。在教学实践中，许老师的一个显著特点就是注重学习原著、讲求方法、重在联系实际。许老师要求学生一定要克服困难，认真攻读马克思主义经典原著。他说："我建议年轻人，尤其搞社会科学研究的，阅读视野要宽广些，要认真攻读马克思主义的名著，联系新实际加深理解，也应该读读西方学者研究资本主义、评论社会主义的著作，阅读时应有甄别意识，批判地吸收，在实事求是地了解资本主义的基础上来加深对社会主义的理解。"我本人对此有深切的感受。许老师讲课，对马克思主义经典著作信手拈来，但又绝不是简单地引用，而总是能够发掘其深刻内涵、分析时代背景、讲清历史脉络、结合当前实际加以归纳总结，其学科底蕴之深、联系实际能力之强，让我领略了什么叫"高山仰止"。许老师当年在经典阅读上对我的严格要求，让我在后来的研究和教学中受益匪浅。许老师还特别强调，学习马克思主义还应该讲究方法，要站在人类历史的高度，结合世界、国家和社会的新情况、新事物和新动向，在结合中加深领会，训练应用的基本功，提高理论素养、政治觉悟和实践能力，做到理论与实践的统一。许老师告诫学生："从事科学社会主义研究，不仅要通读马克思主义经典著作，知晓国际共产主义运动的风云变幻，还要熟谙中国社会主义革命、建设、改革的历史进程和国际意义；只有立足中国、心怀世界，才能在错综复杂中找到社会发展规律。"对此，曾经的学生姜辉深有感触："在导师许征帆教授的指导下，我逐渐学会用历史的尺度观察人类社会发展。站在历史唯物主义的制高点上，低潮只是历史长河中的短暂一瞬，世界社会主义必将在曲折与苦难中走向复兴。"

做许老师的学生是幸福的。生活中的许老师既是良师也是益友。他为人谦和朴素，谈吐幽默风趣，对学生关怀备至，充满父亲一般的慈爱。我们与许老师在一起，没有距离感，常常心生亲近，从老师的教诲中获得教益、增添力量。

如今，中国特色社会主义进入新时代，党和国家高度重视学校的马克思主义理论教育，我国马克思主义理论事业呈现出新局面。2019年3月18日，习近平总书记在主持召开学校思想政治理论课教师座谈会时指出，思政课作用不可替代，思政课教师队伍责任重大。习近平总书记还对思政课教师提出了"政治要强、情怀要深、思维要新、视野要广、自律要严、人格要正"的要求。以此对照许征帆老师的人生实践，无疑是对这"六要"的最好诠释。我们需要更多的像许老师这样的马克思主义理论教育工作者，我们的队伍和事业一定会越来越发展、越来越兴旺！

（作者系中国人民大学习近平新时代中国特色社会主义思想研究院副院长。原文刊载于《光明日报》2022年3月21日11版，该文参考了刘建军教授的文章《许征帆学术思想简述》，收入本书时有所删减）

何沁：
躬身党史数十载
潜心著述著真章

【先生小传】

何沁，出生于1927年，原名何明德，河南南阳人。中共党员，中共党史学家，中国人民大学荣誉一级教授，曾任中国人民大学中共党史系主任、中国中共党史学会副会长、全国哲学社会科学规划组党史党建组副组长、国家教委政教司组编政治理论课中共党史教学大纲成员等职务。

1944年，何沁就读于国立黄河流域水利工程专科学校。1949年5月，参加中国人民解放军，先后任见习记者、作战参谋、理论干事等职，因出

133

色的文字功底，被选派到中国人民解放军某师政治部担任文化干事、理论助理员。1953年，进入中国人民大学马列主义研究班中国革命史班学习。1954年12月，加入中国共产党。1955年毕业后，留校任教，开始了在中国人民大学的中共党史教师生涯。学校停办期间，1971年被分配至北京大学工作。1978年人大复校后回校，历任中共党史系副主任、主任、系党总支副书记。1983年，何沁担任人大中共党史系主任，为新时期党史学科的教学、研究、对外交流、人才培养、师资队伍建设做了大量基础性工作，为中国人民大学发挥全国党史学科的引领作用贡献心力。这一时期，他先后主编或与他人合著了《中共党史讲义》《中国革命史》《中国共产党史纲》等教材和论著，有的发行100多万册，在社会上形成了广泛的影响。针对国际社会对中国实行改革开放的一些疑惑，他与王顺生教授一起编写的《中华人民共和国简史》由外文出版社翻译成英文出版，对外宣传效果良好。1990年被国务院学位委员会批准为博士生导师。1992年开始享受国务院政府特殊津贴。

何沁长期从事中共党史的研究和教学，讲授"中共党史""中国革命史""中国民主革命时期的武装斗争""中华人民共和国史"等课程。除撰写并发表党史特别是武装斗争方面的文章外，何沁还着意对邓中夏进行研究，撰写了《五四时期的邓中夏》（收录于胡华主编的《五四时期的历史人物》），撰写并发表了《勠力同心，战友情深——记邓中夏与李启汉》《忠诚的共产主义战士——纪念邓中夏同志就义五十周年》《邓中夏同志关于民主革命的理论贡献》等文章。代表性著作（包括合著和主编）有《中国新民主主义革命基本经验简介》、《中国共产党历史》（试用本）、《中共党史讲义》、《中国共产党史纲》、《中国革命史》、《党的建设》等十余部。1991年突发脑卒中导致行动不便，何沁仍坚持学术研究。他主编、由高等教育出版社出版的《中华人民共和国史》，作为先后三次出版、发行量上

> 何沁：
> 躬身党史数十载　潜心著述著真章

百万册的国史教材，在新中国史的学习、教育、宣传和人才培养方面产生了重大社会影响。他所著的《中国共产党武装斗争认识史》，为国内同类题材的代表性学术成果之一，寄托着一位党史工作者、解放军老战士对党和人民军队的情怀。

在当代人大学人的故事中，何沁的名字必然闪耀其中。这个出生在佃农家庭的贫苦少年，在苦难生活中坚持学习成长，在解放战争中携笔从戎，在高等教育领域耕耘一生。

作为一名青年学子，他辗转多地、克服诸多困难，宁愿节衣缩食也始终没有放弃学业，顽强地坚守着自己的读书梦，不断在黑暗的社会现实中寻找光明。

作为一名解放军战士，他在解放战争中随着大部队一路南下，向着胜利不断进军，写下了一篇篇来自前线的精彩新闻报道。

作为一名大学教授，他是全国党史教育工作的一名老园丁，为了党的教育事业，他不图回报，默默耕耘了几十年，培养了一大批党史教学和研究人才，为党的理论教育事业做出了重要贡献。

贫苦少年携笔从戎

1927年，中国革命的形势风起云涌。这一年，第一次国共合作破裂，国民革命失败。这一年，中国共产党领导了南昌起义，打响了武装反抗国民党反动派的第一枪，在井冈山建立起第一个农村革命根据地，揭开了中国共产党独立领导中国革命的光辉一页。这一年，何沁出生在河南省南阳县赊旗镇（现为南阳市社旗县）周庄村一个佃农家庭中。在诸多具有特殊重要意义的历史事件汇聚之年出生的何沁，最终将一生的学术志向与这些伟大瞬间结合在一起，成就了专研党史的一代大家。

周庄村只有几十户人家，大多是贫苦农民。何沁的父亲虽然也过着面朝黄土背朝天的日子，却极为重视教育，千方百计使自己的孩子能够上学受教育。在大多数小伙伴都开始帮家里做农活时，何沁却幸运地走进私塾开蒙读书，从《三字经》到《诗经》，在将近3年的时间里，他受到了中

何沁：

躬身党史数十载　潜心著述著真章

国传统文化和道德理念的初步熏陶。

后来，父亲到镇上当学徒、做生意，何沁也跟着来到镇上进入正规小学，先是在赊旗镇小学，后来转入商会小学。由于有良好的国学启蒙，少年何沁在小学连连跳级，小学只读了三年就毕业，语文对他来说更是"小菜一碟"。他非常喜欢阅读，从武侠小说、历史演义到古典文学名著，从巴金、鲁迅的作品到托尔斯泰、高尔基等的外国文学名著，无一不爱。但何沁在童年时期上过的最为刻骨铭心的课程，却并不是学校里的任何一堂课，而是苦难岁月教会他的一堂实践必修课。在侵略者的铁蹄蹂躏下，神州大地生灵涂炭，河南人民也遭受了巨大灾难，腐败的国民党政权巧立名目征收苛捐杂税，横征暴敛，更使得民不聊生。这样极为艰难困苦的生活，给年少的何沁心灵上留下深深的创伤和不可磨灭的记忆。在社会这个无比真实的大课堂上，在现实这位分外严厉的老师身上，何沁早早地懂得了什么是旧社会、什么是穷人的苦难，许多情景和画面让他一直铭刻在心。

何沁的中学生活刚刚开始时，中原大地正陷入"水、旱、蝗、汤"——"四荒"的煎熬之中。除了水灾、旱灾、蝗虫灾这样的天灾，还有人祸，即"汤"，指的就是当时驻守河南的国民党将领汤恩伯导致的兵灾。在这样的境况中，生活都难以为继，何谈上学！父亲多次劝说他放弃读书，去当学徒学做生意，何沁却坚决不同意："我宁愿挨饿，也要上学！"但是，当时赊旗镇没有高中，家里的经济条件根本不足以支撑何沁到几十公里以外的南阳上高中。既要圆自己的读书梦，又不给家里增加负担，何沁经过多方考虑，选择报考国立黄河流域水利工程专科学校（以下简称"水专"）。这所主要培养水利方面人才的学校虽然与何沁心中的文学梦想相去甚远，但学习期间吃穿住用等费用全免，省吃俭用的话还能小有节余，何沁因此将水专作为最优且唯一的选择。1944年夏，水专发榜。当看到自己榜上有名时，何沁情不自禁地欢呼："我有学上了！"第一学期放假回家，何沁的确没有向家里要一分钱，还把节省下来的伙食费交给母亲，第一次回报了家庭。

从抗日战争进入战略反攻阶段到解放战争开始，何沁的水专生活在时局动荡和学校数次迁徙中持续着。山沟里条件艰苦，但何沁"从一些报纸、杂志上，仍可以得到外界的信息，感受到国家、民族跳动的脉搏"。《向太阳》《白毛女》等一些追求光明、反抗压迫和表现解放区生活的作品走进了他的生活。当时，蓬勃高涨的爱国民主运动特别是学生运动，成为配合人民解放战争的"第二条战线"，何沁也在完成学业的同时投入火热的学生运动，经受了革命的洗礼。他和一些志趣相投的同学秘密组织起来，出墙报，针对当时形势和学生运动，发表感想和评论。他写作的一篇反映农民苦难的短篇小说《刘嫂》，还发表在了《中国时报》副刊上。这一时期奠定了何沁从事革命文化工作的基础。

在当时，从事学生运动需要冒着极大的风险。何沁的同学同时也是亲密战友杨怀伸，正直、诚实、能干，思想进步。两人时常一起畅谈局势、交流思想。后来，杨怀伸不幸被捕，在敌人的酷刑面前表现得十分坚定和英勇，被国民党反动派活埋，残酷杀害。何沁痛失挚友，更失去了投奔解放区的引路人和重要纽带，他带着深深的怀念，写出以杨怀伸为原型的短篇小说《辰星在黎明前陨落》。

毕业前夕，何沁带着种种迷惘和无奈，和十几个同学一起被分配到安徽省水利局所管辖的几处堤防修建工程处，过着枯燥乏味的实习生活。他们既同官场衙门作风格格不入，又密切关注形势发展、思考未来出路。1948年，开封解放，何沁收到同学的来信，邀他一起前往苏北解放区。当时长江已经封航，何沁却丝毫没有耽搁。他克服重重困难，于1949年2月底到达苏州。虽然没能与同学们汇合，但不久之后他就迎来了南京和苏州的相继解放。中国人民解放军象征着革命，令何沁向往、仰慕已久，因

何沁：

躬身党史数十载　潜心著述著真章

此，当解放军第十兵团政治部成立"青年干部训练大队"招募知识青年入伍时，他怀着满腔热情立即报名参加，开始了一段军旅生涯。

从战地记者到大学老师

他曾跟随部队向福建进军，辗转于崇山峻岭之间，也曾作为前方记者，奔波于金门岛附近沿海和大小嶝岛之间，和战士们一起摸爬滚打，前前后后写了几十篇通讯报道。参加解放军的经历，对何沁的人生产生了极为重要的影响。他从人民军队这座革命的熔炉学习到了党的优良传统和作风，解放军领导的武装斗争也成了他日后的研究领域之一。

出色的文字功底使何沁作为文化干部由部队选送到人民大学进行理论学习。"如果不是由部队选送到人民大学学习，我恐怕就走上文学道路了。"何沁说，"我到人民大学学习，本应当回部队的，但是学校里说，我们给你们部队里培养干部，你们也得支援支援地方啊！"怎么支援呢？于是，何沁作为部队支援地方建设的骨干分子，留在了人民大学，从此一生与党史研究相伴。

1949年，何沁就已经向党组织递交了入党申请书。在离开部队到大学深造之前，他郑重地向党组织表示，希望把他在部队的表现介绍给新的单位。后来，何沁所在部队的党支部专程为他写了介绍材料，转交给中国人民大学。1954年，何沁在马列主义研究班学习期间，光荣地加入了中国共产党。

深耕党史育新人

"在人民大学研究班两年的学习，使我接受了比较系统的马列主义和中国近代史的教育，特别是加强了有关中国共产党历史的专业学习，由此也开始了我的教书生涯。"自 20 世纪 50 年代开始，何沁就一直奋战在教学第一线，长期从事党史教育，开展人民军队武装斗争史的教学研究。

"应当说，我一开始就是在一个比较高的平台上工作的。人大党史系是国内当时唯一的中共党史系，有何干之、胡华这样的大师，设有本科、研究生、进修班各种班次，担负着向全国高校输送和培训中共党史教师的任务。"谈起在人大党史系的工作经历，何沁感到十分自豪，并谦虚地说："人大党史系出色的老师还有很多，他们的成就比我大得多，我做的实在不算什么。"

当时，在著名党史专家、党史系系主任何干之和中国革命史教研室主任胡华的主持下，为了开拓课程建设新领域，加强对毛泽东思想和中国革命经验的研究，人大党史系按照党史教育的需要，开设了中国工人运动史、党的建设、武装斗争等一系列新课程。何沁负责武装斗争课题的研究，在既没有现成的案例可借鉴，又没有必要资料的情况下，广泛收集素材，到军事院校取经，几乎付出了所有的精力和时间。他曾经感叹："困难非常多！第一就是资料，你不能说假话啊！得有根据。比如说我要报道赊旗镇，第一就要有材料，这非常关键，必须到中央档案馆查阅，或者去采访当事人。教师要有理论水平，不说空话，不说假话。不仅要有材料，也要有理论水平，只有材料没有理论水平，就不能做出正确的分析和判断，那也是不行的。"经过他的努力，"中国民主革命的武装斗争问题"的课程体系逐步形成。

20 世纪 60 年代中期，何沁开始为留学生讲中国革命基本经验，他与王淇合著的《中国新民主主义革命基本经验简介》成为人大党史系第一本供留学生使用的、介绍中国革命经验的教材，影响深远。

中国人民大学复校后，何沁除继续撰写研究武装斗争方面的文章外，

何沁：

躬身党史数十载　潜心著述著真章

还开辟了新的研究领域，进行中共党史教材建设。

"文化大革命"结束后，全国全面拨乱反正，一些思想混乱的谜团纠缠着人们。究竟该如何看待党的历史？如何评价毛泽东？毛泽东思想又该如何来认识？这些问题摆在党史研究者面前。何沁这时就用跟时间赛跑的精神，和他的同事们一起，用历史唯物主义的视角重新对历史进行审视，消除"左"的影响。鉴于党史研究的特殊性，这一工作也面临着严峻的挑战。"有一些档案材料我们不掌握，对外进行学术交流也困难重重，但是我们首先不能动摇。"

1983 年，何沁、沙健孙、张静如等专家在广州拟定高等院校中共党史教学大纲时，讨论了中共党史学科的研究对象问题，推动新时期中共党史学界把学科理论与方法的问题提上日程。何沁强调，在当时的高等学校马克思主义理论课程改革中，把中共党史课程改成中国革命史课程，以便在更广泛的基础上对学生进行以中国革命史为中心的历史教育，这是从高等学校青年学生的特点和思想实际出发，有效地加强爱国主义教育、理想教育的重要措施。但是，把中共党史课程改成中国革命史课程，绝不是简单地改变一下课程名称、扩充一些内容，而是必须首先从根本上弄清中国革命史与中共党史在研究对象和内容上的区别。只有这样，才能跳出原有的框框，在全面研究中国革命的条件、内容、经验及其规律的基础上，建立中国革命史新的学科体系，更好地达到中国革命史的教学目的。

同时，何沁在中国革命史的研究对象及教学目的、中国革命史课程的内容及起止时限、课程具体内容的安排等方面提出了极具建设性的建议，并强调合作与探讨的重要性，提出要在改革实践中不断调整与完善中国革命史课程的设置，不断推进高等学校马克思主义政治理论课改革。

20 世纪 80 年代末，中共党史的研究重心从新中国成立前向社会主义时期转移，中华人民共和国史研究方兴未艾。中国人民大学发挥在全国高校中党史学科的优势，最早开展国史学科建设。何沁率先在全国高校开设了"中华人民共和国史"即"当代中国史"这一全新的课程，并开始招收这个研究方向的博士生，培养了许多杰出的党史国史专业人才。学术界同行评价说："何沁做的一系列工作为当时的拨乱反正以及推动中外学术交流都做出了贡献。"

何沁向党史学家何干之、胡华学习，一贯保持着科学严谨的治学态度："何干之老师讲课逻辑严密、思路清晰，他对我的启发很大。"经过多年的教学实践，何沁形成了自己独特的教学风格和对党史学科建设的深刻理解："任何一个学科都需要投入、需要建设，否则再好的学科也会垮掉，党史学科更是如此。""我信守一条：不说假话。坚持正确的东西、坚持真理不容易。"此外，他还强调研究要有新意，避免重复。他的学生曾这样评价："何沁老师尤其注重对史料的挖掘，他强调用历史事实说话，而且对历史的把握力求全面。"

一颗恒心著真章

对何沁而言，党史教学研究既是事业，也是生活。躬耕党史领域数十载，他的追求不在镁光灯下，不在市场经济大潮中，也不在名利场上，而是甘于潜心读书、写作、研究。

1983年，何沁担任中共党史系系主任，主持推动全系的党史教学科研工作，为新时期党史学科建设做了大量基础性工作。这一时期，何沁先后编写、主编了《中共党史讲义》《中国革命史》《中国共产党史纲》等教材和专著，产生了广泛的社会影响。此外，针对国际社会对中国实行改革开放的一些疑惑，他与王顺生教授编写的《中华人民共和国简史》由外文出版社翻译成英文出版，产生了良好的对外宣传效果。

何沁：
躬身党史数十载　潜心著述著真章

《中华人民共和国史》是由何沁主编、高等教育出版社出版的国内权威的国史教材之一，先后三次再版，发行量过百万册。但这本书的编著却并不顺利。何沁在担任系主任之后，不仅有繁重的教学、科研任务，还要处理各项行政事务，长期超负荷的工作使何沁倒在了病榻上。1991年11月，他突发脑卒中住进医院，经过抢救，一个月之后转危为安，右肢特别是右手却从此开始不听使唤。何沁说："我这偏瘫很严重，没有治好。我就跟我儿子讲，你给我弄个电脑。我首先要掌握电脑，左手能写东西，右手不能用了。"用儿子的旧电脑写作，虽然速度很慢，但慢有慢的好处，有利于学习和思考，他逐渐对使用电脑打字产生了兴趣。虽然仍然是用左手，而且是用一个手指头，一个字一个字地敲，但比起爬格子要快捷多了，也舒服多了。后来，更换成新电脑，他一小时可以打300字左右。

幸运的是，何沁的思维和语言没有受到任何影响。当时，国史编著已经立项，国家教委（教育部）多次邀请何沁继续主持这项大工程。盛情难却，百般思量之后，何沁开始招兵买马组织编写小组，带领7所高校的国史研究专家，于1997年推出了《中华人民共和国史》这本大部头的国史教科书，并一版再版。2006年，该书被列为普通高等教育"十一五"国家级规划教材。这部反映和再现当代中国历史发展进程的通史教材，充分吸收和借鉴了中华人民共和国史领域学术研究和学科建设的新进展、新材料、新成果，从第一版到第三版，其渐趋厚重的历史感、现实感和逐步凸显的系统性、全面性，体现了不断求真、求实、求善的进取精神和学术风格，凸显了何沁的史德和史识。是中华人民共和国史学科领域中最具影响力、最具代表性的精品教材之一，成为学界必备的教科书和大学生认识国史国情的基本工具书，提供给人们丰富的历史营养和深刻的现实启迪。这不仅源于市场和读者的需求，更是编者不断求善的自然结果。

何沁曾是中国人民解放军的一员。2007年是中国人民解放军建军80

周年，写一本关于武装斗争的书作为献礼，是他的一个心愿。他开始逐步深入研究武装斗争问题，并编写论述中共武装斗争的专著——《中国共产党武装斗争认识史》（中共党史出版社 2007 年版）。这部专著主要研究、阐述新民主主义革命时期中国共产党对武装斗争的认识历程，侧重于探讨中国共产党在领导中国革命过程中是如何逐步正确认识武装斗争重要性的。何沁提到，20 世纪 70 年代以前，有关武装斗争的专著还比较少，资料也比较少，研究这方面的问题比较困难。20 世纪 80 年代以后，一批研究和论述毛泽东军事思想和人民军队军史、战史的著作相继问世，有关的文献和资料也陆续公开，为深入学习和研究民主革命时期的武装斗争提供了有利的条件，也提出了新的更高的要求。在研究中，何沁注意到，系统研究武装斗争的认识和发展的著作很少，而这个问题又很重要，讲中国共产党对武装斗争的认识发展历程，不能不联系到人民军队的诞生、发展和壮大。人民军队战胜敌人和各种艰难险阻一往无前的精神，也鼓舞着何沁克服困难坚持写作。最终，经过一年多的努力，他仅用左手的一根手指在电脑上敲出了 20 万字的手稿。

在长期的党史教学研究工作中，何沁坚持党性与科学性的统一，既重视党史的科学性、真实性，又注重发挥党史以史为鉴、资政育人的作用，逐渐形成了求严、求实、求是、求新的党史治学鲜明风格。所谓求严，就是严格要求、严谨学风，坚持以马克思列宁主义为指导原则，坚持历史唯物主义观点；求实，就是从实际出发，占有充分的资料，不发空论和违心之论；求是，就是对资料进行分析，从中找出规律，得出合乎逻辑的结论；求新，就是在上述基础上创新。何沁经常对自己的学生说："做人首要一点是实事求是，不说违心的话，不做违心的事，只有这样我们的言行才能经得起历史的检验；错了，要真正总结出教训并加以改正。"他以自己的切身体验教导学生，鼓励年轻人扎实研究、勇于创新、审时度势，学

何沁：
躬身党史数十载　潜心著述著真章

好、写好、讲好中共党史。他的治学风格影响了很多学生，成为中国人民大学党史学科的优良传统之一，为我国党史教育事业的发展发挥了积极作用。

在求真求实的旅途中，何沁是一个执着的追求者。退休后，他坚持每天上午外出锻炼。他说："我相信坚持锻炼，持之以恒，必有好处。"他尊崇并努力践行马克思"目标始终如一"的品格，总是在力所能及的范围内努力追求至善。他说："革命以后，我们服从组织分配，既然选择了就要竭尽全力，不求尽善、但求尽力！"无论是革命时期、建设时期、改革开放新时期，还是中国特色社会主义新时代，何沁始终潜心著述、教书育人。他以行动坚守着对党的诺言，生动地谱写了一曲忠诚的赞歌。

（执笔人：陈骊骊　杨　默　丁兆颖）

大先生
中国人民大学学术大家访谈录

【侧记】

我的导师何沁先生

马英民

通过阅读文章和著作,我较早就对何沁先生有所了解了。一步步走近何老师,最终成为他的第一位博士研究生,当上其"亲传弟子",圆了我长久以来的梦!认识并师从何老师,对我的学业,对我的工作,对我的人生影响之巨大、之深刻,恐怕只有我自己才能真正体悟得到。

人生罕见悲喜剧

20世纪90年代初,我任河北省保定地委党史办副主任。经过几多周折,领导终于同意我报考中国人民大学中共党史系何沁老师的博士研究生了!我跟何老师曾是有一定交往的。当时,他已经六十多岁了,高高的个子,一副庄重、和善的面庞。交谈时,他从不打断你,而是会一直关注着你、聆听着你,让你也总会有一种在自家长辈面前倾诉的感觉。何沁先生是中共党史学界著名学者,中国人民大学中共党史系主任,报考他的博士研究生,是我长期以来的愿望,但苦于机会难寻啊!

机会来之不易,我利用业余时间,争分夺秒暗下苦功为考试做准备。当时,招生简章上写的是何老师只招收一名博士研究生,报考的却有十几人,竞争激烈。考试之后,我感到相当顺利,自我感觉良好!经过漫长焦急的等待,总算了解到"有戏"了!多年的愿望就要变为现实,我一面兴

何沁：
躬身党史数十载　潜心著述著真章

奋不已，一面难免忐忑不安。谁知正当此时，突然传来坏消息：何老师罹患重病了！

我心急如焚地赶往北京，到西苑的一家医院去看望何老师。何老师的病情之重，实在超乎想象！他的身体右侧完全瘫痪了，右手、右胳膊、右腿、右脚已经丝毫不能动弹，好在头脑和说话还没有问题。当大家都陷入沉默之际，何老师却语气轻松地聊起了发病经过："我只是逞点儿小能，自己骑个三轮车去办事，结果骑上去就下不来了。"他对我们说，没事的，人还能不得病？这个病也许是能恢复的。他甚至说这些天已经恢复不少了。突然，何老师对我说："马英民，你来看我表演一下，你看我的右腿抬起来了吗？"我仔细地看着何老师那么用力地"表演"，但怎么也看不到他的腿和床面之间有哪怕一点点的缝隙。我只好说好像抬起来了！在为何老师的遭遇深感痛惜的同时，我不由得想到：老师都这样了，日后还怎么教学、上课、带博士生呢？恐怕只能休息养病了吧！我怀着万分沉重的心情，离开了北京。

日子一天天过去，有一天有人送给我一封信。打开一看，原来是人大党史系正式录取我为博士研究生的通知书！这怎么可能呢？做梦的吧！我一时傻了眼！事后我才知道，学校多次征求何老师意见，询问他是否退下来休息养病，学校是完全理解和给予支持的。但何老师表示还是要继续工作。最终学校尊重了他的意见，党史系的工作照常不变。后来，当我问起何老师为什么生了这么严重的病还要坚持工作、坚持招博士生时，何老师半开玩笑地说了一句我永远也忘不掉的话："就冲你马英民我也得招生啊！你不就这一次机会了吗！"是的，按当时招生政策规定，我已到最大年龄了。如果这次不能录取，就真的再没有机会报考了！真的感谢何老师！就这样，我三年博士研究生生活开始了。只是何老师作为博士生导师，又请来了陈明显老师做副导师，此后三年中，陈老师给予我大力指导和多方帮助，我非常感谢陈老师！

我与老师共同的军旅情结

何沁先生知识广博，对党史、革命史有着全面、深入的认识、把握和独到的见解。其中，对党领导武装力量、开展军事斗争的研究成就更是众所周知的。我想这可能跟他早年的军旅生涯有关吧！我曾不止一次听他聊起过解放战争时期他作为前线记者在硝烟战火中摸爬滚打的经历。他曾写出过数十篇战地报道文章，人民军队的传统、作风对他有着深刻影响，他对党领导的人民军队及其战斗生活有着深厚感情。这应该是他日后非常重视研究党领导武装力量开展军事斗争的一个重要原因吧！

在这一点上我与何老师就有共同语言了。我也曾参军入伍，当兵十多年，还立过功呢！何老师也注意到了这一点，在我的学习、研究指导上，无形中融入了军事内容。入校后不久，何老师为了让我们这些研究生更快地接触共和国史研究的实质，组织大家写一套共和国史丛书，将新中国的政治、经济、军事（国防）、文化、统战、外交等方面各写一本。选题很快被大家一一认领了，只有军事（国防）这一本没人选。何老师说："这么重要的方面，丛书也不能少啊！马英民，你当过兵，对军队、军事更了解一些，也有感情，这本是不是你来呀？"我一听，任务压头了，当年当兵的那股劲头又上来了，就痛快地承担了写作任务。

由于种种原因，这本书写成后并未能出版，但我并不感到遗憾，我后来发表了其中的一些内容，取得了一批成果。更重要的是，通过这本书，我更加认识到了新中国"军事—国防"研究的重要性。所以写毕业论文时，我想以新中国国防军事的内容为题。何老师认为这个题目可以做，也应该做。在导师的支持、鼓励下，我完成了毕业论文《新中国国防建设发

何沁：
躬身党史数十载　潜心著述著真章

展史研究》。

毕业论文答辩的时刻到来了。作为何老师第一位毕业论文答辩的博士研究生，何老师真为我操了不少心！让人万万想不到的是，平时连出房门都十分困难的何老师，居然要亲自出席我的答辩会。当看到身体虚弱、面色苍白坐在轮椅上被人缓缓推进答辩会现场的何老师时，我的泪水再也忍不住了！这次答辩会聘请的评委都是校内外知名专家、学者，更有军界的将军，评委们对论文并无太多的不同意见，纷纷给予好评，论文获得了一致通过。在祝贺声中，导师却告诫我：虽然评委们没有提出明显的反对意见，但听得出，在有些问题上他们的表达还是十分谨慎的。这说明对这些问题的研究还要加强啊！

党史·革命史·国史——民族复兴史

多年以前，人大党史系作为国内唯一的中共党史系，在人们心目中具有神圣、崇高的地位。攻博之前，我在党史部门工作，读过人大党史系何干之、胡华、何沁等老师的著作，对他们是深为崇敬和仰慕的，甚至还萌生了一种愿望，梦想有朝一日能进入人民大学，成为这些老师的"亲传弟子"。有梦想，就有圆梦的可能，没曾想好运接踵而来，我先后成为人民大学党史系在职研究生和国内访问学者，不仅亲聆了众多名师授课，何老师还是我做国内访问学者时的指导教师。这些学习使我眼界大开，收获颇丰。当然，我并没有就此止步，为了更加深入地学习和研究，我考上了何老师的博士研究生，得到了一次更长久、更全面系统地接受导师指导的学习和研究的机会。

何沁先生对中共党史学科建设贡献很大。他不断拓展研究、教学领域，将中共党史推进到中国革命史，建立了新的学科体系；20世纪80年代，他又与时俱进，将党史研究的重心从新民主主义革命时期转向社会主义时期，最早开展了国史学科的研究和建设，开设了"当代中国史"这一全新的课程，并开始招收这个方向的博士研究生。当然，唯其如此，才有了我们这一批人进入人大党史系做国史专业博士生，获得全面学习党史、革命史、国史的机会。也正是通过这样一个完整、系统、全景式的学习，才使我们在日后的工作岗位上能站稳脚跟，得心应手地承担起艰巨的研究、编写、宣传任务。在这方面，有两件事使我感受颇深：

一件是何老师向我"致歉"。

何老师是党史名家，他的党史、革命史著作，在社会上广受欢迎。在把党史研究重心转向国史之后，他的国史著作又大受欢迎。1995年，他受国家教委委托，不顾患病之身，带领7所高校的国史专家，主持编写《中华人民共和国史》，该书被列为普通高等教育"十一五"国家级规划教材。这本大部头的国史教科书出版后一版再版，是当代中国史学科最有代表性和影响力的精品教材之一。说到何老师向我"致歉"，就和编这部教材有关。老师由于身体的原因，主编这套教材困难很多，我就从旁帮忙。但是，在这部国家教委交由各大高校名师合编的教材中，这么点儿事怎么可能写上去呢？当然更不可能署上我的名字了。所以，何老师就对我表示歉意，说我干了活没有名，吃了亏了！为了弥补一下，要多给我稿费。我倒觉得，这样的机会我是求之不得呀！我不但不吃亏还占了大便宜了！通过参与这一工程，我见识了学界大家们是如何思考、运作如此重大的国家项目的，补上了一堂难得的高端综合实践课，真的受益匪浅！果不其然，我毕业分配到当代中国研究所后不久，就接到一项重大任务，参加所里权威性很高的五卷本《中华人民共和国史稿》的撰写任务（该书已由人民出版社、当代中国出版社联合于2012年正式出版）。要知道，其他作者都是所内外鼎鼎大名的学者呀，而我是刚分配来所的多名博士生中仅有的一位！

何沁：
躬身党史数十载　潜心著述著真章

不过我并不胆怯，因为我心里有底，已经"急用先学"了嘛！

再一件，是我主持举办《复兴之路》等大型展览。

应该是出于同样的原因吧，我调到博物馆工作后也很受上级重视，很快提拔为主抓业务的副馆长。我先后主持或参加举办了数十个党史、革命史、国史大展，如《中华百年风云》《波澜壮阔五十年》《肩负人民的希望——纪念中国共产党成立80周年》等等，并独著或合著相关著作20余部，发表论文数十篇，在学术界和社会上产生了一定的影响。2005年，接到中央任务，由我主持在军事博物馆（我所在的中国国家博物馆正进行改建施工，不能办展）举办《复兴之路》大展。这是一项非常艰巨的政治任务，是要向党中央和全国人民交出一份有关中华民族前进方向的答卷！当然，也是对举办者党史、革命史、国史乃至近现代史、中华民族发展史知识、体认的一次全面大检验！在中宣部等权威部门直接领导下，经过近一年努力，这一大展正式推出并获得了巨大成功。2010年，中国国家博物馆施工任务完成，这一大展按照中央指示，进行修改后搬回国博。2012年11月，习近平总书记率中央政治局全体常委到中国国家博物馆参观《复兴之路》展览并即席发表重要讲话，第一次提出了实现中华民族伟大复兴的中国梦。从此，举国上下响彻了实现中华民族伟大复兴中国梦的时代最强音！此情此景，让我内心充满喜悦，感到无比骄傲和自豪！但在此时，我也会更多地思念我的导师何沁先生，是他的精心指导、言传身教，展示的一个个样板，让我们学到知识，提升能力，获得信心，认清目标，从而去努力为党和人民做出自己应有的贡献！

为学生补上"与病奋斗"课

何老师如今已95岁高龄。自打1991年底身染恶疾以来，已跨越30多个年头了。本来何老师身体就算不上多么强健，他有多种基础疾病，牙齿很差，还长期失眠。如此多病缠身、长年卧床、坐轮椅的何老师，是怎么一天天熬过来、挺过来的？他究竟遭遇了多少磨难，忍受了多少痛楚，经历了多少常人难以想象的辛酸和苦头，这些，恐怕已无法说得清道得明了！但是有一点是非常清楚的，就是他在疾病面前，从无怨言，从未听到他说过一句消沉、伤感的话！他对待疾病，要么视若无睹、泰然处之，要么斗智斗勇、软磨硬抗，就是从来不服输！不是他拿疾病没办法，而是疾病拿他没办法。何老师说，毛主席提出"与天奋斗，其乐无穷！与地奋斗，其乐无穷！与人奋斗，其乐无穷！"看来还得加上一条：与病奋斗，其乐无穷！你们要补上"与病奋斗"这一课！确实如此。我们经常听老师讲如何不惧病痛、战胜病魔的"战果"和经验，他把自己吃、睡、行等与各种抗病、用药的方法和技巧相联系，把如何从手指尖到手掌、到臂膀、到身体的按摩等做法和感悟辑录成册，写出了一本"抗病专著"。

前两年的一天，何老师不慎从床上跌落下来，全身几处骨折。住院后医生会诊，结论是必须手术治疗，而且是大手术。何老师经全面考虑，觉得自己年事已高，做大手术并不适合；做大手术将不得不长时间绝对卧床，很多事情也就做不成了。所以他坚决不同意做手术。经过了较长的争议期，最终以何老师胜出而告结束。后来只要说起这件事，他脸上就会流露出得意的微笑。

当然，何老师不惧病，敢于抗拒、战胜疾病，主要还是由于他需要继续工作。自中风以来，他可以像一个没有任何病痛的人一样思考、阅读、讲话；但是，毕竟他的行动大大受限了。尤其是他的右手动不了，不能持物，不能握笔，不能书写，这就使他再难以搞研究、写作了啊！为此他曾苦苦思索"破敌之策"。经反复思考与实验，破敌之策还真被他找到了，这就是他的"左手一指功"，即用左手食指打字。就这样，他罹患重症数

何沁：
躬身党史数十载　潜心著述著真章

十年，一直在思考，一直在探索，一直在宣讲，一直在"书写"，一直在著述，一直在为党史、革命史、国史的研究和资政育人做贡献！当他将洋洋洒洒二三十万字的党史专著出版发行时，有多少亲友、多少同人为之惊叹啊！

何沁先生是我们的导师，是长者、智者，也是强者。他以精深的知识、卓著的成就、非凡的毅力和高尚的品格，为我们树立了工作和人生的榜样。这个榜样无时无刻不在激励着我们奋力前行和攀登，使我们能立足社会，立足学界，立足业界，乃至努力干出一番事业来，献给党和人民。

感恩何沁先生！

（作者系中国国家博物馆原副馆长）

高铭暄：鲐背之年仍胸怀"国之大者"

【先生小传】

高铭暄：
鲐背之年仍胸怀"国之大者"

高铭暄，1928年5月出生于浙江玉环，中共党员，我国著名法学家和法学教育家，"人民教育家"国家荣誉称号获得者，中国人民大学荣誉一级教授，兼任国家教育考试指导委员会委员、中国法学会学术委员会荣誉委员、中国刑法学研究会名誉会长、国际刑法学协会名誉副主席暨中国分会名誉主席。

自1951年8月毕业于北京大学后，高铭暄来到中国人民大学法律系刑法研究生班学习，成为较早地对苏联刑法理论进行系统性学习与研究的中国青年学者，1953年毕业后留校并在法律系（现为法学院）任教。从教近70年来，高铭暄培养了67位刑法学博士生，培育了众多法学教授、法学家、法官、检察官。他笔耕不辍，出版了个人专著8部，主编、参与著述100余部，发表论文300余篇。

作为新中国刑法学的主要奠基者和开拓者，高铭暄自始至终参加了新中国第一部刑法典即1979年刑法典的起草及1997年刑法典的修订工作。其中，1979年刑法典使我们国家刑法规范第一次得以体系化，我国刑事司法工作自此有法可依，也为我国刑法学教学、研究提供了法律依据，以及为我国的刑法学教材编纂工作提供了前提条件。自1980年起，他参加了中国立法机关制订单行刑法的起草研讨和中国最高司法机关制订刑事司法解释的研讨咨询工作，为新中国刑法体系的构建与完善做出了重大贡献。

作为中国法学教育界的卓越代表，高铭暄是国务院学位委员会批准的首位刑法学博导、改革开放后第一部法学学术专著的撰写者和第一部统编刑法学教科书的主编者，为我国刑法学的专业人才培养与科学研究做出了重大贡献。他曾荣获国家级"有突出贡献的中青年专家"、"全国优秀教师"、"全国师德先进个人"、"国家图书奖"、"吴玉章优秀科研奖"、"切萨雷·贝卡里亚奖"等荣誉称号奖项，并被收入英国剑桥世界名人录和中国多种版本的著名学者、著名法学家名录。他主编的《刑法学原理》（三卷本）获国家图书最高奖项——第二届国家图书奖，主编的《中国刑法学》获第二届中国普通高等学校优秀教材特等奖，主编的《刑法学》获中国国家级优秀教材一等奖和中国司法部优秀教材一等奖。2019年9月17日，高铭暄被授予"人民教育家"国家荣誉称号。这一荣誉既是对他多年法学教育生涯的最高褒奖，也是对中国数万法学教育者的高度肯定。

高铭暄：
鲐背之年仍胸怀"国之大者"

从 1947 年至今，高铭暄已与刑法相伴 70 余载。69 年前，高铭暄成为中国人民大学法律系刑法教研室的一名教师，从此走上了教书育人的初心之路。38 年前，随着我国研究生教学体系日趋健全，他成为我国刑法学专业第一位博士生导师，结束了新中国不能培养刑法学博士的历史。也是在这一年，他获得了国家级"有突出贡献的中青年专家"荣誉称号，尽心竭力、使命在肩为国家培养更多优秀的法学人才。3 年前，在庆祝中华人民共和国成立 70 周年之际，他被授予"人民教育家"国家荣誉称号，为近 70 载教育生涯添上了浓墨重彩的一笔。

当代中国著名法学家和法学教育家，新中国刑法学的主要奠基者和开拓者，中国国际刑法研究开创者……有着数不清的荣誉和标签，高铭暄却说，"我一辈子只想扮演好一个角色，就是教刑法的老师"。京剧《洪羊洞》里的那一句"为国家哪何曾半日闲空"，可说是已及鲐背之年的高铭暄一辈子为国家立法育人的真实写照。

走出海边渔村　与法奇妙结缘

岁月流转，从青葱年少到鬓染白霜，那个受父辈熏陶、恩师指点的"法门子弟"终成一代大家。他与刑法的故事，悠悠 70 载，几经起落，最初缘起东海之滨那个小渔岙。

1928 年 5 月 24 日，高铭暄出生于浙江省玉环县鲜叠村。这是一个风景极好的渔岙，三面依山、面朝大海，村里人多数都打渔为生。高铭暄的祖父虽然没有太多的文化，却是打渔的一把好手，他凭着一手好技艺，早早地积攒下了一些家底，也因此得以与村里的清末秀才结交。他曾向秀才请教子女应该如何培养，按照秀才的建议，高铭暄的父亲和叔叔从小就去念书了。在那个贫苦年代，普通人家几乎都会选择让孩子早早学习谋生技能以贴补家用，高铭暄的祖父却把两个儿子送去学堂念书，这样的教育理念对子孙后代的人生成长道路产生了极大的影响。

高铭暄的父亲高鸣鹤自浙江法政专门学校毕业后便一直从事司法工作，与村里其他同龄人一辈子踏浪而生的人生轨迹截然不同。他先是在上海特区地方法院当书记官，抗日战争胜利后回到杭州地方法院工作，曾当过杭州地方法院推事（即法官）和浙江高等法院审判员，承担的审判工作主要侧重于刑法方面。高铭暄的叔叔高中毕业，按照当地村民的说法也是一位文化人，后来辗转到宁海法院当了书记官。

谈及父亲，高铭暄始终记得，在日本侵占上海后，父亲秉持绝不为日本人办事的信念毅然离开了上海，这样的节义行为在高铭暄心中种下了爱国主义的种子。有了父辈的耳提面命和言传身教，高铭暄笑称自己"是生长在这个法门的子弟"，也因此认为自己与"法"有着天然的联系，并由此暗暗立下了从事法律工作的志愿。每当自己的学生出国留学，他都会叮嘱"学成之后一定要回报祖国"，弟子们也没有忘记恩师的叮咛和嘱托，坚定了立志回国、报效祖国的信念。

在这样重视教育的家庭中成长起来的高铭暄，5岁便开始上小学了。但他从小顽皮，3岁时就曾因爱玩水而掉到家中水缸里，幸好祖母在家才将他从水缸里抱了起来。因为顽皮，他语文只得了30分，必须降级重读。正是这次重读与身边同学们升级的对比，让他觉得羞愧难当，最终才下定决心开始认真学习。

像鲜叠村这样坐落在海边的村落，水上交通是村里人最重要的出行方式。因此村落虽小，却并不闭塞。那时候的鲜叠村，只有高铭暄就读的那一所小学，并没有中学。因此，高铭暄"念小学的时候知道温州有中学，那个时候心里就想，将来学得好一点儿要到温州念初中去"。

1941年的春天，这个来自鲜叠渔村的少年如愿考上了温州的瓯海中

高铭暄：
踔厉之年仍胸怀"国之大者"

学。但从小村庄来到一个较为发达的城市，彼时的高铭暄心里除了感到荣幸与兴奋，还有一些自卑。说到这里，高铭暄分享了自己初到温州读书时闹下的一个笑话："当时晚自习，我们就集中在教室里自习。突然电灯黑了，怎么办？我当时又不懂，就站在凳子上想把灯泡摘下来，用手试一试它有没有电。结果我一摸，就触电了。现在分析，当时的电压应该不高，要不就危险了！这件事我每想起来都觉得有些后怕。但是我也想，我怎么会这么做呢？因为我不懂啊。这就更证明我应该努力学习。"

对中学的学习生涯，高铭暄谦虚地说自己只是能"跟得上"。有了之前闹下的笑话，高铭暄心里时时鞭策自己要更加努力学习、扬鞭自奋。课堂上老师讲课，他认真听讲；课后老师布置练习，他认真完成；遇到自己解不开的问题，他虚心求教。一番努力求索之下，这个只是"跟得上"的少年，后来考上了当时市里最好的高中——温州中学。

如此说来轻松，但在那个家国动荡的年代，想要安稳地学习又何尝是一件容易的事情呢？1941年4月，日军的炮火残酷地覆盖了温州土地，高铭暄在读的瓯海中学的礼堂也在轰炸之下化为一片废墟。炮火之中，性命堪忧，何谈学业？于是学校安排高铭暄等家不在温州的孩子回家躲一躲。当时尚且不到13岁的少年高铭暄，便在学校老师的带领下从温州步行十余天回到了家中。"在山里那时候没有任何的什么汽车之类的，我们完全是步行的……到家之后，奶奶一看见我，哭得不得了。"每每高铭暄回忆起这段经历，觉得吃苦只是一方面，但更重要的是自己得到了锻炼，觉得这段如今看来充满传奇色彩的经历"对自己也是个鞭策，我还是能吃一点儿苦的"。

心怀家国　刑法初心

高中时期养成的两个习惯，让高铭暄受益终身。一个是坚持体育锻炼。体育老师带着学生们坚持锻炼，高铭暄也就逐渐培养起了打乒乓球的兴趣。这爱好陪了他大半辈子，"乒乓球我一直打了30多年，还获得了三级运动员证书"。另一个则是认真记好笔记。地理老师陈铎民教书的时候，只拿着自己的笔记本讲课，这给高铭暄留下了十分深刻的印象。"我觉得他讲课很有条理，是照他的笔记内容来讲课的，我很感兴趣，所以我也好好地记笔记。"自此，高铭暄也培养起了记笔记的习惯。若逢重要发言或对他触动较深的内容，他就会在第一时间整理笔记，写上备注和心得。

让高铭暄久久难以忘怀的，则是他高中三年级时参加的一次征文比赛。当时，留日归国的金嵘轩成为温州中学校长。为了了解学生对中学建设的看法，他以"如何建设新温中"为题向学生征文。高铭暄便手写了一篇一万余字的文章交了上去，不想结果公布这篇文章竟被评为第一名。虽然没有奖金，但高铭暄用学校奖励给他的书票买了三本书，其中两本均有金校长为他题下的"征文比赛最优"几字。高铭暄对这三本书非常珍惜，后来这三本书被他人借走没有归还，在他心中留下了深深的遗憾。这篇长达一万余字的文章，其实便是高铭暄教育思想的最早萌芽。

生长在那个炮火连天的年代，高铭暄从小便对战争有了深刻的认知，也因此更早地萌发了深深的爱国主义信念。从小时候鲜叠渔村被日军的炮弹轰炸，到初中时学校被毁、被迫归家，再到高中时学校的举校迁移，高铭暄亲眼见证了战争对这片土地带来的累累伤害。在一个炮火轰炸的晚上，高铭暄与堂弟畅聊到深夜。他问堂弟，也问自己：日本地图只如一只小蚕，中国地图则像一张大大的桑叶。难道偌大的中国，就这样被蚕食吗？也正是在这一夜，高铭暄和堂弟相互勉励，奋发立志要做个对国家民族有用的人；也正是在这一夜，自小种下的爱国主义、家国天下的种子在高铭暄心中生根发芽。高铭暄把自己的终生目标定位为法律，希望将来能为中国法制的建立健全出力。考大学时，他填报的所有志愿均为法律专

高铭暄：
鲐背之年仍胸怀"国之大者"

业，将法律作为自己毕生的追求。他亲眼见证战乱给社会带来的动荡不安，因而一心学习司法："司法工作能维护公平正义，为老百姓排解纠纷、保护安宁。如果没有司法工作，到处都是犯罪的话，社会能安宁吗？"怀抱着这样的信念，高铭暄来到了有"东方剑桥"之誉的浙江大学学习法律。

大学期间，竺可桢老校长从武汉大学请来了法律系主任李浩培教授担任浙江大学法学院院长。"李浩培是我的恩师，对我一生影响很大，我学刑法也受到了李浩培先生的影响。当时浙大法学院成立比较晚，没有请到刑法学教授，李先生就亲自给我们上课。"李浩培先生虽然主攻国际法，但其讲授的"刑法总论"分析细致、条理清晰、娓娓动听，使得青年高铭暄极受震撼，引起了他对于刑法学习的强烈兴趣，也让他下定了钻研刑法的决心。

1949年9月浙江大学法学院被迫停办，法学院的学生只能转系或者参加地方工作。为了支持高铭暄继续学习，李浩培将他举荐给了自己的大学同学——北京大学法律系主任、著名的国际法专家费青教授。于是，青年高铭暄带着一份介绍信、浙大法学院的成绩单和对刑法学的无限热爱，转学到北京大学法律系继续求学。鲁迅夫人许广平、开国元帅陈毅、美学大师朱光潜、大文豪老舍、历史学家郭沫若、作家丁玲……这些文化名人都曾去北大演讲，给高铭暄带去了新知识，让他增长了新见识，为他打开了新世界的大门。

大学毕业后，高铭暄带着对马克思主义理论的兴趣报考了中国人民大学，攻读刑法专业研究生。两年后，高铭暄正式脱离学生身份，成为中国人民大学法律系刑法教研室的一名教师。70载倏忽而过，他却依然清晰地记得自己第一次来铁狮子胡同1号报到的场面。他在中国人民大学的刑法学研究与教育绵延近70年，但岁月洗练却没有在他对刑法学的热爱与初心上留下丝毫痕迹。

身在三尺讲台　育人使命在肩

新中国刑法学奠基人、新中国第一部刑法典创制的全程参与者、新中国第一位刑法学博士生导师、"人民教育家"国家荣誉称号获得者……尽管如今已经获得了数不清的荣誉与成就，高铭暄心中最重要的那份成就，始终都是他的学生。近70年的年华与心血，高铭暄毫无保留地奉献给了我国的法学教育事业。

"教育乃我之事业，科学乃我之生命。"从成为一名人民教师的那一刻起，高铭暄便坚定了这样的人生信条。几十年来，他始终坚持在教学第一线，从未想过远离法学教育事业。

作为新中国第一位刑法学博导，高铭暄的学生却从不局限于博士生。几十载教学时光，他教过本科生，培养过硕士生、博士生，指导过博士后研究人员，还亲自为进修生、电大生、业大生、高级法官班学员、高级检察官班学员授课。67位刑法学博士生，每一名学生的姓名、入学时间、论文题目等信息，高铭暄都字迹工整地一一记录在册。他说，"培养、指导学生成长、成才，是一生中最大的乐趣和成就"。

高铭暄对学生的指导，并不仅是知识的灌输，更在于方法的启蒙。在"有教无类"的教学理念下，高铭暄十分注重因材施教，尊重每个弟子的特点、个性和兴趣，遵循教育规律，对所有弟子一视同仁。虽然他总结出了"三严"（严格要求、严格管理、严格训练）、"四能"（阅读能力、翻译能力、研究能力、写作能力）、"五结合"（学习与科研相结合、理论与实践相结合、全面掌握与重点深入相结合、研究中国与借鉴外国相结合、个人钻研与集体讨论相结合）的人才培养之道，但在具体教学过程中，高铭

高铭暄：
耄耋之年仍胸怀"国之大者"

暄还是会随着每个学生的性格特征而选择性地施用，让每个学生都能得到十足的发展和长足的进步。

高铭暄桃李满天下，学生众多。在他的弟子中，学术观点不同甚至激烈争辩者不乏其人。高铭暄对此持鼓励和支持的理性态度，他说："我鼓励学生创新，如果说得有道理，我还是尊重人家自由的学术观点，只要言之有理、持之有据。我是这么讲，学术归学术，关系归关系，有不同意见是好事，真理越辩越明。"正是因为如此"海纳百川"的治学态度，才让高铭暄的学生们能够学会独立思考、坚持学理探讨，以科学的理念持续探寻真理。也正是因为他的"宽厚包容"，使得众多后生弟子都更加敬爱这位先生，无不将他尊为人生难得的良师益友。

"师不必贤于弟子，弟子不必不如师。"这是高铭暄常对弟子们说的一句话，在一定程度上也是他对自己的鞭策。在教书育人过程中，高铭暄时时谨记恩师李浩培先生的那句话："你要给别人一桶水，你自己必须有十桶水。"因此，他始终坚持厚重平实的教学风格。所谓教学相长，在教书育人的同时，他不断加强自身的学习和研究，以确保自己有充足的知识储备并始终保持与时俱进。

尽管已经从事教学工作几十年、对刑法学教材如数家珍，但高铭暄仍旧时常为了能够讲好一堂课而备课至深夜。他丝毫不以为苦："法律体系随着时代变迁和实践的发展而不断完善，法律条文也有修改，每次课要与时俱进，及时把学术前沿信息分享给学生，有时会反思上一次课有哪些内容没讲到、没讲清楚、存有哪些遗漏。总之，会尽己所能上好每一堂课，让学生获得最大收益，不能浪费学生的青春。"

除了李浩培先生，高铭暄严谨的教学工作习惯还得益于人大的老校长吴玉章。高铭暄刚刚成为一名法学教师时，吴玉章老校长为学校制定了周密的教学计划和严格的教学纪律，要求教师要认真备课，准时上课。"有一次，一位教师上课迟到了五分钟，随即就受到了学校的点名通报批评。有一位马列主义课的教师，住在城里，要到西郊人大的教室上课。他乘车到学校门口时，离上课时间只有五六分钟了。他怕迟到，撒腿就跑，跑到教室时正好到上课时间，他累倒在教室门口。虽然也耽误了几分钟，但总算没有违反教学纪律。这个故事给我印象特别深。我在人大教学几十年，上课从未迟到早退，就是得益于这个教学纪律。"高铭暄认真地说，"教师更要严于律己，几十年如一日，要始终坚持下去。"

从教之路近70年，吴玉章老校长的话时时回响在高铭暄耳边。"吴老嘱托我们，理论要联系实际，学习国外先进经验，一定要与本国实际情况相结合，要坚持实事求是。我在20世纪50年代初读研究生的时候就接受了这方面的教育熏陶，从事教师工作后就坚定遵循这个方针，牢牢掌握这个方法。"正是在吴老的教导和指引下，高铭暄一直十分重视教学的实践性。他认为，作为高校教师，多读书、读好书是必要的，但不能一味地钻进书本不出来，要从纯粹读书的状态中走出来，积极参加一些和专业相关的实践活动。"教师一般具有较高的理论水平和专业素养，一旦充分与实践相结合，就可以将教学水平提高到更高层次。将社会实践引入课堂教学，也可以锻炼学生的实践能力，进一步提高其学习水平。但绝不能崇洋媚外，喧宾夺主，生搬硬套，照单全收。"高铭暄笑言，这便是他从教的"遵从"，更是他从教多年的"法宝"。

为了培养学生独立思考的能力、鼓励学生参与课堂讨论，高铭暄还摸索创造出了"三三制"课堂。所谓"三三制"课堂，即将课堂分为三个部分，从三个方面来分析一个课题。具体来说，首先是由导师设定一个课题交给某位博士生，让他在限定时间内做好资料收集、实例调查和观点分析等工作。充分准备后，这位博士生需要在课堂的一个小时内向老师和同学们现场进行综述，不仅要说明课题的相关内容，还应该提出自己的观点和论据。随后，在座的其他博士生可以针对他的观点和材料收集信息，进行一个小时左右的评价、补充和反驳。最后一个小时，由教授发表意见，重点针对该博士生的研究情况进行点评，也对其他同学的意见给出相应解答。

"三三制"看似对学生提出了高要求，实则对导师备课时间和知识储备提出了更大的考验。其中最重要的就是课题的选择，高铭暄认为，"一个经得起反复思考、反复讨论、反复琢磨的课题，必须充满新鲜感，有充分的可延展性，还必须与社会实际接轨"。因而每次课前，他都要费尽一番心思、做好充足准备，直到找到能为学生提供广阔思考空间、充分锻炼学习能力的课题。

几经起落　刑法立法终成体系

"我将刑法学视为至爱，须臾也不离，真正结下了不解之缘。"在高铭暄的治学之路上，最为耀眼的部分莫过于亲身经历并亲眼见证了中国刑法立法的孕育诞生、发展与日臻完善。

1954年10月，青年教师高铭暄收到通知，暂时放下了教学工作，来到了全国人大常委会办公厅法律室，成为新中国第一部刑法典起草小组的一员。

然而，在南京国民政府颁布的《六法全书》被废除的情况下，"旧法"人员从司法工作队伍及学术领域退出。在20多人的起草小组中，26岁且毫无立法经验的高铭暄是唯一真正出身刑法科班的工作人员。在这样白手起家、另起炉灶的艰难情况下，起草小组即使遇到困难，也无从请教、无处借鉴。

回忆起当时的工作，高铭暄坦言，收集资料、整理资料、开座谈会、做好记录、调查研究等工作，都是小组里的成员分工合作、共同承担，"没有专门的分工，什么都做"。

立法工作的第一步，就是收集资料和调查研究。最高人民法院在全国范围内收集了新中国成立以来的一万多起刑事案件的审判材料，在分析总结后做好罪名、刑种和量刑幅度的总结；立法起草小组又从天津市法院调取了近两年全部刑事案件总结材料，进行比较分析。此外，小组还分派成员到相关部门和企业进行调研。从大量的收集资料、复杂的审判情况中整理出清晰的立法思路与明确的刑法条文，条分缕析做好立法起草工作，对于当时经验欠缺、专业并不十分对口的立法起草小组而言，无疑是巨大的挑战。

立法过程中的辛苦，还体现在起草小组对刑法条文的修改和完善次数上。从立法起草小组成立到1957年6月的3年时间里，他们对草案进行了多次修改并最终拿出了草案的第22稿。但正当这一稿的征集意见工作全面开展时，反右派斗争和"大跃进"开始了，几乎所有的立法工作都被迫中止。这期间，高铭暄被派往福建和浙江一带进行基层调研，后又回到中国人民大学任教。

1962年，三年困难时期结束后，刑法典起草的工作又从资料收集和整理的起点重新提上日程。为了保证刑法草案的全面性、科学性、严谨性，同时与我国国情相适应，立法小组派人搜罗了新中国成立以来所有中央国家机关和各大行政区公布的法律、法令、指示和批复，只要涉及刑法相关字句，全部摘录下来，汇编成书，结集成册，发给每个成员供参考。在此期间，立法小组将以前的起草成果全部予以重新审视，对刑法草案做出了较大的改动。

1963年10月9日，立法小组最终拿出了《中华人民共和国刑法（草案）》的第33稿。但遗憾的是，这一稿草案在送审之后始终没有下文，高

高铭暄：
鲐背之年仍胸怀"国之大者"

铭暄和小组其他成员再次回到原单位工作。随之而来的十年动荡再次为刑法立法工作画上了暂停的符号。这期间，中国人民大学也停止办学。高铭暄则因此而经历了近一年的下放劳动，随后他被分配到了北京医学院，谁也未曾想过，这一待就是八年。

几经曲折、推翻重来，刑法立法工作终于还是在1978年10月再一次推进起来。也是在这一年，50岁的高铭暄再一次回到了立法起草小组，见证了刑法典起草工作的重启。随之而来的又是几百个紧张的日日夜夜。

在这一轮的修订工作中，起草小组又对先前的33稿草案进行了5次大幅度的修改，又先后产生了5稿草案。"前面的33稿，再加这5稿，等于前后几十年有38稿，才最终制定了这部刑法典。"对此，高铭暄深感不易、感慨无限。

1979年盛夏的一天，人民大会堂中一排排的手齐刷刷地举起又放下。片刻后激荡开来的掌声与全员的欢呼声说明了这次会议的不平凡。高铭暄也是当时人群中激动不已的人员之一。他抬手看了看自己的手表，清晰地将这一个历史时刻铭记在心中，1979年7月1日16时05分，这是新中国第一部刑法典诞生的时刻。正是在这一天，第五届全国人民代表大会第二次会议全体与会代表一致表决通过了《中华人民共和国刑法》。

从1954年参加立法工作，加入起草小组，到1979年《中华人民共和国刑法》诞生，25载岁月悠悠、漫长等待。从正值风华到两鬓花白，当初那个毫无经验的"法门子弟"随着新中国第一部刑法典不断成长。经历的艰苦曲折难以言说，却能从只有高铭暄一人作为学者全程参与新中国第一部刑法典起草工作上窥见一二。

作为亲眼见证新中国刑法体系从空白走向完善再到发展出中国特色的人，高铭暄时常感叹《中华人民共和国刑法》立法过程的漫长曲折。回顾艰辛的刑法典起草工作，高铭暄始终清楚地认识到自己肩上所担负的沉重而庄严的历史性责任。"我刚毕业即参加了刑法起草工作,并自始至终参加了1979年刑法典起草和1997年刑法典修订工作,多次参与中国最高司法机关制定刑事司法解释的研讨咨询工作。"其中的辛苦无法计量,"在立法过程中,我已记不清提出过多少立法意见和建议,搜集和整理过多少参考资料,对每一个刑法条文做过多少次的草拟、修订和完善。"因此,他详细地记录了刑法立法中每次会议的情况,厘清了每个条文、每个字句改动的前因后果,并将这些记录资料按先后顺序装订成册,所有材料摞起来有一米多高。这些资料,铭刻着中国刑法发展的历史印记,可以让后人更加深刻地了解中国刑法典的来之不易。

"刑法立法工作经历了漫长的'三起两落',自此这个泱泱大国拥有了属于自己的刑事法典,以后的刑事诉讼活动终于可以有法可依了。""正是这部刑法典,使我们国家刑法规范第一次得以体系化;对司法工作来讲做到有法可依了;所有的刑事司法文书一律要引用法律条文;给我们教学科学研究提供了法律依据,从此我们的教材就可以出来了,教育培养学生更好地领会这部法律的精神和它的内涵。"说到这里,高铭暄的眼中满含热泪、饱含深情。

除去这一次参与新中国第一部刑法典的起草工作,高铭暄还积极地参与到了我国之后的一系列立法修订过程中。随着我国政治、经济、社会形势的变化,对刑法的补充和修改工作也渐渐被提上议事日程。自1981年至今,无论是单行刑法的制定、1997年刑法典的全面修订,还是至今十余个刑法修正案的出台,高铭暄都力所能及、不遗余力地参与其中。他在这些立法活动中提供了大量具有前瞻性和科学性的立法咨询意见,受到国家立法机关的高度重视和肯定评价。

党的十八大以来,在习近平新时代中国特色社会主义思想指导下,人民生活随着社会经济、文化生活等各方面的发展而日新月异。在经济基础的发展情况下,作为上层建筑的法律自然也需要吐故纳新。于是,高铭暄也在新的社会环境中开始了自己的新征战。无论是原有法律的修订、新《刑法》的起草,还是《刑法总则》的归纳创制,高铭暄都予以关注。他始终活跃在立法工作的一线,为中国刑法体系的发展和完善贡献光和热。

执笔成书　与刑法亦与人大的七十年

在刑法立法的漫长岁月里,高铭暄也为中国刑法研究贡献了无数著作文章,堪称我国当代主编刑法教材层次最高、数量最多的学者。

1957年2月,中国人民大学法律系刑法教研室集体撰写了《中华人民共和国刑法总则讲义》,这是新中国自行编写的第一部刑法学教材,其中"犯罪构成"一章即是由高铭暄执笔。这一部刑法学教材的出版,对于当时中国的刑法学教育而言具有重要的意义,在一定程度上填补了我国刑法学教材的空缺。

后在恢复法制建设之初,我国各大法律院校急需一本专业权威的教材。在这项紧迫而艰巨的任务的号召下,1981年,一批在全国刑法学界享有盛誉的刑法学者云集北京,召开刑法学教材统编研讨会。受司法部委托,他们共同编写高等学校法学教材《刑法学》。会议要求以最快的速度,编写面向全国高等学校法学专业的刑法学教材,让莘莘学子早日有书可读,而高铭暄被推荐为该书的主编。殊不知,新中国第一部刑法学教材,他是"躺着"编出来的。

改革开放初期,理论界和实务界对刑法的理解与适用都存在一些疑难问题。而作为最了解这部刑法典的人,高铭暄关注到了这些问题并倾注心力,写出了近20万字的《中华人民共和国刑法的孕育和诞生》一书。这本书作为新中国的第一部刑法学专著,影响了一代又一代法律专业学子,被法学界尤其是刑法学界评价为"当之无愧称之为迄今难得的中国刑法立法论述与研究的扛鼎之作"。

此后，受到司法部委托的高铭暄为了能够让广大刑法学子早日读上专业的刑法学教材，紧绷精神参与教材编写。在此编写过程中，他的体力逐渐透支，最终引发了腰疼病。只要稍一动弹，就疼得筋骨欲断，此病只能躺着休养而没有见效快的治疗方案。在医生的建议与家人的劝说之下，高铭暄虽勉强卧床休息几天，心中却十分焦急。由于统编教材的成书日期已列入计划，任何一个教材编写组成员出现纰漏，都会影响到全书进程，乃至影响到全国高校刑法教育进程。这显然是高铭暄最不愿意看到的结果。

随着时间的流逝与交稿日期的临近，高铭暄心中就越来越不是滋味。怎么才能在卧床情况下进行书稿写作呢？高铭暄绞尽脑汁，终于想出了一个好办法。他将枕头垫高，将稿纸夹在一块立在自己腹部的木板上。这样，高铭暄就能一手扶着木板一手进行书稿的写作。

尽管如此，高铭暄也只能躺在躺椅上工作，上班时便让人开车连人带躺椅一起送去办公室。这样写稿子，脖子长时间保持同一姿势，又酸又疼。左手一直扶着木板，累得发麻。直到最后的统稿阶段，他的腰疼病仍没有完全缓解，但就是凭借着克服困难的劲头和坚持不懈的努力，成文的稿子一天天积少成多、积攒成册。

1982年底，经过刑法教材编写组的努力，《刑法学》教材面向全国高校发行，并于1984年做局部修订后再版，前后发行百余万册。学界和教育部门对此书的评价是："体系完整，内容丰富；阐述全面，重点突出；纵横比较，线索清楚；评说客观，说理透彻；联系实际，解决问题。它集学术著作和教科书于一身，不仅集中反映和代表当时我国刑法学研究的成果和发展水平，而且为我国刑法学奠定了基础。在新中国刑法发展史上，起着承先启后的作用。"因其突出的学术贡献，《刑法学》荣获1988年国

高铭暄：
耄耋之年仍胸怀"国之大者"

家级优秀教材一等奖和中国司法部优秀教材一等奖"双重殊荣"，在新中国刑法学发展史上起到了重要的奠基作用。

为了适应日益发展的刑法学教学和科研需要，1987年，在当时国家教委的组织下，高铭暄又受命主持编写一部供高等院校法学专业适用的新教材。这部名为《中国刑法学》的教科书于1989年面世，1992年11月荣获第二届中国普通高等学校优秀教材特等奖。

从1981年至1996年，高铭暄笔耕不辍，共主编过本科、自学高考、业大、电大等不同层次的全国性刑法学教材6部，为不同层次的学生学习刑法学提供了便利。

在1997年刑法典修订后，短短三年时间，高先生主编修订出版了全国高等教育自学考试法律专业指定教材《刑法学（新编本）》、普通高等教育"九五"国家级重点教材《新编中国刑法学》、高等学校法学教材《刑法学》、全国高等学校法学专业核心课程教材《刑法学》等4部重量级教材，再次引起学界的注目和读者的赞赏。

在从事刑法学教材建设的过程中，高铭暄还创造性地提出了刑法学教材建设的基本理论。他指出，要编好一部教材，除了贯彻"三基"（基本理论、基本知识、基本资料）和"三性"（科学性、系统性、相对稳定性）的写作要求外，还必须处理好刑法学体系与刑法典体系、刑法理论与司法实践、全面论述与重点突出以及编写教材与便利教师使用教材的关系。

回顾高铭暄与刑法的70年，几乎便是在人大的70年。无论是身处三尺讲台之后，还是伏于桌案之上，高铭暄始终毫无保留地将自己的毕生所学奉献给每一位热爱刑法学的学生；无论是在立法起草的一线战场上，还是在刑法学研究的理论探索中，高铭暄也始终倾尽所能地将自己投入其中，不负家国、不负刑法学。

高铭暄对新一代学子的成长寄予厚望，也对新一代从教者充满期待。

在早稻田大学会见该校校长时，高铭暄用毛笔写了 16 个字："传道授业、培育英才、经世致用、恩泽永垂。"这既是他对自己一生事业的回望，也是他对后辈语重心长的教诲和期许。

70 载似水年华，高铭暄一直都是那个从临海的小渔村中走出来的少年，也一直都是那个将家国深深扎根于心中的法门子弟。2022 年 4 月 25 日，习近平总书记在中国人民大学考察时，高铭暄作为师生代表参加座谈。他深情地说"虽然今年我已 94 岁，但我会更加珍惜教师这份崇高职业，有一分热，发一分光，活到老、学到老，把自己的一生贡献给党和人民的教育事业。"他是这么说的，更是这么做的。

（执笔人：郭　琪　陈瑶怡）

【侧记】

高铭暄：探寻至善的法治

时延安　陈　冉

2019年9月17日无疑是中国法学界的一个"大日子"，法学界的泰山北斗高铭暄先生被授予"人民教育家"荣誉称号。消息一经公布，迅速"刷屏"。高先生作为中国法学教育界的卓越代表，这一荣誉既是对他66年法学教育生涯的最高褒奖，也是对中国数万法学教育者的高度肯定。作为新中国刑法学的主要奠基者和开拓者，高先生的名字是和中国刑法学的很多"第一"联系在一起的——他是唯一全程参与新中国第一部刑法典制定的学者，是新中国第一位刑法学博导、改革开放后第一部法学学术专著的撰写者和第一部统编刑法学教科书的主编者。

亲历见证

高先生曾说："我将刑法学视为至爱，须臾也不离，真正结下了不解之缘。"在先生辉煌的学术人生中，最为耀眼的部分莫过于亲历并见证了中国刑法立法的孕育诞生与发展完善。1954年10月，先生26岁时受命参加由全国人大常委会办公厅法律室组建的刑法典起草班子，为中华人民共和国设计第一部刑法典。

从1954年到1979年，草案先后有38稿出炉，其中都凝结着高先生的智慧和心血。由于各种原因，在这25年中，只有10多年能够正常进行刑法典的起草工作。在此期间，先生提出了大量立法意见和建议。他还负责汇编各类立法资料，包括解放区、中华民国法律及苏联、东欧各国、法国和联邦德国等国刑法，其中包括收集最高人民法院从中国一万多起刑事案件总结出来的司法经验材料，以便规定罪名、刑种和量刑幅度。

在党的十一届三中全会做出全面建设社会主义法制的决策和部署之后，刑法典起草工作再次被提上国家立法工作日程，此时高先生已过天命之年，但他很快就投入到刑法典起草工作当中。至今，先生仍然准确记得，1979年7月1日16时05分，第五届全国人民代表大会第二次会议全体与会代表一致表决通过《中华人民共和国刑法》。

新中国第一部刑法典诞生了！

随着我国政治、经济形势的变化，对刑法的补充和修改工作也渐渐被提上议事日程。自1981年至今，无论是单行刑法的制定、1997年的全面修订，还是至今十余个刑法修正案的出台，高先生参与了绝大多数刑事法律的立法活动，提供了大量具有前瞻性和科学性的立法咨询意见，受到我国立法机关的高度重视和评价。

1979年刑法典出台后，由于当时刑法学界尚未从"文革"冲击形成的学术荒芜状态中走出来，为了促使刑法典的精神和条文内容更好地被大家理解，高先生作为唯一全程参与1979年刑法典创制的学者，及时编著了《中华人民共和国刑法的孕育和诞生》一书，被高先生的恩师李浩培先生盛誉为"中国刑法学界的一部重要著作，任何人欲谙熟中国刑法，是必须阅读的"。这本书作为刑法学子的入门必读，一度成为手抄热门。

为全面反映1980年之后的刑法立法过程，2012年，时年已84岁高龄的高先生又出版了《中华人民共和国刑法的孕育诞生和发展完善》，85万余字的巨著将新中国刑法立法进程、背景、法条要义给予全面深刻的阐释。

高铭暄：
鲐背之年仍胸怀"国之大者"

这85万余字，全是高先生一笔笔写出来的，这种治学精神令人高山仰止。

海纳百川

"徒法不足以自行。"有了刑法典，还需要能够适用法律的刑法人才。刑法学界很多人都能背诵高先生的个人信条"教育乃我之事业，科学乃我之生命"。

高先生把培养合格的人才视为自己的神圣职责，在刑法领域首倡"综述研究"方法。后来，这一方法惠及其他各个部门法领域，对法学教育领域做出了重要贡献。对此，刑法学家、北京大学法学院陈兴良教授曾满怀深情地回忆："我对刑法真正产生兴趣是在1983年的上半年，当时高铭暄教授给我们年级讲授刑法总论。高铭暄教授的刑法总论打破了我此前形成的刑法无理论的偏见，尤其是对犯罪构成理论的介绍，对我具有较大的吸引力。在刑法总论讲授中，高铭暄教授布置让我们每人做一篇综述，综述的写作成为我刑法学术研究的起点。"

在追求真理的探索之路上，高先生鼓励学生创新。在刑法学犯罪构成问题上，到底是引进德日刑法理论中的"三阶层"体系，还是坚持我国已有的犯罪构成理论，学界曾经一度出现激烈的观点争鸣。在2009年和2010年，面对学界对犯罪构成理论的质疑，他亲自作文《论四要件犯罪构成理论的合理性暨对中国刑法学体系的坚持》予以回应。

高先生常对学生说："师不必贤于弟子，弟子不必不如师。"他的学生大多有两个无比幸福的深刻记忆：其一，在诚惶诚恐地向先生递交论文时，老师都是先亲手端上一杯清香绿茶，再谈论文。其二，你可能在不经意的闲谈时提起自己的生日，而恩师便会悄悄记下，当你生日来临之时，手机短信里会出现一句"某某生日快乐!"谁会想到,这样的祝福竟然来自恩师。

高先生的热忱与关怀,足以鼓舞学生秉承师志,献身学术、献身法治。

扛鼎之作

高先生著述等身。1993年,他主编的《新中国刑法科学简史》出版,填补了新中国刑法学发展史研究的空白。1994年10月,他主编的刑法学法学巨著《刑法学原理》三卷本全部出版,堪称中国刑法学的扛鼎之作。

《刑法学原理》以其高品位的学术水平和突出的实用价值,荣获全国高等学校首届人文社会科学研究优秀成果一等奖,1996年再度荣膺国家图书最高奖项——第二届国家图书奖。

直至92岁高龄,高先生仍担任主编,出版《当代刑法前沿问题研究》一书,对实务中虚假诉讼罪以及考试舞弊犯罪进行研究,所涉更不乏网络犯罪以及人工智能问题。

高先生始终强调,学者的责任和使命就在于追求真理,而检验真理的唯一标准是实践。先生一生之学问,都紧密关注中国实际。他曾谈起在参与立法的调研中,有时要与服刑人员谈话,"这些实际的状况,当时对我是有冲击、有震撼的。不能以书本知识来代替实际状况,还是要脚踏实地,了解一些实际状况,知道中国的一些具体国情、社情"。

高先生认为,刑法立法是一门高深的学问,光有政策的指导和理论的贯通是不够的。在制定和修改刑法中,立法技术也相当重要。他指出,立法规定要方便公民学习法律和司法机关适用法律,不能让人对法律规定无所适从。

根据自己参与刑法立法的多年经验,高先生提出,在刑法立法技术方面,要注意四个问题:一是表述要明确;二是术语要统一、规范,避免刑事立法文本中出现政治口号、俗语等；三是界限要分清，协调好刑法内部条文之间的关系；四是内容要可行。

在全面修改刑法典的研究过程中，高先生还进一步指出，分则条文要多采用叙明罪状，对犯罪特征的表述力求明确、具体，注意各种法定刑之间的协调平衡，实现罪刑均衡。

对于我国立法取得的巨大成就，高先生将刑法立法的经验予以梳理，归纳为九点：

第一，刑法立法要从中国实际出发，立足于本国国情；第二，刑法立法要有理论依据、宪法依据和政策依据；第三，刑法立法只宜规定成熟的东西，不成熟的不要定，能写多少写多少，逐步完备；第四，刑法立法要能适应形势发展的需要，便于执行；第五，要做好立法前的充分准备工作；第六，实行民主的立法程序；第七，要吸收各方面的专家参加立法工作；第八，要密切注意法律执行中的问题，适时进行修改、补充；第九，为搞好刑法立法，必须学习相关法律、学习相关的政治和法学理论。

对于刑法的修订，高先生认为，在修改刑法的指导思想上必须强调四个方面：一是要适应建立社会主义市场经济新秩序的需要，保护各种所有制经济的正当发展，惩治破坏各种经济成分的犯罪活动；二是要跟上社会主义民主政治的建设步伐，运用刑法手段铲除中国政治生活中的各种弊端及腐败现象，使中国的政治制度和政治生活更趋民主化和科学化；三是要总结刑法典施行以来的丰富经验，将其吸收到刑法典中；四是要注意世界各国刑法改革的总趋势，借鉴和吸收国外刑事立法的成功范例和刑事司法的有益经验。

关于刑法立法完善的方向，高先生认为同样应当注意把握四个方面：一是在刑法的打击锋芒上，应着重于惩治严重经济犯罪和严重危害社会治安的犯罪；二是在定罪量刑的基础上，应当由行为社会危害性中心论，转向以行为社会危害性为主、兼顾罪犯的人身危险性；三是在刑罚制度上，应由较严厉的和较封闭的刑罚，适当地向缓和开放的刑罚转变；四是在犯罪的适用范围上，应由只注重国内犯罪，向同时也注重国际犯罪和跨国、跨地区犯罪转变。

而对于司法，高先生非常重视研究刑法分则中的具体问题与司法实务中的疑难问题，形成了具有务实性、前瞻性的研究风格。基于他精湛的专业造诣，他常常受邀参与最高人民法院、最高人民检察院疑难案件的探讨和司法解释的草拟，每年探讨论证案件达数十件，所参与研究的司法解释包括了盗窃罪、贪污罪、抢劫罪、寻衅滋事罪等罪名的认定以及减刑、假释的规范等。

高先生早在20世纪90年代就提出引入判例指导制度解决刑事立法与刑事司法的脱节问题。对于量刑的规范化，高先生认为，定罪是否准确固然重要，量刑是否适当也具有同等重要的意义，两者不可偏废。随着民主与法制的发展，司法经验的积累，量刑的精确化问题应该提上议事日程，予以充分重视。他也提出在条件成熟时应当引入数学量刑法、电脑量刑。

2007年，最高人民法院正式启动量刑规范化改革，无疑印证了高先生早年提出这一建议的前瞻性。

合作交流

身处改革开放的年代，高先生十分注重引领中国刑法学界走向国际舞台。他曾多次出访美、英、德、意、法、奥、日、俄、瑞士、澳、新、荷、比、西、韩、土、埃等国，从事讲学、考察及学术交流，积极宣传中国特色社会主义法治，借鉴吸收发达国家的先进经验。

1984年，高先生和中国刑法学界同人参加了国际刑法学协会在开罗举

高铭暄：
鲐背之年仍胸怀"国之大者"

行的第十三届国际刑法大会。先生晚年回忆这段经历仍称之为"向往已久"，这是中国刑法首次接触国际刑法学协会。

1987年，受中国法学会的指派，高先生参加了当年5月在意大利举行的国际死刑问题学术研讨会，并在会议期间发表了中国刑法学界对待死刑的主流观点，阐述了中国在防止犯罪问题上的积极成效。这一发言使国际刑法学界对中国刑法刮目相看，当地媒体争相报道。

此外，高先生还专门向时任国际刑法学协会秘书长的巴西奥尼教授表达了中国刑法学界拟申请加入国际刑法学协会的意愿，得到了协会领导的首肯。之后，由中国法学会报请国务院领导批准，中国刑法学界于1988年正式加入国际刑法学协会并成立中国分会。这一举措对于中国刑事法学界走向现代化和国际化做出了非常重要的贡献。

特别值得一提的是，高先生曾连续两届担任国际刑法学协会副主席，并先后担任中国分会副主席、主席。

国际刑法学协会中国分会于2004年在北京与中国法学会共同成功举办了第17届国际刑法大会，受到了国内外的高度评价，对中国刑事法学界走向国际舞台和国际社会刑事法治的进步产生了广泛而深刻的影响。

2009年，土耳其伊斯坦布尔举办第18届国际刑法大会。高先生因连续两届担任协会副主席而需卸任。但因中国分会的地位和高先生的威望，他在卸任协会副主席后随即被协会聘请为名誉副主席。

2015年4月15日，当地时间11时30分，在卡塔尔首都多哈第十三届联合国预防犯罪与刑事司法大会会场上，国际社会防卫学会主席路易斯·阿罗约·萨巴特罗将一项国际性大奖——"切萨雷·贝卡里亚奖"隆重授予高铭暄先生。

国际社会防卫学会设立"切萨雷·贝卡里亚奖"，旨在表彰全世界在刑事法领域为推动实现法治精神与人道关怀做出巨大贡献的贤达之士。高

大先生
中国人民大学学术大家访谈录

先生的获奖缘于他"在中国基于人权保障与人道主义刑事政策发展现代刑法学所取得的巨大成就。他的教学研究培养造就了一大批资深学者，他们活跃在各世界知名高校，如今已成长为国际学术界的栋梁之材"。高先生是获得该项大奖的亚洲第一人。

鉴于在学术上的巨大成就和为推动刑法学国际交流所做的杰出贡献，2016年11月22日，日本早稻田大学举行仪式授予高先生名誉博士学位。在早稻田大学130多年的历史中，总共授予名誉博士学位仅137人。这项殊荣是对高先生在中国刑法学研究以及刑法学国际交流所做贡献的高度肯定。

在事后举行的庆祝活动上，高先生动情地说，他从事这份职业所追求的目标，就是使中国刑法学能够早日跻身于世界之林，让世界承认中国刑法学也有其特色和独到之处；在学习西方刑法学的好理论、好经验的同时，要考虑如何消化和应用，归根结底还是要从我们的国情出发，不囫囵吞枣，也不生搬硬套。

高先生语重心长地告诫年轻学子，一定要重视刑法学的国际合作交流，要热心、尽心、耐心，增强勇气、提高底气，既学习他国的长处，又要敢于宣传自己，不卑不亢，达到双赢。

70年前，站在天安门西南侧翘首观看开国大典的学子，如今已是满头银发、精神矍铄的一代学术大家。他是新中国刑法学的主要缔造者，是新中国第一代法学教育家的代表，是新中国建设的"最美奋斗者"，更是学生们衷心爱戴的老师、工作生活的楷模和永远的精神力量。

（时延安系中国人民大学法学院教授、刑事法律科学研究中心主任，陈冉系中国矿业大学（北京）文法学院教师。原文刊登于《光明日报》2019年10月21日11版，收入本书时有所删减）

胡钧：
笔下千钧
昂藏万仞

【先生小传】

181

胡钧，1928年出生，曾用名胡松令，山东烟台人。中共党员，中国人民大学荣誉一级教授，经济学家。

胡钧1947年考入北京大学经济系。1948年11月奔赴解放区，入华北大学学习，后在华北大学政策研究室工作。1950年9月入中国人民大学政治经济学教研室读研究生，1952年毕业后留校任教。人大被迫停办后，1973年被分配至北京师范大学工作，1978年复校后回校工作。1990年被国务院学位委员会批准为博士生导师。1992年开始享受政府特殊津贴。曾任国家教委社会科学研究中心兼职研究员、中国社会科学院马克思主义研究院特聘研究员、中华人民共和国教育部中学政治课教材审查委员会委员、中国经济规律体系研究会常务理事等职。

胡钧主要从事社会主义经济理论与实践、《资本论》等方面的研究。他在研究方面的独到之处，是运用《资本论》的立场、观点、方法深层次探索社会主义经济的内部结构及其运行机制。在论文《关于全民所有制内部商品价值形式问题》中，他第一次在理论方面揭示了公有制下的等量劳动交换（按劳分配）与商品关系下的等价交换之间的本质区别。在论文《对公有制和商品经济兼容问题的思索》中，他更深入全面地阐明了等量劳动交换与等价交换的区别，指出公有制和商品经济之间的矛盾在社会主义公有制条件下解决的可能性和实践过程。这些研究成果不仅有重要的学术贡献，而且有重大实践意义，为邓小平的社会主义市场经济理论和我国建立社会主义市场经济体制的改革目标的确定提供了深层理论依据。他有关社会主义市场经济问题的观点集中体现在著作《中国社会主义市场经济研究》中，该著作是1998年国家社会科学规划重大项目的课题。他作为副主编，与宋涛等合作参与编写了教材《政治经济学》社会主义部分；受国家教委聘请，与吴树青等一起主持了公共理论课教材《中国社会主义建设》的编写工作。他撰写的论文和著作多次获奖，其中《社会主义经济的结构、运行和管理》1991年获中国图书奖；《中国社会主义市场经济研究》2001年获中国图书奖与北京市哲学社会科学研究成果优秀奖。

胡钧：
笔下千钧　昂藏万仞

20世纪30年代，旧中国山河破碎，路暗国危，正值少年，他丹心许国，奋发苦读，壮志满怀；50年代，新中国百废待兴，百业待举，正当壮年，他上下求索，诲人不倦，桃李芬芳；80年代以来，改革开放春潮涌动，体制转轨，年逾花甲，他孜孜以求，笔耕不辍，润物无声；而今，中国特色社会主义伟大旗帜高扬，新时代启航，先生虽寿登耄耋，仍披肝沥胆，桑榆非晚，与时俱进。

春去秋来八十载，风雨彩虹皆平淡；求真务实六十年，治学修身为楷模。这是对胡钧的真实写照，胡钧钟爱事业，热爱生活，道德与学问在他的身上和谐相映。历经风雨，胡钧对经济学的热情和追求始终如一，他始终坚守服务社会的信念，恪守经世致用的信条，追求真理，崇尚科学，不尚空谈，不循陈规，深入基层，走近民众，在新中国经济发展的每个关键阶段都奏响了坚定有力的声音，忠实地践行了一名马克思主义经济理论工作者的责任。

胡钧长期致力于政治经济学和社会主义经济理论与实践的教学、科研工作。在教学指导中，他兢兢业业，深受学生喜爱，实践与理论的结合令马克思主义政治经济学焕发出别样的魅力；在科学研究中，他从中国经济发展的具体案例入手，试图理顺马克思主义政治经济学与西方经济学的关系，为中国特色社会主义市场经济理论体系的构建做出卓越贡献。胡钧独到的特点是运用马克思恩格斯在《资本论》和其他有关社会主义著作中的立场、观点、方法，在深层理论上探索社会主义市场经济的内部结构及其运行机制。

而今，老骥伏枥，志在千里，胡钧仍然在政治经济学领域笔耕不辍，在中国市场经济的发展中苦苦思索。所有的经济学家都应当有献身于"公共政策的最终目标是全体人民的共同富裕"信条。胡钧就是这样一个责任感极强的学者，他的学术和理论来自中国经济发展的实践，又回到经济发展实践中去，为经济和社会发展服务，他在用知识、用思想、用行动为改善群众的生活踏实做着自己的事情。

耄耋之年的胡钧依然身体硬朗，精神矍铄，面对自己倾尽一生的马克思主义政治经济学研究，他乐观、满足、淡泊、洒脱。他说，"物质上要求不高，精力基本都集中在专业上。对事情理解得深一点儿，想得透一点儿"。对于许多事都不放在心上的胡钧，"唯一保存的，到哪儿都舍不得扔的就是讲稿"。

奔赴革命　心许家国

胡钧，原名胡松令（1948年到解放区时改为现名），1928年12月7日出生在山东烟台一个普通家庭，父亲是邮局职员，兄弟姐妹七个。虽然家里在物质上并不十分宽裕，但氛围温馨、平和，这也影响了胡钧的性格——"不太善于交往、交际，处事比较简单"。时代的阴霾让少年胡钧很早就对革命心生向往。从青年时代开始，胡钧一步步走上了革命的道路，原本简单的性情之中，更添了一份对信仰的坚定和执着。

1938年，日本侵占烟台。在侵略者的铁蹄之下，当地不少中学强迫学生学习日语，并强制学生参加军训，对这些，胡钧和他的同学都非常反感。初中毕业后，胡钧坚决不去报考沦陷区的高中。出于一种不愿做亡国奴的自觉，15岁的胡钧与两位同学联系好，在地下党组织的帮助下一同前往后方，在离家1 000多公里外的安徽阜阳县国立二十二中学上高中。但是在1944年暑假，日本侵略者的爪牙即将伸进阜阳，学校计划迁入陕西安康，胡钧为了取衣物而返回烟台。

胡钧回到烟台，在家做了一身衣服。他本想等着衣服做好了再回学校，却在家里大概待了半个月后，不幸遭到日本宪兵队的抓捕。一天早

胡钧：
笔下千钧　昂藏万仞

晨，日本宪兵队闯入胡钧家中，把他抓走了。胡钧被带到宪兵队后关了9天，日本人怀疑胡钧与地下党组织有关联，就对年仅16岁的胡钧动了刑——"关押、审讯、施刑、灌凉水"，想追查到地下交通网络的消息。"他们问我回来干什么，我说回来不干什么，就是来取衣服。但这不行，他们又审我，把我绑到一个凳子上，手铐在后面，拿水灌。水一灌，人自然要挣扎，手铐把我的手都磨破了，很难受，一会儿就晕死了。"日本人无所不用其极，胡钧在关押期间饱受折磨，但是他从未背弃自己的信念。"当时我虽然年纪小，可是脑子很灵活。日本人问我怎么去阜阳的，我编了一套故事，他们信以为真，没有牵扯到其他任何人。"后来胡钧被当作要犯押解到当时华北区最高司法机关，进行五堂会审。日本宪兵队给他强加罪名，说他是来刺探烟台日本海军情报的，胡钧当堂翻供。后来，胡钧被强加上"思想不良，扰乱治安"的罪名，判了一年徒刑，关在政治犯监狱。直到抗日战争胜利后，他才被释放，进入高中学习。

1947年，胡钧考入北京大学经济系，从此他的生活发生了翻天覆地的变化。当时，胡钧的姐姐和姐夫都是进步青年，已经到解放区去了。那个时代，学生运动风起云涌，胡钧在革命大潮中进一步坚定了自己的信仰，逐渐成长起来。1948年5月，胡钧参加了共产党的地下组织中国民主青年联盟，在党的直接领导下参加革命和学习活动，如组织读书会、学习进步书籍等。当时北大有一个小书店专门卖进步书籍，胡钧经常在那里买书。因为比较喜欢哲学，他读了不少哲学著作，像艾思奇的《大众哲学》和《辩证唯物主义　历史唯物主义》都是在这一时期阅读的。除此之外，胡钧也静下心来专"啃"一些大部头的著作，例如当时翻译过来很厚的、苏联著名哲学家米丁和罗森塔尔等人的著作。假期里他也不回家，而是如饥似渴地看书。这些书对胡钧的思想进步起了很大的作用，真理像火把一样，一下就点燃了他心中对于未来和光明的无限希冀。受到北京大学革命氛围的影响，胡钧对解放区抱有热烈的向往，迫切地希望亲眼看见"解放区的天是明朗的天"。

北京解放前夕，胡钧向组织上申请前往解放区。1948年10月，经组织批准后，胡钧一行三人从天津坐火车到陈官屯，下车后发现铁路全部被破坏了，于是一路步行，从陈官屯到沧县，从沧县到泊头。到泊头后，胡钧被分到了位于正定的华北大学，他又从泊头再走到正定。这是胡钧人生中的重要一站，也是他人生的一大转折。

"在华北大学三四个月的学习，决定了我一生的事业、命运。"在华北大学，胡钧听讲了有关中国社会发展的课程，其中"社会发展史"和"中国共产党党史"两门课给他的印象最深，再加上日常的活动、开会、听报告，胡钧的思想有了根本性的转变，真正建立起了马克思主义的世界观、人生观，形成了自己的思想。"原来在北大做学生的时候，根本就没有这个认识，直到这会儿才懂得什么是世界观，什么是人生观，人要怎么做，目的是什么。"

从那时起，胡钧和华北大学、以华北大学为前身成立的中国人民大学结下了不解之缘。他今后的学术人生，也将在这所大学中熠熠闪光。

教学相长　激荡真理

1950年秋季，胡钧进入中国人民大学政治经济学教研室读研究生。当时，政治经济学这门课是新开的，过去在中国基本上没有，不像"四大理论课"等课程，原来都有一定的基础。放眼全国高校，中国人民大学的政治经济学几乎是"独一份"，因此可以说，系统的马克思主义政治经济学理论是从中国人民大学开始教学的。当时的教研室主任是宋涛，徐禾担任秘书，前来授课的都是苏联专家。给胡钧所在的研究生班上课的是著名专

胡钧：
笔下千钧　昂藏万仞

家阿尔马佐夫，"他教我们学习《资本论》，方法就是必须认认真真一句一句、一段一段地弄懂，一章一章、一页一页、一句一句地'抠'，这种方法是他创立的。考试的时候他问马克思的哪句话在哪儿，我们就必须马上翻出来在哪儿。他要求我们熟悉到这个程度，所以我们这批教师的特点就是基础比较扎实"。这种深入浅出的教学方法，在帮助人民大学建立政治经济学教研室和培养理论队伍方面起到了最重要的作用。当时，全国高校政治经济学教师基本上都是从中国人民大学走出去的，他们把政治经济学的火种播向全国有志于此的学生心中，影响了整个政治经济学学科的建设与发展。

1952年，胡钧从政治经济学班研究生毕业后留校，在政治经济学教研室做教师。当时的政治经济学教研室可以说是全校最大的一个教研室，人员配备也比较强。为进一步提升教学质量，他和同事们翻译与研究并进，译介了一批苏联经济学丛书，称作"黄皮书"，共13册，1952年出版，作为比较系统的政治经济学教材。这一时期，胡钧把大部分时间和精力都投入了教学中。但他在教学过程中也格外注重积累知识，"我要求自己每年上同一门课的时候，一定要比上一次课在某一点或两点上弄得更清楚一些，我也从教学当中积累对这个问题的理解，越来越深入，越来越清楚"。"学然后知不足，教然后知困；知不足然后能自反也，知困然后能自强也；故曰教学相长也。"胡钧在日复一日的教与学中不断补足、完善、钻研，对有关理论与实践问题的认识也不断走向深入。

1959年6月，胡钧在当年《红旗》杂志第12期发表了自己的第一篇学术文章——《关于全民所有制内部商品价值形式问题》，文章针对当时斯大林在《苏联社会主义经济问题》上关于"社会主义条件下，生产资料不是商品，消费品是商品"的观点提出反对意见，从理论上分析其错误。胡钧认为，按劳分配和等价交换虽然都是等量劳动的交换，但两者有着本质区别。这个问题在政治经济学理论界，包括苏联理论界，第一次被提出来，是一个首创性的发现。胡钧对社会主义经济结构的深层探索就是在这一发现的基础上展开的。在他看来，社会主义经济制度下人与人间的本质关系是等量劳动互换关系，等价交换关系只是等量劳动互换关系的表面形式，商品关系在社会主义经济结构中处于表层地位，是社会主义本质关系实现的表面过程。他认为商品关系的这种表层地位与它在资本主义经济结构中的地位是类似的，相区别的只是在资本主义社会，等价交换以它平等的外貌掩盖着资本主义的剥削关系，而在社会主义社会，它以平等的外貌掩盖着比它更进步更平等的等量劳动交换关系，即按劳分配关系。

"当时这在学校是件大事，副校长胡锡奎找我谈话，让我很受鼓舞，"胡钧说，"这个观点也奠定了我今后研究的基础。我以后的主要研究成果，都是在这个观点基础上展开和发展的。"

1961 至 1962 年，中国人民大学筹办了一个《资本论》进修班，面向各个高校的经济学教师进行授课。胡钧一面在经济系担任班主任，一面主讲《资本论》，这也是他第一次真正系统地把《资本论》从头讲到尾。由于操劳过度，在这一年里，胡钧患上了神经症，时常出现心律不齐、神经衰弱、焦虑、失眠等病情。但也正是在这一年的辛勤耕耘中，他对马克思主义政治经济学有了更为深入系统的认识。更重要的是，这一年讲课的效果很好，老师们收获颇丰，后来担任黑龙江大学副校长的熊映梧曾回来看望胡钧，并对他说，"我这一辈子学习，就这一年收获最大"。这让胡钧更加坚定了他的教学方式与教学理念，咀嚼他人对经典理论的看法，收获终究是有限的，"教"与"学"都应该回到原典，去亲自领略理论的肌体和魅力。

实事求是　激浊扬清

1963 年，胡钧离开了教学岗位，同哲学系和党史系的几位同事一并前

胡钧：
笔下千钧　昂藏万仞

往北京市通县渠头村工作，在那里一待就是三年。在这三年中，他在学校的教学科研任务都被搁置下来，只是偶尔回家一趟。身边的同事惋惜这三年的学习时光被白白浪费，但胡钧并不这样认为。他将在农村生活的三年视为人生中极其重要的一个阶段，因为这三年让他真正了解并理解了农村和农民。对于从小生长在城市、对农村基本不了解甚至根本不知道农村是什么样子的胡钧，这无疑是一次农村经济经验的补习。更重要的是，他切身体会到了政策路线正确与否的重要性，亲眼看到了政策路线的变化对农村工作的影响。胡钧更将这三年视为难得的成长机会，作为一名理论工作者，他逐渐意识到，真正深刻的理论研究绝不只是要求对书本知识的把握，还需要对实践的洞察和体悟，"理论和实践都得有，否则这个理论深刻不了"。

1966年，学校的教学开始陷入停滞，众多老师也被下放到农村劳动。在这段动荡的日子里，胡钧被关进"牛棚"，种菜、挑大粪、浇肥，没有机会继续学术研究与教学，但他"觉得自己将来的工作还是要干教学"，就利用一切机会学习马克思主义著作充实自己。因为艰苦的劳作，胡钧还得了带状疱疹，疼得没有办法下地干活，在养病期间，他坚持看书，在病床上系统阅读了《反杜林论》，还认真阅读了《毛泽东选集》，从第一页一直看到最后一页。

人民大学被迫停办期间，政治经济学、哲学等几个系被分到北京师范大学，胡钧也在新的学校重新开始教课，为工农兵大学生讲授政治经济学。直到1978年中国人民大学复校，胡钧才终于又回到学校。

党的十一届三中全会之后，针对当时社会上出现的"左"和右的错误倾向，邓小平提出"坚持四项基本原则"，稳住了大局。但是，社会上对马克思主义学说和社会主义道路的疑惑并没有因此而彻底解决。20世纪80年代，诸如萨缪尔森的《经济学》等大量现代西方经济学著作传入中国，使不少学生对马克思主义政治经济学的科学性产生了怀疑，认为西方经济学更有用。

1989年，胡钧在《中国社会科学》杂志第6期发表《对公有制和商品经济兼容问题的思索》，更深入全面地阐明了等量劳动交换与等价交换的区别；更重要的是发现了公有制与商品经济之间的矛盾在社会主义公有制条件下解决的可能性和实际过程。这是一个重要的学术贡献，有重大实践意义，为社会主义市场经济理论和我国建立社会主义市场经济体制的改革目标的确立做了理论铺垫。他的这一研究成果的科学性和实践意义在社会主义市场经济理论的创立上也得到了证实。

1990年以后，舆论界开始批判资产阶级自由化思潮，但是在学术界、在理论界，热衷于西方经济学、西方哲学的劲头并没有受到影响，反而继续在扩大，特别是20世纪90年代又传入了制度经济学、新制度经济学，新制度经济学代表人高斯还获得了诺贝尔奖，制度经济学也因此在当时的政治经济学界获得了巨大的话语权。在中国政治经济学学界，制度经济学与新制度经济学也占据着优势地位。

从20世纪90年代开始，胡钧陆续发表和出版了一系列学术文章与专著。这一时期他的研究对象主要是所有制问题，提出要坚持社会主义公有制的地位，坚持国有制的主导地位，并指出国有经济是我们国家发展生产力的主要力量。20世纪末，胡钧的研究重点主要聚焦在市场经济方面，《胡钧经济论文集》《中国社会主义市场经济研究》两本专著先后出版，比较系统地论述了胡钧对于市场经济的理论观点。

进入新世纪以后，随着西方经济学的影响越来越深入，社会上出现了一些对马克思主义政治经济学持相悖意见的声音。胡钧意识到这是个严重的问题，他反对不加反思、将西方经济学奉为圭臬的"拿来主义"，提倡以马克思主义政治经济学为根本，创新发展中国特色社会主义政治经济

胡钧：
笔下千钧　昂藏万仞

学。"我们应当站出来，从正面来论述马克思主义政治经济学到底对现实经济建设的用处在哪儿，有多大，而现在西方经济学是不能够提供这些作用的。"

2009年，《马克思主义政治经济学与现代西方经济学——几个带根本性的理论分歧》出版，在这本书中，胡钧试图划清马克思主义政治经济学和现代西方经济学的界限。想要借鉴和吸收，首先就需要划清界限，看到彼此的根本区别，然后再取其精华、去其糟粕。"正是由于划不清界限，在我们的马克思主义刊物上才出现了这种论点，即要想发展马克思主义政治经济学，就要用现代新制度经济学来改造马克思主义政治经济学。"胡钧从研究对象、研究任务、研究方法以及根本出发点上把两者的区别说清楚。"这些区别是本质的区别，两者谈不到融合，两者是根本对立的东西。"他认为，"借鉴、吸收不是在理论上，而是要吸收西方经济学在市场经济的治理方法等经验。理论层面上还是要坚持马克思主义政治经济学"。

胡钧认为，要培养我国自己的经济学家、坚持马克思主义政治经济学的地位，就必须对马克思主义的基本理论进行再学习，真正掌握它的精神。"改革开放以来我国建立了社会主义市场经济体系，取得了巨大的成就，我们借鉴了西方市场经济的方法，同时又坚持了社会主义的根本原则，两者结合有成功的实践经验。现在解决这个问题的时机已经比较成熟了。"

秉烛之明　壮心不已

胡钧研究马克思主义政治经济学近70年，他在学问中奉献自身，做学生为学、为事、为人的世范。

他重视实践，从改革开放以来中国特色社会主义市场经济的经验出发，吸取教训、总结经验、发现真理，要以实践来发展马克思主义，而不是拿着西方经济学理论来指指点点，离开实践无以谈创新。"我们在马克思主义实践上与时俱进，但理论界却在退却了，还是应当从实践中吸取营养，发展理论。""我们的实践有多丰富，搞市场经济以来遇到了多少问题啊！亚洲金融危机、人民币升值……我们应该去研究概括，丰富自己的理论，这才是正确的方向。而且这方向一点儿都不难找，就摆在那儿，研究去吧！"

他钻研经典，主张在原著中去亲自品味马克思主义政治经济学的内涵，创新须以经典著作为原本，无源之水的创新只能是空中楼阁。"我们讲马克思主义的基本原理，这基本原理就在他的著作里。假如你没有很好地去学习、去钻研经典著作，那马克思主义怎么学得到？所以我觉得要真正创新、创造、发展，必须首先理解马克思主义的真正内涵。但这个要求在今天来讲，还是差得很远。虽然马克思主义被学习这么多年了，但现在研究马克思主义的人在观点上却仍有很多分歧，理解得对或不对都有问题，这都需要进一步研究，不然搞创新、创造、发展都是空话。"

他与时俱进，以研究世界经济发展的视野来体认中国经济的现状，在比较中定位自身，在诸多经济思潮的争论中发掘马克思主义政治经济学的科学性。胡钧说："现在我们面临的一个严重问题就是如何处理和理顺马克思主义政治经济学和西方经济学两者关系的问题。两者到底是什么关系？有没有本质区别？区别在哪里？"胡钧认为，"现在这个问题还没有理清楚，只是笼统地讲马克思主义政治经济学处于主导地位，借鉴、吸收西方经济学。可是，主导地位主要表现在什么地方？借鉴、吸收什么？"胡钧想做真正有利于把马克思主义政治经济学的地位树立起来的工作。

现在，胡钧也没有停下脚步，始终关注着我国经济建设的实践和理论研究。

胡钧：

笔下千钧　昂藏万仞

2017年，"新时代中国特色社会主义政治经济学理论与实践暨胡钧教授九十寿诞学术研讨会"在中国人民大学举行。胡钧说："我们是市场经济，几乎所有产品都在市场上销售，价格基本都由市场决定，我们的市场发展和商品生产规模越来越大。市场经济是我们的形式、工具，不是我们的经济本质。我们利用它在资源配置方面起到了很好的作用，为发展社会主义服务。"在胡钧看来，美国不承认中国的市场经济地位，错在把市场经济与资本主义制度完全等同，这是对马克思主义理论理解上的根本错误。

作为一名虔诚的马克思主义经济理论工作者，胡钧潜心治学，著作等身，以其深厚的理论功底和严谨的学术品质，在学界始终高擎坚持公有制主体地位的旗帜不动摇。为马克思主义经济学在中国的普及、应用和发展贡献力量，他所发表的论著多是应和着改革开放不同阶段的时代节拍和需要，以深刻缜密的理论逻辑和精细睿智的现实观察，在理论和现实之间架起了通往真理的桥梁，为我国提出社会主义市场经济理论和建立社会主义市场经济体制的改革目标做了理论铺垫。他坚持运用马克思主义的立场、观点和方法，潜心研究并科学诠释了公有制下等量劳动互换如何实现、商品经济与公有制如何兼容、商品货币关系在社会主义经济结构中的地位如何准确把握等重大理论和现实问题，对当代中国的改革和发展有着深刻的思考，也有着深远的影响。

面对改革潮起潮涌，学界风云汇聚，先生从不高谈阔论，也少有振臂疾呼，在观点有分歧的时候，他旗帜鲜明，坚持学术良知，不怕风险，不计荣辱毁誉，表现出极大的学术勇气，表现出"学术乃天下之公器"的坦荡情怀。

（执笔人：刘晓阳　程思源　杨孟成）

大先生
中国人民大学学术大家访谈录

【侧记】

胡钧的学术贡献和经济思想

刘凤义

胡钧是我国著名的马克思主义经济学家,1928年出生于山东烟台,1952年在中国人民大学研究生毕业后留校,长期从事政治经济学教学与研究工作。1990年被聘为博士生导师,1992年开始享受国务院政府特殊津贴。曾任江西大学、河北经贸大学等多所大学的兼职教授,教育部委托中国人民大学主办的《教学与研究》杂志副主编,教育部高等学校社会科学发展研究中心兼职研究员,教育部《高校理论战线》杂志编委。2005年被聘为中国社会科学院马克思主义研究院特聘研究员,2007年被聘为中国人民大学荣誉教授。

丰硕的理论成果　独特的学术风格

胡钧先生从教60年来,不仅对马克思主义经济理论的研究、传播做出了贡献,而且还运用《资本论》的基本原理和方法,结合中国社会主义建设和改革的实践,对公有制与商品经济能否兼容以及如何兼容这一重大课题进行了长期研究,为马克思主义经济学在建设中国特色社会主义中的运用和发展,做出了重要贡献。他在《中国社会科学》《经济学动态》《当代经济研究》《教学与研究》等杂志发表学术论文百余篇,其中有多篇获奖;个人专著或主编著作10余部,在学术界产生了较大反响。1959年6

胡钧：

笔下千钧　昂藏万仞

月，胡钧先生在中共中央理论刊物《红旗》杂志发表了《关于全民所有制内部商品价值形式问题》一文，第一次揭示了公有制下等量劳动互换（按劳分配）与商品关系下的等价交换之间的本质区别，在理论界引起了强烈反响。之后，胡钧先生在对《资本论》基本原理和方法论深入研究的基础上，结合中国经济发展的实际，对公有制与商品经济兼容这一问题的研究也不断走向深入，取得了大量成果。其中，他主编的《社会主义经济的结构、运行和管理》和他著述的《中国社会主义市场经济研究》两部著作，分别获得1991年第5届、2001年第12届"中国图书奖"。胡钧先生的学术观点，不仅在学术界产生了广泛影响，而且为国家制定政策提供了重要的理论参考。

胡钧先生在长期的教学科研实践中，逐步形成了独特的学术风格。在对马克思经济理论的学习和理解上，他从不就理论本身来谈理论，而总是把对理论的理解上升到方法论，这使他的理论研究总能高屋建瓴、给人启迪。在他看来，"一个科学理论体系中最有价值、最值得珍视的是科学的研究方法。任何理论观点都会带有时代的烙印，在某一个时期要突出理论的某些方面，特别是某些理论观点会不断变旧、过时，而科学的研究方法则是常青的。《资本论》中最宝贵的东西就是它其中包含的考察一定社会经济制度的科学方法"。他不是为了研究方法论本身而单纯地研究方法，而是结合中国社会主义经济改革和发展的实际，挖掘《资本论》方法论的现代意义，以指导中国的实践，这使得他的研究始终能遵循理论与实践相结合的原则。

对《资本论》方法论的研究及其现代意义的开掘

对《资本论》方法论的深刻理解。胡钧先生对《资本论》方法论有许多独到见解，限于篇幅，这里仅就政治经济学中基本而又重大的问题举两个例子。

第一是关于政治经济学研究对象问题的认识。政治经济学研究对象问题事关这一学科的命运，胡钧先生认为，表面看来这些争论源于对马克思经典著作的不同理解，但实质上它折射了对马克思主义唯物史观和唯物辩证法的基本理论如何理解的问题，特别是与对生产力与生产关系之间的基本发展关系的不正确理解有关。对此，胡钧先生强调指出"新的生产关系是生产力强大发展的决定性力量"的观点。他认为，这是历史唯物主义的基本原理，正是这一原理决定了政治经济学在社会科学中的基础性地位，政治经济学是把社会生产关系作为研究对象的一门科学。这一科学认识对当前我国推动经济发展、现代化和中国经济学的建立具有巨大的理论意义和实践意义。

第二是关于马克思劳动价值论的理解。恩格斯指出：唯物史观和剩余价值理论两大发现，使社会主义从空想变为科学。因此，要理解马克思主义经济学，就必须理解马克思这两大发现。胡钧先生认为，马克思在价值理论的许多方面都超越了资产阶级古典学派，如严格区别使用价值与价值，揭示生产商品的劳动的二重性质，创立了价值形式和货币理论，等等。但其最根本的一点是揭示了价值不是人与物的关系，而是一种在物掩盖下的特殊的人与人的生产关系，从而揭露了这种关系的历史性质，揭示了劳动采取价值形式的特殊的历史条件。在胡钧先生看来，不把握马克思劳动价值理论这一根本点，对许多问题的看法就会失去科学性。也正是基于对劳动价值论方法论的深刻理解，胡钧先生才对商品经济与公有制是否兼容问题的研究做出了重要的贡献。

不断挖掘《资本论》方法论的现代意义。胡钧先生重视《资本论》方法论的研究，但他从不满足于仅仅停留在纯学术领域，他深知经济学是一

胡钧：

笔下千钧　昂藏万仞

门致用之学，所以，在对马克思经济学方法论的研究中，总是同中国经济建设和改革的实际紧密结合，不断挖掘《资本论》方法论的现代意义，运用它来解决现实经济改革和发展问题。胡钧先生特别强调了《资本论》对深刻认识社会主义市场经济理论有直接而重大的方法论意义的两个方面：

一是系统方法与发展方法。胡钧先生认为，系统方法对探索社会主义经济的内部结构具有极其重要的指导意义，马克思对系统方法运用的独特之处，在于他把系统方法和发展方法有机结合起来，在发展中考察系统，所以，马克思才克服了资产阶级经济学把概念看作既定的、永恒的范畴并用其来解释事物的局限性。

二是经验与理论的矛盾分析方法。胡钧先生指出，马克思的方法论认为，直接经验在理论研究中占有相当重要的地位，是研究的起点。但经验不等于本质，所以，直接经验与理论思维之间存在矛盾，仅仅把直接外观当作事物的本质，常常是错误的，甚至是荒谬的。因此，科学的方法是在经验与理论之间架起"中间环节"这座桥梁。胡钧先生对社会主义商品经济关系所做的独到分析，正是基于这一科学方法。

等量劳动互换：对社会主义经济制度本质关系的揭示

社会主义与商品经济的关系问题，是社会主义国家一诞生就面临的重大问题，也是长期困扰理论界的一个焦点问题。胡钧先生早在1959年发表的论文中，就指出了社会主义全民所有制内部"等量劳动互换"与商品经济关系中的"等价交换"的本质区别，这在当时为正确分析社会主义商品经济关系问题提供了马克思主义的方法论。之后，随着我国经济改革与发展实践的不断深入，胡钧先生对社会主义与商品关系的认识在理论上逐渐走向成熟。

商品经济的性质:"姓资"、"中性"还是"共性"?对社会主义商品经济关系正确认识的前提,是对商品经济性质的科学认识,然而这个看似简单的问题,却困扰了理论界多年。在经济学界,对商品经济的认识通常存在两种倾向:一种认为商品经济关系是与资本主义私有制连在一起的,发展商品经济就等同于发展资本主义;另一种认为商品经济是"中性"的,可以脱离社会基本制度而独立存在。胡钧先生认为,这两种认识都是片面的。商品经济既不能同资本主义画等号,也不是所谓的"中性",商品经济关系与一定的社会经济制度相结合不是一种简单机械的拼接,这就需要我们深入探索商品经济与特殊经济制度的关系。胡钧先生对此做了具有深远影响的研究。

等量劳动互换:社会主义经济制度的本质关系。对社会主义生产关系本质的认识,理论界看法不一,尤其是在与商品经济相结合分析社会主义经济关系的本质时,经常引起争论。对此,胡钧先生明确指出,等量劳动互换是社会主义生产关系的本质关系,并在此基础上对等量劳动互换与等价交换做了区别。胡钧先生对等价交换和等量劳动互换两种关系的本质区别的揭示,有着重大理论意义和现实意义,不仅为我们如何运用马克思方法论正确分析社会主义市场经济本质关系提供了范例,而且对国家制定工资政策和调节不同企业的个人收入的分配关系提供了重要的理论参考,并实际上为邓小平社会主义市场经济理论的提出做了理论铺垫。

旧社会分工理论:理解公有制内部商品经济关系的枢纽

我国社会主义经济建设还要大力发展商品经济这一现实,无疑对等量劳动互换思想提出了挑战,因为马克思设想社会主义公有制消灭了商品货币关系。胡钧先生认为,马克思关于社会主义公有制建立后商品关系将消亡的论断，只限于揭示社会主义经济制度最深层的本质特征，在马克思的分析范围内，没有涉及也不可能涉及社会主义经济实际发展过程中的许多重要现象，这其中包括商品货币关系。就社会主义仍存在商品经济这一现实而言，要理解这个问题本身，正确的做法是看全民所有制内部是不是包含存在商品关系的客观依据。

胡钧先生认为，全民所有制内部包含着商品经济存在的客观依据，那就是"旧的社会分工的存在"。因为商品关系是社会主义公有制的表层关系，它只涉及企业之间关系的交换过程，因此在社会主义经济中，企业之间的商品关系不能从全民所有制的深层本质关系中去寻找，而只能从表面运行层次去寻找。在这一领域，胡钧先生做出了重要的理论突破，对人们进一步理解社会主义与商品经济的关系，以及正确认识社会主义初级阶段理论提供了重要理论指导。他的相关学术思想也在《社会主义经济的结构、运行和管理》一书中得到了充分阐释。

对社会主义公有制与市场经济兼容机制的深入探索

胡钧先生在对"社会主义与商品经济的关系"这一重大理论问题的认识上取得突破进展的基础上，进一步研究了社会主义基本经济制度与市场经济有机兼容的运行机制问题。胡钧先生从20世纪80年代初起，一直致力于这方面的研究，并取得了丰硕的成果。他的代表作之一《中国社会主义市场经济研究》一书，就是对这一重大课题多年研究的理论结晶。

聚焦等量劳动互换与等价交换矛盾的解决，胡钧先生揭示了公有制与市场经济兼容的内在机制，他认为，社会主义要发展市场经济，必须搞清楚等量劳动互换这一社会主义本质关系为什么能够通过和是怎样通过与它在本质上不同的商品交换关系来贯彻和实现自己的，唯其如此，才能真正揭示公有制与市场经济的兼容问题。胡钧先生借鉴马克思《资本论》解决现实与理论矛盾的方法，深刻揭示了这一问题。

聚焦正确认识所有制改革与国有企业改革问题，胡钧先生运用马克思主义方法论，对所有制改革和国有企业改革提出了很多独到见解，并围绕所有制与产权关系问题、国有企业改革的理论基础、国有企业股份制改革的性质问题，对各种不正确的观点进行了批驳。

聚焦市场机制在社会主义经济中的重要作用，胡钧先生认为，要深刻认识市场机制的作用，必须在更深层次上对价值规律进行理解。价值规律是一个既简单又复杂的问题，说它简单，是因为就其物质内容来说，不过是节约劳动时间和按比例分配劳动的规律；说它复杂，是在于价值规律实现形式具有复杂性。当前，理论和实践要求我们的，不是把价值规律简单归结为按比例分配劳动规律，而是说明后者为什么和如何表现为前者，前者是如何实现后者的要求的，同时还必须科学认识计划与市场的关系。只有阐明这些问题，才能说真正理解了价值规律。

（作者系南开大学马克思主义学院院长，原文发表于《海派经济学》2010年第1期，收入本书时有删改）

严瑞珍：
踏遍千山万水
心寄田垄之间

【先生小传】

严瑞珍，出生于 1929 年，浙江温州人。中共党员，中国人民大学农业与农村发展学院教授、中国人民大学荣誉一级教授，著名农业经济学家。

1952 年毕业于南京大学农学院农业经济系，1955 年从中国人民大学农业经济系研究生毕业后留校任教。1990 年被国务院学位委员会批准为博士生导师。1992 年开始享受政府特殊津贴。曾任中国人民大学农村发展研究所所长，兼任中国农业经济学会秘书长、副理事长，国际农业经济学家协会常务理事，亚洲农业经济学家协会顾问，中国科学院农业委员会委员，国务院农村发展研究中心研究员、评议委员，中国科学院石家庄农业

现代化研究所顾问,《农业经济问题》杂志副主编等职。

严瑞珍是新中国成立后第一批从事农业经济问题教学与研究的学者,在中国农业发展、农业生产力经济和反贫困等领域做出了很多开创性的贡献。他首次提出,农业除了提供人类最基本生活资料外,还提供人类生存不可或缺的生态产品,具有双重功能。只有在农业能够实现双重功能并有了剩余的条件下,人类社会才可能有非农产业的发展。但农业劳动生产率的提高,归根结底又反过来依靠现代非农产业。农业与非农产业间的这种相互制约、相互促进、彼此互为发展前提和条件的微妙、复杂关系,只有得到承认和遵行,整个国民经济才能得以顺畅高速发展。"先工后农"的发展观是不对的。

严瑞珍第一次综合计算了工农产品价格剪刀差,为全面、完整评估剪刀差提供了科学方法。他多次从农业资源(农产品、农地、农业劳动力等)价格与价值的背离,揭示了农业滞后的另一些后天性社会经济的根源,以及应取的路径。

严瑞珍还把半生的精力投入到传统经济学者通常涉猎不多的农业生产力经济学的研究上。他认为,农业的现代新生产力是无法在农业内部成长起来的。农业现代化就是利用现代第二、三产业从外部来全面改造农业。这个新的理论概括,大大提升和拓展了农业现代化的目标、范围和内容。

严瑞珍用了30多年时间在中西部农村帮助2万多贫苦农民摆脱了贫困。在实践中他认识到:要针对中西部广大农村普遍存在的生态失衡、自给自足经济、基础设施滞后等问题实行综合发展、循序渐进的战略。1991年,他在河北内丘县创建了太行山脱贫与发展试验区。人民日报以《太行无言铸丰碑》、科技日报以《科技兴山,五年巨变》、河北日报以《敞开山门展宏图》对此进行了详细报道。中央电视台《东方之子》栏目、北京电视台《北京您早》栏目以及中央人民广播电台等,都对他的事迹做了专门的电视广播。邢台市内丘县人民政府以"千秋伟业，功德永存"石碑表彰了他的业绩。国家科委及河北省科委授予他"科技扶贫"奖和"创业"奖。

在多年的教学研究生涯中，严瑞珍出版了学术著作21部、学术论文百余篇，主持了"中国农产品价格剪刀差研究""世界粮食体系"等大型研究项目，曾应邀到日本一桥大学、美国密歇根州立大学、德国弗莱堡大学等地讲学。他的研究成果曾获得过孙冶方经济科学奖、薛暮桥价格研究奖、吴玉章科研奖、国家教委第一届人文社会科学研究优秀成果一等奖、国家社会科学基金项目优秀成果二等奖。

严瑞珍是新中国成立后第一批从事农业经济问题研究的学者。作为学科奠基人，他矢志不渝，开拓创新，始终走在学术最前沿：首次提出把工农业产品价格剪刀差划分为比价和比值剪刀差，并采用工农业劳动力折合为标准劳动力的方法来计算剪刀差；首次提出工农业相互支援、交叉掩护、协调发展是处理我国工农业关系的唯一正确的方针；首次引进"产量比"的方法来科学评定土地的经济质量。

在70年的学术生涯中，严瑞珍踏遍祖国的田野山川，以学术视野探访中国最基层的乡村土地，用实践解决新中国农业生产的种种困境，用初心坚守践行改变农村落后面貌的誓言。

艰难困苦锻造初心

1929年，严瑞珍出生在浙江温州的一户市民家里。温州地处温峤岭以南，冬无严寒，夏无酷暑，气候温润，因此得名。江浙自古富庶，温州更是文风鼎盛，但严瑞珍的童年和少年时期却恰逢乱世，饱受颠沛之苦。1931年，严瑞珍两岁时，日本发动了侵华战争。"九一八"事变后，战火迅速从东北燃烧至南方诸省，残酷的杀戮掠劫肆虐在古老的中华大地。日本帝国主义者扬言要在三个月内占领全中国，中华民族处于生死存亡的紧要关头。严瑞珍在遮天盖地的炮火中，度过了自己的学生时代。他对上学最初、最深刻的印象就是"跑警报"，犹记得自己上小学的时候，日军的航空母舰就停在家乡温州瓯江口外，日本军机每天都向温州投弹、扫射，人们时刻都活在忧惧之中。日机起飞的时候，全城会拉响空袭警报，伴随着警报声，炸弹开始对整个温州城狂轰乱炸。学生们每天上课都绷着一根弦，一听到外面混乱的脚步声，无论处在什么状况，就得马上跟着跑。

中学时，严瑞珍的校舍被飞机炸毁了，但是学校没有钱盖新的，大家

严瑞珍：

踏遍千山万水　心寄田垄之间

就只能在稻草搭建的草棚里读书。温州临海，夏季常有台风。台风时节，草棚倒了盖、盖了再倒。在重复怀抱茅草修补校舍的过程里，在目睹战争中人间种种苦难的过程中，严瑞珍逐渐成长起来。

战火中，生存成了奢侈的事情。每次轰炸后哀鸿遍野的惨状给少年严瑞珍留下了巨大的冲击，"轰炸过后，能看到的就是到处冒烟的废墟，几分钟前还生龙活虎的人已经变成一具血肉模糊的尸体，人的生命简直和蝼蚁一样"。他曾经目睹一个失去孩子的母亲痛苦地悲吟，她的孩子蹲在河边躲避轰炸，被飞机俯冲的可怕声响吓得惊慌失措跳进了河里，活活淹死了，"他的母亲抱着那小小的尸体，捶胸顿足、哭得死去活来的悲惨情景，我时至今日也没有忘怀"。

城市沦陷后，严瑞珍一家人被迫迁到农村居住。然而预想的平静并没有来临，当时的农村也在经历着另一场叫作生存的"战争"。由于恶劣的经济环境，物资极度紧缺，再加上温州地少人多，普通农民种地生产的粮食根本难以为继。严瑞珍寄居的房东老太太家中一贫如洗，除了几条破被子，剩下什么也没有。结束一整天的艰苦劳作之后，她还要在晚上编织草席来勉强度日。老太太披着破旧的棉袄，在油灯下埋头辛苦织草席的样子永远留在了严瑞珍的记忆中，"我想，这就像一尊大理石雕像，象征着遭受了几千年苦难却仍然坚强不屈的中国农民的形象"。

成长在无穷无尽的国仇家难中，严瑞珍慢慢地成熟起来。这些痛苦的记忆在他心中埋下了走向农村、发展农村、改变农民生活的种子。正是因为目睹了这些苦难，他下定决心要改变中国农村破败凋敝的面貌，让农民过上好日子。

坚守理想无畏斗争

抗日战争让严瑞珍看透了国民政府统治的实质。他们在帝国主义侵略下龟缩于西南一隅横征暴敛、贪污腐败，无视自己的人民挣扎于水深火热之中。少年严瑞珍愤恨不平，心中埋藏的深深的爱国之种，在革命真理的催化下生根发芽。

中学时期，严瑞珍阅读了很多马克思主义书籍，接触到了马克思主义哲学、经济学的知识，还读到了毛主席的《论联合政府》《论持久战》及《新民主主义论》等。这些书籍帮助他把对中国农民问题的认识从感性上升到理性，知道了农民问题是民主革命的核心问题，更让他深刻地认识到了国民党反动的阶级属性无法挽救中国，只有共产党才能拯救中国的真理，他因此坚定了学农业经济学的决心。

1948年，严瑞珍高中毕业，北京大学、中央大学、同济大学、复旦大学、山东医学院等五所名牌大学都向他伸出了橄榄枝，但他始终没有忘记自己要学农业的初心，最后还是选择了中央大学农业经济系。尽管当时许多身边人不理解他为什么放着"康庄大路"不走偏要选择农业的"独木桥"，但他却坚定地走向中国广阔的农村田野，独留给众人一个倔强坚毅的背影。

在中央大学（现南京大学）求学期间，严瑞珍更加清醒地认识到"不推翻国民党反动政府，国家的强盛、农村的复兴、社会的改造都无法实现"。于是，他积极参与学生运动，成为一名进步的革命青年，后来还加入了共产党的地下党组织。当时的南京市是国民党政府的首都，政治氛围紧张而恐怖，在这样艰难困苦的环境中，严瑞珍仍旧无所畏惧，他一边积极地组织学生运动，一边殷切地盼望解放的黎明号声吹响。

在南京解放前，共产党领导的学生运动主要有三项任务。第一项就是"反对搬迁"，国民党在解放战争中节节败退，只能将逃往台湾作为自己的后路。当时国民党政府拟将中央大学搬迁到台湾，严瑞珍冒着被拘捕的风险，组织学生们进行反抗斗争，开展了针锋相对的"应变护校"运动，积

严瑞珍：
踏遍千山万水　心寄田垄之间

极劝说教职工们不要听从搬迁安排、共同抵抗。第二项任务则是"迎接解放"，为了让共产党在解放南京城后第一时间控制住局势，严瑞珍与同志们一同开展了许多调查，搜集了包括国民党军队分布情况，军火、物资、档案存放地，以及国民党重要机关的所在地等在内的多项情报，为顺利解放南京提供了至关重要的信息。第三项任务是教育、动员、组织学生。1949年初，李宗仁成为国民政府的"代总统"，提出要实现所谓的"和平"，幻想通过"和谈"，阻止人民解放军渡过长江。面对国民政府丑恶的政治阴谋，严瑞珍与同志们组织了南京市青年学生进行大游行，大家走在街道上，高喊着"要真和平，不要假和平"的口号。这一次的学生游行遭到了血腥残酷的镇压，国民党出动了淮海战役中剩余的军队和大批特务，伺机暴力冲击刚刚解散的进步学生队伍。当时已经回到学校的严瑞珍和同学们听到这个消息，义愤填膺地重新集合起来，强烈要求当局者惩办凶手、释放被捕学生，然而，等待学生们的却是更残酷的血腥镇压。

在一片白色恐怖中，严瑞珍和同志们在地下党的领导下共同保卫学校。他满怀豪情地写下了一首诗："慷慨悲歌刀丛行，拼将腔血沃金陵。历经劫难终不悔，风雨如晦听鸡鸣。"盼望着，坚持着，斗争着，终于，1949年4月，解放军百万雄师过大江，南京人民迎来了胜利的曙光。

新中国成立后，继续学业的严瑞珍仍然积极地投身于党的革命事业，这位坚定的共产党员在实践中变得越发成熟。

传道授业为党育才

1952年在中央大学农业经济系完成学业之后，严瑞珍了解到刚刚成立不久的中国人民大学在南京招生。"中国人民大学是新中国成立后建立的第一所新型的社会主义正规大学，我非常向往，而我也很幸运地被录取了。"金秋时节，严瑞珍从南京辗转北上，来到人民大学报到，从此结缘70年。

1952至1955年，严瑞珍在中国人民大学接受研究生教育，在系统学习马列主义基本理论一年后，他开始学习农业经济学、企业组织与计划学等专业课，既钻研一般专业理论，又学习苏联农业政策和经验。

从校门到校门的严瑞珍，对中国农村的具体情况调研有限，在深度了解中国农村的基本矛盾以及应走什么道路等问题上，还缺乏实践认知。在他看来，新中国成立初期，中国农业经济学的发展面临两个问题：一是如何将马克思主义理论中国化，以适应中国农村的特殊情况；二是如何将苏联的农村发展经验与中国农村的实际情况相结合。带着对这两个问题的困惑，严瑞珍度过了三年的研究生学习，毕业留校后继续从事教学与研究工作。

当时，人民大学承担了为全国高等学校编写教材的重任，学者们要在苏联教材基础上，编出一套具有较高水平、符合中国实际的中国化教材。在成立不久的农业经济系，严瑞珍和同事们一起承担了这一重任，开始着手编写《社会主义农业经济学》和《社会主义农业企业组织与管理学》这两本教科书。为实现"高水平、中国化教材"的目标，必须把研究对象转向我国农村、农业和农民。严瑞珍到农业机关以及最基层的农业合作社、人民公社进行了广泛调查研究，这些调研不仅为他编写教材提供了第一手资料，同时为他苦苦思索的两个困惑提供了解决的方向与途径。以现在的学术眼光来看，这两本教科书固然很不完善，但其最为重要的意义在于新中国农业经济专业第一次有了自己的教材。因此，这两本书出版后，在全国产生了较大影响，全国有20多个农业院校的农业经济系都将其作为经典教材，影响了一代又一代农经学子。

自20世纪80年代起，严瑞珍的教学重点从本科转向研究生，后来专

严瑞珍：
踏遍千山万水　心寄田垄之间

门从事博士生教育。为人师者，他潜心教学，遍植桃李。他将自己多年的研究心得毫无保留地传授给学生，还经常应邀给各级农业干部上课，更曾耐心细致地给普通农民讲过课。

严瑞珍是一位亲和的导师，他一直强调教学相长，经常与学生们交换意见，鼓励学生们勤于思考，一起做实际工作与实地调研，在实践中探讨观点，互相启发。他十分关心学生，邀请学生们到家中，一边吃着家常菜，一边探讨学术或是生活上的问题。他语重心长地叮嘱大家，"人是因为业余时间里的努力程度不同而逐步产生差别的"。弟子们大多传承了老师严谨治学的态度和求真务实的学风，在各自的工作领域兢兢业业地实干。

行走在田野之间，落笔于方寸之中，严瑞珍在人大 70 年间，留下了宝贵的学术财富和亲切的谆谆教诲，让一代又一代的后辈受益终身。

深耕学问终至大成

作为新中国成立后第一批从事农业经济问题研究的学者，严瑞珍始终致力于农业经济学、生产管理学、生产力经济学、中国农村经济改革等学科的教学与研究工作，70 余年来笔耕不辍，取得了不计其数的学术成就，然而，他始终觉得自己"做的工作很少"。

在历史上，苏联曾因实行优先发展重工业的方针动用了大量的农业原始积累，不平衡不充分的发展最终阻滞了整个国民经济的发展。严瑞珍意识到我国农业滞后和农民贫困问题极其严重，从苏联汲取教训，提出要解决好这一问题，关键在于处理好工农两大部门之间的关系。他认为农业是提供人类最基本生活资料的部门，它的落后必然导致生产要素从非农业部门倒流回农业，因此农业的劳动生产率是一切社会存在的基础，我国农业发展的历史佐证了他的观点。

为了改变我国农业经济的弱质性，严瑞珍开始探索从工农业发展速度比、工农业产品价格剪刀差、农民工和城市工人劳动力价值与价格比、农转非土地价格形成等方面揭示农业落后的深层次原因，并提出农村经济发展的路径选择。研究中，他把工农产品价格剪刀差划分为比价和比值剪刀差，并指出只有后者才真正反映剪刀差的本质特征。他又创造性地提出了把工农业劳动力折合成标准劳动力的方法，量化了新中国成立以来中国剪刀差的绝对量和相对量，明确提出了1978年以前我国剪刀差不断扩大、此后逐步缩小以及最后几年又有所扩大的变化动向，对我国工农业产品价格剪刀差领域的研究意义重大。

1990年，严瑞珍在学术界率先明确提出"先工后农"——先用农业积累搞工业，后用发展起来的工业积累搞农业——并不符合客观经济规律，是一种不合理的经济政策。他进而提出，工农业之间内在的客观经济规律应是相互支援、交叉掩护、协调发展，而不是"先工后农"。在当时的条件下，动用农业积累搞工业，到头来不仅损害了农业，同时还损害了工业，长此以往更会损害整个国民经济，这也是导致新中国成立以来我国国民经济频繁周期性波动的重要根源。他同时提出要想处理好工农两大部门间的关系、保持工农业协调发展，其关键在于工农业应有一个合适的速度比、投资比、价格比以及工人及农民合理收入比。这一理论为我国工农业发展打开了新局面。

除有关工农两大部门间关系问题的研究外，严瑞珍同样在农业经济学和生产力经济学研究方面做出了举足轻重的贡献。传统经济学更多关注生产关系，较少研究生产力，严瑞珍则提出要在部门经济学中将生产力的组合及配置作为一个重要内容。同时，他发现农业产业结构是农村中的一个重要问题，通过对粮食及非粮部门的内在联系的研究，他认识到非粮部门发展的规模及速度取决于粮食生产部门的水平，形成了中国农业产业结构调整的三阶段模式。

针对农业经济学中另一个难以量化的经济范畴——级差土地收入，严瑞珍首次引入"产量比"的方法来评估土地的经济质量，使得土地的经济评价以及土地极差收入的量化成为可能，更为农用地的分等估价以及针对级差土地收入而制定的经济政策的具体实施开辟了道路。

20世纪80年代初，为了推动中国农村经济改革，在老一辈农业经济学家的积极倡导下，第一届全国农业经济学家代表大会在苏州召开，以这次大会为契机，农经学界拨乱反正的新局面得以开启。中国农业经济学会也在这次大会上成立，严瑞珍被选为学会秘书长，后来又被选为副理事长兼秘书长，协助理事长推动农经学界的拨乱反正及农村经济改革工作。

随着家庭联产承包责任制在全国得到广泛支持并被推广，许多人认为农村经济改革问题一劳永逸地解决了。严瑞珍却在文章中提出，农户经济有自给性和商品性两类，只有实现后者，即与自主性经营、自由贸易、市场、商品性支柱产业、专业化集约化科学化经营、社会化服务等联系在一起，与自给自足决裂，与市场经济联系在一起，才是发展农村经济的支柱；只有引进市场经济，才是农村经济改革所要实现的目标。农村经济改革，还有相当长的路要走。

一片春潮涌动在广袤原野，农村的经济改革为严瑞珍提供了极大研究空间。遵循着"在实践中形成观点，到群众中去听取反馈，经过修正形成结论"的原则，严瑞珍走进广阔天地，展开了广泛的实地调研工作。他从山西雁北开始，一路南行直到运城，踏遍了山西中部的每一寸土地。在对这个地区的自然、经济、技术、市场进行广泛调查后，他提出了这个地区商品性支柱产业设计和产业结构调整的构想，并在山西省农业系统干部大会上就这个构想做了报告，引起了广泛关注。

随后，严瑞珍又根据自己在长期的农村实践调研中所总结出的经验，对中国的农业产业结构调整、机械化进行了深入研究，呼吁加快农村第三产业的发展，提出中国的农业机械化只能从增产显著和农忙时劳动力十分紧张的农活切入、稳步前行，走有选择的农业机械化道路。针对我国的农业的现代化问题，他还提出应当建立具有中国特色的农业技术体系的观点，为我国的农业现代化提出了新的发展方向。

讲好中国学术故事

学术研究从来不是闭门造车，于实践中厚积薄发的农业经济学，与中国的农村经济改革实现了"双向奔赴"，最终以辉煌成果震撼世界。

1980年，由国际农业经济学家协会主席丹姆斯教授、副主席大川一司教授以及赫尔德利斯司库一行三人组成的代表团访问中国，严瑞珍陪同他们对南京、上海及苏南农村进行了实地考察，向国际学界展示了中国农村经济改革的伟大成果和中国农村的光辉前景，更让他们意识到中国农村未来将对世界农业经济学术界研究产生深远影响。通过这次访问，我国农业经济学界和国际农业经济学界中断了长达40余年的联系得以重新建立。

1981年，严瑞珍应邀参加了世界农业经济学家大会，并在专设的中国农村经济改革专题报告会上做报告。这次报告极大地吸引了外国学者的关注，近千人的报告厅座无虚席。报告结束后，严瑞珍身旁更是挤满了各国学者，有继续提问的，有要求留下通信方式以便日后联系的，有没拿到论文要求补寄的……中国农村经济改革的成就随着严瑞珍的演讲走向了世界，严瑞珍也真切体会到了作为一名中国学者的自豪。

会后，严瑞珍应日本、美国、德国、印度、英国等国大学和研究机构的邀请，参与了大量国际研究，包括"世界粮食体系"（美国密歇根州立

严瑞珍：
踏遍千山万水　心寄田垄之间

大学课题）、"中日农村经济的比较研究"（日本国际开发研究中心委托课题）、"提高财政扶贫基金使用效率"（世界银行项目）等大型研究项目，真正将中国农业经济学推出了国门，带向了世界。

这位引领农业经济学界学术潮流的知名学者，却是一位极其谦逊的人。2004年，在严瑞珍从教50周年座谈会上，捧着刚刚发布的《严瑞珍文集》，他谦和地说："50年的经历中有欣慰也有遗憾。欣慰的是50年来农业农村教学研究这颗心没有变，始终心系农村、心系农民、心系农业；遗憾的是学习方面有空缺，实践总结得不好，创新差得更远。"即使已经取得极高的学术成就，他却依然数十年如一日地保持着谦逊的品格，不断反思，不断总结，永远奋斗在中国农业经济研究领域的第一线，为我国农村经济建设而奉献！

唯愿青山披绿装

伴随改革开放大潮而来的有诸多诱惑，但严瑞珍始终坚定地走在自己认定的路上。自从1985年中央提出反贫困战略部署后，严瑞珍就和反贫困结下了不解之缘。

他用双脚丈量中国山区农村的土地，走访了太行山区、大别山区、罗霄山区、吕梁山区、武陵山区、贺兰山区以及内蒙古的阴山山脉和草原地区。之所以选择这些地区开展调研，是因为随着改革开放的深入，在农村经济面貌得到普遍改变的同时，地区及城乡间的差距也逐步扩大。在东部地区高速发展的同时，中西部山区由于自然环境的制约，农民生活还是十分困难。了解到当地的情况后，严瑞珍问自己：在僻远的山区、贫瘠的草原、莽莽的沙漠还生活着贫困的农民，他们怎样才能像东部地区的农民一样快速富裕起来？

通过广泛的贫困山区调研和亲身经历的反贫困工作，严瑞珍逐渐意识到，山区贫困缘于经济发展的瓶颈制约因素没有根除：生态环境十分脆弱；自给自足的生产方式占据统治地位，商品经济没有得到发展；制约生产发展的条件，比如交通、运输、信息、流通等，也远未发展起来；农民的人文素质并未根本改善；农村社会发展水平依旧很低。

在我国，山区面积几乎占到国土面积的70%，作为耕地使用的面积在山区则少之又少。为了维持生计，农民不得不开垦山地，却进一步引起植被破坏、水土流失，最终形成恶性循环，生态失衡愈演愈烈。这样的生态环境下，在收成不好的年头，农民根本无法获得温饱，且由于农户长期处在自给自足的自然经济模式之中，这种既无经济动力也无经济活力的经济模式面对自然灾害的侵袭根本无力抵抗，最终导致环境破坏、农民贫困循环往复。

因此，严瑞珍清楚地认识到，要想从根本上改变中国贫困地区的样貌，绝非一朝一夕之功，而是一项系统工程，单靠引进一项先进农业技术、一个新产业是绝不能改变整体面貌的。为此，他写下《中国贫困山区发展的道路》一书，系统地阐释了中国贫困山区的分布、治理的紧迫性、生态、粮食、资源开发、技术引进等问题。此书受到时任国务院扶贫领导小组副主任及扶贫办主任杨钟的欣赏，被称为"中国第一部最系统、最有深度的反贫困理论力作"。该书后来也获得诸多奖项，包括孙冶方经济科学奖（1996）和国家教委第一届人文社会科学研究优秀成果一等奖（1995）。

在从事反贫困理论研究的同时，严瑞珍也始终坚持走在实践的路上。1991年，严瑞珍争取到德国EZE基金资助，在太行山区的内丘县建立了脱贫与发展试验区，覆盖了河北省内丘县3个乡51个村的5 300户2.1万人。在这一试验区中，严瑞珍所创建的"脱贫与发展内丘模式"首次得到

严瑞珍：
踏遍千山万水　心寄田垄之间

了应用。9年时间里，内丘项目帮助当地改善生态环境，发展经济，同时开展技术推广、人力开发培训、社区建设等一系列社会发展方面的工作，最终项目户人均收入由1993年的337元增加到2005年的2340元，使得1万多贫苦农民成功摆脱了贫困，让当地的人文环境焕然一新。

荣誉接踵而至，内丘项目1997年获国家科技扶贫奖，1999年获河北省山区创业奖，2001年获振兴内丘经济特殊贡献奖，2002年获邢台市山区开发特别贡献奖……无疑表明了社会对内丘项目扶贫实效的认可，严瑞珍却"捧着一颗红心来，不带半根青草去"。

2002至2007年，年过古稀的严瑞珍又依托"内丘模式"在内蒙古和林格尔县建立起另一个反贫困试验区，帮助当地4000多农牧民通过发展奶牛业，改善生态环境，发展卫生和教育事业，推动社会进步，过上了小康生活。此外，基于脱贫与发展内丘模式的理论和实践，严瑞珍应邀指导了山东沂蒙山区、河北和山西太行山区、湖南武夷山区、云南西双版纳，以及河南、内蒙古和贵州等省区的贫困地区脱贫和开发工作，让大量中国农民摆脱贫困，走向小康，过上了富足的生活。

如今，严瑞珍已是耄耋之年。他曾历经枪林弹雨的岁月，也曾见证高速发展的新时代，时光荏苒，农业经济和农民生活是他始终不变的牵系。从事学术研究70载，他于三尺讲台之上育英华，收获桃李满天下；于群山田垄之间谋发展，换得农村新面貌。踏遍青山，情牵田野，他以"立学为民、治学报国"的精神，始终奋斗在中国农业经济发展的研究之路上！

（执笔人：赵　禾　邱乐陶　潘　靖）

【侧记】

我的老师严瑞珍先生

孔祥智

我上大学时，严瑞珍先生就是中国农经界的一面旗帜，在拜读了他的许多文章后，我感受到农业经济科学的妙趣横生。所以，1985年我义无反顾选择读人大农经系的研究生，终于有幸听取严老师的课程，深切感受先生的风采。

当年，为我们授课的老师们，无论本系还是外系的，都是（或者后来都成为）学术界的泰山北斗，每个人上课都有其特点，使我颇有"刘姥姥进大观园"之感，应接不暇。老师们的一桶水，我能够接到的可能仅是一小杯，但依然让我受益终身。

具体到严老师，开设的课程名称是"农业企业管理学"，但没有教材，老师每次上课都发给我们他自己的文章，都是在《经济研究》《农业经济问题》等刊物上发表的。上课采取的方式是严老师自己把文章背景、核心内容、研究方法等讲清楚，若有时间，我们则围绕文章进行讨论、发言。这门课很有启发性，相当于我们围绕着十余个专题进行了为期一个学期的科研训练，深度锻炼了我们的思考力、逻辑力和表达力。这是我第一次上这种形式的课程，内容新鲜，十分佩服，对我撰写硕士论文以及从事之后的教学研究工作大有裨益。后来，我留校做了教师，我自己的一些课程就是按照严老师这门课的思路设计的，可以说严老师的课程不仅开阔了我的视野，也对我之后教学科研工作的开展起到了极大的促进作用。

严瑞珍：

踏遍千山万水　心寄田垄之间

作为农业经济学界的领军人物，严老师的学术贡献表现在很多方面。其中最突出的是两个方面：

一是关于工农产品价格"剪刀差"的研究。这是他承担国务院原农村发展研究中心委托课题"中国工农产品价格剪刀差"的研究成果。"剪刀差"是斯大林提出的概念，国内很多经济学家都对此有所研究，但怎样计算"剪刀差"？数额究竟有多大？这样的基础性问题无人回答。严老师就在这样的背景下受委托开展了这项具有开创性的研究。在这项研究中，严老师创造性地把"剪刀差"区分为比价"剪刀差"和比值"剪刀差"，并按照社会必要劳动时间决定价值的理论，通过可比劳动法测算工农产品"剪刀差"。他的研究成果在《经济研究》发表后，在学术界引起了强烈反响，很多学者受此启发才从其他角度进行计算。这项成果获得了第二届薛暮桥价格研究奖（2001年）。严老师计算的期间是1952—1987年。2009年新中国成立60周年，我受严老师的启发，和几位学生计算了新中国成立后中国农民对国家工业化的贡献，其中包括"剪刀差"贡献、劳动力贡献、土地贡献、资金（外流）贡献等。这也算是一种学术传承，而且已经传到了第三代。

二是对于反贫困问题的研究。在跟着严老师学习的过程中，我听老师多次讲到"贫困是现代人脸上的伤疤"。所以，他从20世纪80年代起就致力于抹掉这个伤疤。80年代中后期，他在山东的沂蒙山区开展反贫困问题研究。1991年，严老师和德国方面合作，在太行山区的内丘县创建了反贫困试验区，覆盖了3个乡51个村的5 300户2.1万人。试验区为农民修筑梯田，建村卫生所和希望小学。2002年，又继续在内蒙古和林格尔县创建了另一个反贫困试验区，帮助当地4 000多农牧民实现脱贫致富。当然项目不仅仅是开发，还有大量调研，记得当时多位师弟的硕士、博士论文都是试验区研究的成果。严老师依托试验区研究，完成了一系列著作和论文，其中，《中国贫困山区发展的道路》获得1996年度孙冶方经济科学奖。我当时具体负责的是严老师承担的国家社会科学基金课题"转型时期农户经济行为研究"，但也随老师去过内丘县试验区进行调研。我还清楚记得，当时试验区办公室设在该县岗底村村部，在刚建起的一座简易的两层小楼里，严老师住在楼上的一间小屋子，条件非常简陋。进大门是一棵新栽的迎客松，严老师带着我们几个学生和德国来的丹姆斯教授一起在迎客松前合了影，这些都成了现在珍贵的回忆。

2018年，我受全国供销合作总社的委托，调查河北省供销社改革问题，县供销社同志安排的一个点就是岗底村。到村部一看，这不是当年去过的地方吗？而且村支部书记也是当年的年轻村干部。熟人相见，十分高兴，我们一起回忆起严老师当年在艰苦条件下为扶贫所做的工作，并共同举杯祝老人家身体健康。离开前，我带着学生在迎客松前留了影，并把两次合影一并发给了严老师。我想，这也是学术传承的一个很好的例证。

我很幸运，能够留在学校工作，并一直跟随老师学习。记得曾多次听到严老师说："上了一辈子的课，没有一次感觉备课是充分的。"事实上，我从求学到工作，听了严老师半辈子的课，没有一节课感到老师没准备充分。我想，这是严老师一生对职业敬畏的精神。

(作者系中国人民大学农业与农村发展学院教授，该文写于2022年4月20日)

赵履宽：
拓劳人之学
育桃李芬芳

【先生小传】

赵履宽，1930年出生，云南大理人。1949年考入华北大学，后留校工作。1953年加入中国共产党。1978年，牵头创建中国人民大学劳动经济教研室，是为劳动人事学院的前身。1982年，劳动人事部决定要建立一所自己的直属院校，培养劳动人事方面的专业人才，遂成立了劳动人事学院筹建小组。赵履宽积极奔走，推动劳动人事部与中国人民大学合作共建。1983年，劳动人事部和中国人民大学合办的劳动人事学院正式成立。赵履宽历任劳动人事学院副院长、院长。2000年，劳动人事学院隶属关系完全归属中国人民大学。

赵履宽是中国劳动科学和人力资源管理学的主要奠基人和开拓者，国务院学位委员会批准的第五批博士生指导教师之一，中国人民大学荣誉一级教授。他的研究方向涵盖劳动经济学、劳动社会学、劳动法学、劳动保护学、社会保障学、人力资源管理学等领域，代表性成果有《劳动经济与劳动管理》《劳动社会学概论》《人事管理学概要》《劳动经济学》《我国当前劳动就业的几个问题》《谨防对国有企业改革进程的扭曲、干扰和拖延》等。他先后获得国家级和省部级科研成果奖十余项，1992年被评为国家级有突出贡献的专家，享受政府特殊津贴，曾获"人力资源管理教育终身成就奖""中国劳动科学教育终身成就奖"等重要奖项。

赵履宽：
拓劳人之学　育桃李芬芳

"劳动"无疑是赵履宽 70 余年学术生涯的关键词。1949 年 1 月，赵履宽以第一名的成绩被华北大学录取，毕业后便留校任教，见证了几十年来我国劳动经济学打破苏联模式、茁壮生长的历程。1953 年 2 月，他加入中国共产党，从此坚守"为党育人、为国育才"的初心使命，积极投身新中国建设和改革开放事业，为社会主义建设发展培养了大批人才。

"如果没有对劳动问题的深入研究，就没有政治经济学和社会主义学说，从而也就没有马克思主义。"赵履宽深刻地认识到"劳动""人力资源"的重要性，以及研究劳动问题对社会主义建设事业的重要性。他提出，中国的振兴取决于人力资源的开发，认为可以通过发展教育事业培养具有较高智力素质和非智力素质的人才，有效地开发和利用人力资源，不断健全劳动力市场，促进我国整体经济状况的改善与发展。他的教学和研究，对中国劳动经济学说的创建以及劳动人事制度、分配制度的改革等都起到了巨大的推动作用。

在中国人民大学劳动人事学院的院史中，赵履宽是筚路蓝缕的开拓者，也是桃李芬芳的"师者之师"。他奠学科之基础，开领域之先河，推动成立了我国第一所劳动人事学院，开设了我国第一个人事管理本科专业，填补了人力资源管理学科领域的空白。他身正为师、行为世范，严爱相济、润己泽人，既精通专业知识、是一名"经师"，又涵养德行、更是一位"人师"，成为深受学界赞誉的楷模、后辈学人效法的榜样。

艰苦求学　忧国忧民

1949 年 10 月 1 日，下午 3 时，毛泽东主席向全世界庄严宣告中华人民共和国中央人民政府成立。接下来的群众游行仪式上，华北大学的师生高举毛主席亲笔题写的"华北大学"横幅进入天安门大道（唯一被允许通过金水桥主桥经过天安门的学校），师生们高呼"毛主席万岁"，毛主席也以"华北大学的同志们万岁"作答，在整个游行过程中形成了一次高潮。不过，也有一些华大的师生没有在这支队伍中，而是在天安门城楼边上。某个转角处，正在站岗的赵履宽听到了呼喊声，忍不住又挺了挺胸膛——他在这里履行着非武装标兵的职责。穿越半个多世纪的历史烟云，曾经朝气蓬勃的青年如今已是耄耋老者，可在他心中，"华北大学的同志们万岁""人民万岁"的呼喊从未褪色。

1937年7月7日，"七七"事变爆发，全面抗战开始。1937年12月，日军攻占南京后，武汉成为中日争夺的焦点。1938年6月，武汉会战打响，迫于形势，华中大学开始迁校办学，几经辗转来到了云南喜洲，这里是赵履宽的故乡。好客的喜洲百姓以极高的热情迎接这些充满抗日救亡激情的同胞，当地的商帮名流纷纷资助师生搬迁的路费，动员村民腾出房舍供师生使用。华中大学的师生落脚于此，时常组织在街头宣传抗战、讲解抗战的道理，在街头巷尾书写"有力出力，有钱出钱""驱逐日寇，还我河山"等爱国标语。总角之年的赵履宽平生会唱的第一首歌就是华中大学师生传唱的"打倒日本，打倒日本，除汉奸，除汉奸……"幼年的赵履宽逐渐意识到，日本人侵占了祖国的国土，杀害了我们的同胞。这种爱国意识极大地启蒙了赵履宽的报国情怀，对他的一生有着深远影响。

1940年初，在家人的帮助下，赵履宽前往昆明读高小。抗战期间，日军频繁空袭昆明，赵履宽亲眼见证了日寇轰炸昆明的罪行和当时百姓的艰苦生活：倒塌的房屋、街头的尸体以及痛不欲生的人们……这些空袭后的悲惨景象汇集成苦难长河。那时，美国空军特遣队和第十四航空队先后进驻中国援助抗战，因其英勇无畏能征善战，被誉为"飞虎队"。他们多次与日军在昆明上空展开激战，警报解除后，赵履宽常和同伴一起兴高采烈地去看日军飞机被击落的狼狈景象，向往着日后能像天上的飞行员一样英

赵履宽：
拓劳人之学　育桃李芬芳

勇杀敌、报效祖国。

1945年8月15日，日本天皇向全世界发表广播诏书，正式宣布无条件投降。一时间，昆明街头鞭炮声、锣鼓声不断，市民们庆祝狂欢至深夜。但不久后，全面飞涨的物价让期待新生活的百姓大失所望。在爱国民主运动浪潮的影响下，昆明逐渐成为国民党统治下"民主活动的摇篮"，全国爆发了以声援昆明学生运动为主要内容的爱国民主运动，各地先后掀起反内战、争民主斗争的高潮。中学时期的赵履宽积极地投身于"反专制，争民主""反饥饿，反内战"等民主运动中，并在1946年夏担任了昆明天南中学学生自治会主席。

1948年8月，赵履宽在家人的支持下前往北平求学。由于路途遥远颠簸，待他到达时，当年的第一批大学招生已经结束，只有朝阳学院、中国大学和华北文法学院三所学校正在进行第二轮招生，它们都录取了赵履宽。经过比较，赵履宽选择了华北文法学院。入学不久，赵履宽与同宿舍的中共地下党员傅青成为好友，得以阅读和接触中共地下出版的书刊。当时的北平"山雨欲来风满楼"，两人都暗自期待着改天换地的大变动。

1949年1月下旬，解放军先遣部队进入北平。当时，由中国共产党亲手创办、承担着培养万千建国干部任务的一所新型大学——华北大学，一同来到北平招生。赵履宽是第一个报名者，也是录取榜上排名第一者。此后，赵履宽作为华北大学新生，来到了河北省正定县的华北大学原校址接受培训，教材为毛主席的主要著作《新民主主义论》《论联合政府》《目前形势和我们的任务》等。毕业后，赵履宽留校任教，被派到华北大学天津分校，担任培训上百名青年干部的任务。1949年9月，此时华北大学已经迁入北平，完成任务的赵履宽回到位于铁狮子胡同的华北大学新校址，开始学习俄语。

怀着满腔热忱，1949年3月，当时作为中国革命青年联盟成员的赵履宽甫一进入华北大学就申请加入中国共产党，但因家庭出身问题，遇到了一些阻碍。在赵履宽的入党推选会上，当时在外地工作的傅青以当年地下党员的身份证实赵履宽在北平解放前即有进步思想，倾向革命；介绍人赵基凯则坦率地指出："四年前我入党时的政治觉悟，比赵履宽现在的政治觉悟低得多，所以我介绍他入党。"这些人的发言改变了僵持的局面。1953 年 2 月，赵履宽光荣加入中国共产党。

治学勤敏　求真务实

在 70 多年的治学生涯中，赵履宽思想解放、勇于创新，不盲目崇拜权威，把追求真理作为唯一目标。

早在 1957 年 3 月，赵履宽就在《大公报》发表了《社会主义制度下的商品生产由什么决定？》一文，对斯大林关于国营企业之间调拨的生产资料不是商品的观点提出了异议。这篇具有独到见解的文章被收入科学出版社出版的《我国经济学界关于社会主义制度下商品、价值和价格问题论文选集》。此后，他还发表了一些关于工农产品比价、商品差价等方面的论文，并在贸易系首次讲授"价格理论"课程。

1973 年，周恩来总理建议成立工资理论研究小组，赵履宽作为研究小组的一员，对我国的工资问题进行了深入研究。之后，他还曾被借调到国务院政治研究室工作。1977 年，他在《人民日报》发表的《驳"四人帮"在劳动报酬形式问题上的谬论》是"文化大革命"后较早见报的一篇在按劳分配问题上"拨乱反正"的文章，引起强烈反响，被国内几十家新闻媒体转载。中国劳动工资研究会在北京成立，时任计委经济研究所所长于光远对赵履宽说："你当总干事，咱们也不搞什么会长了。"改革开放后，赵履宽意识到劳动经济学对我国经济社会改革与发展的重要作用，他的研究

赵履宽：
拓劳人之学　育桃李芬芳

范围逐渐延伸至就业、工资、社会保障等领域。

股份制改革是我国经济学家探索的一个重要方向，对于我国改革实践产生了重要指导作用。1980年夏，时任国务院副总理万里主持召开全国劳动就业会议，于光远、冯兰瑞、赵履宽、胡志仁、鲍恩荣等人在会议上建议进行股份制试点。同年8月，赵履宽在《人民日报》发表了《我国当前劳动就业的几个问题》，文章从"统包统配"制度、人口政策、所有制结构、经济结构等方面对导致我国就业问题尖锐化的原因和解决途径进行了深入探讨，批判了否定中国失业问题和人口问题的"左"倾思潮，提出破除"铁饭碗""大锅饭"的固有体制。该文引起强烈反响，被认为是"打响劳动体制改革的第一枪"。多年以后，赵履宽还清晰地记得那篇文章发表过程中的特殊经历："《人民日报》的主编及理论部负责人觉得这篇文章不能报批，一旦报批可能就登不出来了，所以他们干脆'先斩后奏'，直接就登出来了。"正是由于这一段经历，赵履宽的研究领域从工资扩展到了人员管理、劳动力市场等。

1981年，中国劳动工资研究会并入中国劳动学会，赵履宽任副会长。同年，赵履宽在《经济理论与经济管理》撰文提出"社会主义条件下劳动力属于劳动者个人所有"的观点，随后他进一步撰文指出，劳动力的买卖具有一种出租的性质，既可以买卖，又要维护劳动者的公民权及其他合法权益。1983年，赵履宽在《我国工资制度的改革问题》一文中指出，我国现行工资制度的主要弊病是平均主义。1984年到1985年间，出于劳动人事学院教学的急切需要，赵履宽主编了《人事管理学概要》一书，加上他出版的《劳动经济与劳动管理》《劳动社会学概论》两本书，奠定了我国人事管理学科教材的基础。著名社会学家费孝通先生为《劳动社会学概论》作序说："作为应用社会学一个分支的劳动社会学，在宏大的社会学体系中居于特殊重要的地位。"

1988 年，赵履宽进一步提出了"按生产要素分配是商品经济的必然要求"的观点。同年，赵履宽与杨体仁等合著的《中国劳动经济体制改革》一书出版，该书是其劳动经济学思想的阶段性总结，打破了传统劳动经济学的旧框框，在学术界和相关工作领域产生了相当大的影响。1989 年，赵履宽在《评放权让利和双轨制的改革思路》一文中指出，计划经济与市场经济不能长期并存，正如在一场体育比赛中不能出现两套规则和两个主裁判，当前我国事实上存在的"半计划半市场体制"，正是产生腐败（权钱交易）的制度性根源。

2001 年 5 月，已步入 70 岁高龄的赵履宽在《中国人力资源开发》发表《关于 21 世纪人力资源开发的几个问题》，文章指出，人的价值的全面提升是 21 世纪的主流趋势。从全球范围来看，知识经济已成为 21 世纪的主导性经济，推动科技创新和制度创新是 21 世纪的成功之道。

远见卓识　敢为人先

迈入中国人民大学的东门，"实事求是"石后面的砖灰色四层大楼被爬山虎覆盖，枝叶满墙，绿意盎然。这座大楼建成于 1951 年，2004 年定名为"求是楼"。求是楼内诞生了全国第一个人力资源管理专业、第一个社会保障专业、第一个劳动关系专业、第一个劳动经济学博士点、第一套适应市场经济背景的全国性劳动科学教材，见证了中国人民大学劳动人事学院筚路蓝缕的建院历史，也见证着赵履宽等前辈学者勤耕不辍、薪火相传的佳话。

"文化大革命"期间，中国人民大学暂时停办，赵履宽曾先后借调到国务院工资理论研究小组、国务院政治研究室工作。1978 年，以于光远为首的国务院工资理论研究小组解散时，他语重心长地嘱咐赵履宽：你不要

赵履宽：
拓劳人之学　育桃李芬芳

中断对劳动工资问题的研究，争取把劳动工资研究会挂靠到人大。同年，中国人民大学正式复校。赵履宽与许多同事一样怀着激动的心情回到学校，并且继续积极奔走，请示学校主要负责人，创建了中国人民大学劳动经济教研室，是为劳动人事学院的前身。

1981年，劳动经济教研室开始招收硕士研究生。1982年，国务院将原国家劳动总局、国家人事局、国务院科学技术干部局和国家编制委员会四个单位合并，成立劳动人事部。新成立的劳动人事部很快决定，要建立一所自己的直属院校，培养劳动人事方面的专业人才。劳动人事学院筹建小组正式成立。当时，包括中国人民大学、南开大学和北京经济学院（现首都经济贸易大学）等学校都在努力争取与劳动人事部共建学院的机会。得知这一消息，赵履宽主动和劳动人事部联系，建议在劳动经济教研室的基础上创办劳动人事学院。1983年，劳动人事部和中国人民大学联合向教育部、国家计委提交"关于合办劳动人事学院"的报告并获批准，设有劳动管理、工资福利和人事管理3个专业，同年开始招收全日制硕士研究生；并开办劳动经济和人事管理干部进修班，学员自各省、自治区、直辖市的劳动人事部门选派。赵履宽后来回忆，中国人民大学的知名度和美誉度，还有人大教师发表的有关劳动就业、工资福利方面的大量文章，都是劳动人事部最后选择与人大合作的促成因素。

1983年7月，劳动人事部与中国人民大学正式签订了双方合办"中国人民大学劳动人事学院"的协议，规定劳动人事学院的经费（包括工资）由劳动人事部拨给；学院的教学科研工作由中国人民大学领导。此后不久，劳动人事部拨给学院基本建设款420万元，还可按特别低的计划内价格购买建筑材料，这在当时是一笔相当大的款项。彼时院长一职暂缺，赵履宽担任副院长。最初，学院统共只有两间半小屋子，教师办公、开会的地方都没有。为了建设教学楼，赵履宽时常骑自行车往返奔波于学校与和平西街的劳动人事部,他曾描述这段时光:"我们建院那一段日子,就是'从零到一'。'零'就是白手起家,老师、教材、办公室,什么都没有,要我们一点一点去奋斗,奋斗到后来,就有了'一',出来了这一个劳动人事学院,再后来的发展,那就是一生二、二生三、三生万物了。"

1985年,学院迎来了第一届本科生。赵履宽在全院教师大会上提出了科研和教学的"三化"目标——经济市场化、政治民主化、文化多元化,这成为劳动人事学院的教学科研取向。在赵履宽看来,中国已经显现出了向市场经济转型的趋势,学术研究一定要紧紧跟上,甚至要起到引导的作用。"经济市场化"是提倡在进行劳动经济相关研究时,关注点为市场化的经济体制和运行逻辑。"政治民主化"是在建院之初,赵履宽主导建立的一种"学生评价老师"机制,实际上就是后来普遍实行的教学评估体系,得到了良好的实施效果。"文化多元化"则是在学院内广泛地开设社会学、心理学、组织行为学等课程。"那个时候还是有一些限制的,但是我觉得要多元,不要搞单一的价值灌输。"赵履宽曾这样说。在劳动人事学院首次开设人事管理课程前,人事管理被局限在"政治保卫"的范围之内,各个企业、事业单位大都设有劳动人事保卫科(处、部),或直接由党的组织部门管人事。劳动人事学院还因为这一创新举措受到北京市政府的嘉奖。

1992年,赵履宽正式出任劳动人事学院院长,"重点抓引进人才和教学科研质量两件事"。那时这一领域的师资力量急缺,为了充实教师队伍,赵履宽几乎是不放过任何一个引进优秀教师的机会。一次外出访问时,他注意到一位教师讲课十分精彩,立即询问那位教师是否愿意调到人大劳动人事学院,得到肯定的答复后,赵履宽就马上积极创造条件。赵履宽自豪地表示,这些人才是劳人院最宝贵的财富,"劳人院拥有的资本就是人力资本，这是劳人院取得突出成就的秘密所在"。

西方人力资源管理理论传入我国后，1993年，中国人民大学劳动人事学院在全国率先将"人事管理专业"改为"人力资源管理专业"。1993年设立全国第一个劳动经济学博士点并首次招收博士生，赵履宽为第一位博士生导师。在赵履宽的带领下，劳人院汇聚了一批具有市场化和国际化意识的教师，敢于抛弃苏联劳动学科体系与我国实际不符的部分，大胆提出发展中国劳动力市场，积极推动运用现代人力资源管理理论、技术和方法，解决我国企业面临的关于"人"的实际问题。20世纪90年代，赵履宽曾两次赴日本，与大阪经济法科大学教授相马达雄进行学术交流，以此为契机，相马达雄自费赴华，为劳动人事学院开设"劳动法"讲座，效果极佳，相马达雄也因此被国家教委誉为"长期自费来华讲学第一人"。

赵履宽锐意改革、兼容并包的办学思路，追求真理、永不懈怠的治学精神，时时鼓舞着劳动人事学院的师生们。2003年，劳人院的人力资源管理专业成为全国唯一拥有学士、硕士、博士完整培养体系的人力资源管理学科；2021年，其人力资源管理专业入选2020年度国家级一流本科专业建设点；2022年，劳人院的劳动经济学、劳动关系、劳动与社会保障三个本科专业入选2021年度国家级一流本科专业建设点；至此，劳动人事学院四个本科专业全部入选国家级一流本科专业。现在，劳动人事学院已经成为中国劳动科学研究的最权威学府，是国内相关学术领域最早的开创者，更是改革开放以来中国人力资源最佳管理实践的推动者。

诲人不倦　懿范高风

从1952年在中国人民大学执教开始，赵履宽已经从教70年了，先后讲授过十几门课程。自 1972 年以来，他将劳动经济学、劳动社会学、人事管理学这三门融合学科作为教学的主攻学科。在长期的教学和科研实践中，赵履宽逐渐形成了自己的"治学座右铭"：博览群书，交叉联系，继承创新，不断完善。

1956 级校友黄宝璋对学校里的第一堂课记忆犹新："赵履宽老师是我们的启蒙老师，他给我们讲的第一节课不是专业课，而是基础课，是教我们将来要为人民服务，要立学为民，要实事求是、艰苦奋斗。"多年以后，成长为劳人院教授、博士生导师的彭剑锋在回忆时感慨："选择劳动人事学院，师从赵履宽教授攻读硕士学位并留校任教，是我一生的荣幸和最智慧的选择。"现任俄罗斯科学院远东所中国社会经济问题研究中心主任奥斯特洛夫斯基，曾于 1989 年到劳人院进修，赵履宽为他组织了两次外出访学交流活动，他说："这让我有机会了解中国各城市企业的改革经验，直到现在我都非常感谢他。"面对这些赞誉，赵履宽总是哈哈一笑："青出于蓝而胜于蓝，我指导过的几十名博士生、硕士生，现在的专业水平和获取知识能力都超过了我，我为此感到自豪！"

1999 年 1 月 3 日，赵履宽办理了离休手续。其实他早就可以离休了，但作为当时中国屈指可数的劳动经济学博士生导师，赵履宽还想尽最大努力为这个领域再多培养一些博士生。本着这样的初心，即便是离休后，他每年还招收 1 至 2 名博士生，不仅亲力亲为地教授指导，还会每学期应邀给全体博士生开讲座，从哲学、传统文化及当下重大社会问题的视角，对博士生进行思想上、理论上、专业上的指导，为他们奠定广阔而扎实的学科基础。他并不以此为累，常常用《论语》中的"知之者不如好之者，好之者不如乐之者"一句来表达自己教书育人、耕耘不辍的人生乐趣。

2019 年，为表彰赵履宽为中国人民大学的人才培养、学科建设以及我国哲学社会科学繁荣发展做出的突出贡献，赵履宽被授予中国人民大学荣

赵履宽：
拓劳人之学　育桃李芬芳

誉一级教授称号。

行文至此，让我们把镜头稍稍转向赵履宽的家庭生活。如今，已携手走过将近70载的赵履宽、杨勋夫妇，享受着四世同堂的幸福。杨勋是抗日烈士杨绍震之女，是中国人民大学1951级农业经济系校友，曾任教于北京大学经济系，是当代中国农业经济学创始人之一。20世纪50年代初，杨勋与赵履宽在人民大学相识，二人畅谈当时的形势和令人期盼的未来，杨勋问他，为什么要在1948年奔赴炮火连天的北方上大学？赵履宽的回答很坚定："向往革命，追求进步。"深受民主先进思想教育的两个年轻人渐渐互生好感，萌生了爱情。1953年8月6日，他们结婚了。

后来的动荡时期，两人时常不在一地。杨勋经历了太多坎坷和磨难，苦不堪言，"但我的心更贴近劳动人民了"。1979年，她终于能回到北大继续做农业经济方面的研究，年底就去了安徽，做包产到户的专题政策性研究。1980年，杨勋在合肥受邀与时任省委书记万里畅谈，此次谈话坚定了万里明确支持农村改革，肯定责任田试验的信心。后来有一次在中南海怀仁堂开会，万里热情地向在场的胡启立和郝建秀介绍说："这是北大的杨勋，是为农村改革出过力的。"杨勋主持建立的北大经济管理专业后来发展为北大经济管理学院、光华管理学院，她曾和厉以宁共同下放农村劳动锻炼，也曾关心支持台湾籍学生林毅夫、指导帮助他完成了中国农村改革内容的论文。

时至今日，杨勋这样评价他们的婚姻生活："我们60多年处得很好，就是很信任对方，不猜疑，互相比较忠诚。"这大概要归功于他们二人共同的价值观——坚定不移的信仰、矢志不渝的学术追求。晚年的赵履宽夫妇善于从中国传统文化中汲取"自然无为"等人生哲思，认为中国传统文化里"中庸之道""道法自然""和而不同"等思想，对于人力资源开发和管理有很重要的借鉴意义，"对于人力资源管理者来说，人性的问题可以说是一个常青的问题，是我们需要永恒思考的问题，也是根本性的问题"。他寄语青年人要坚定文化自信，更多阅读经典，扎根中国大地，努力创造一流的学术成果，也要常怀仁爱之心，畅享人生乐趣。

（执笔人：毕　玥　杨巧莉）

赵履宽：
拓劳人之学　育桃李芬芳

【侧记】

道法自然、文化传承与快乐生活

仇雨临

赵履宽教授是中国人民大学荣誉一级教授、博士生导师，是劳动人事学院的创建者，我国劳动科学的开拓者，2008年获人力资源管理教育终身成就奖，2010年获中国劳动科学教育终身成就奖。作为赵履宽教授的弟子，我有幸聆听赵老师的谆谆教诲，耳濡目染赵老师的高尚品格，感受赵老师的博学多识和博大精深。我以与恩师赵履宽教授的师生缘分为荣，导师的谆谆教诲使我受益终身。对赵老师卓越成就的感悟，来自赵老师对我在学业、工作上的指导；来自赵老师每年秋季新学期开学后给博士生开的讲座；来自赵老师在为人处事中的点点滴滴。

人生哲学：道法自然

赵老师推崇中国传统道家哲学提出的"道法自然"。根据赵老师的观点，"道法自然"一是指不以人类私利为中心而对自然环境妄加干预破坏；二是人类的一切行为皆应顺从自然，一切按照万物的自然本性运行；三是追求人类原本的精神境界。在人与自然关系上，要求人类效法自然、顺应自然，使天地万物都处于自然和谐状态。道家的"道法自然"等思想，能够为现代人正确处理人与自然关系提供新的哲学基础，引导人类把尊重、爱护自然转化为内心的道德律令，自觉地顺应自然、师法自然、亲近自然，真正做到人与自然的和谐统一。

道法自然的思想，也体现在赵老师的方方面面。在指导学生上，赵老师尊重学生的自然特点，根据每个学生的特质来教导、指导和引导学生，而非强行输出自己的观点、干预学生的选择。在学院管理上，赵老师给予学院师生充分自由的发展空间，营造了劳动人事学院以劳动科学为核心且欣欣向荣、"百家争鸣"的发展生态。在学术研究上，他主张回归常理、追求真理，即老子《道德经》的"常道""恒道"，长久起作用的道理、规律。

对我个人而言，道法自然的思想启发了我的专业理念和教学工作。我是一名研究社会保障专业的学者，公平是永恒的追求，社会分配是重要的领域。"天之道，损有余而补不足。人之道则不然，损不足以奉有余。"科学分配，抑峰填谷，为每个个体提供基础的社会保护和生活保障，是社会保障的政策目标，同时也正是对"损有余而补不足"的天之道的回归和遵循。此外，在指导学生的过程中，受赵老师的影响，我同样实践充分尊重学生自主性的原则，在学生起步的时候根据学生的特点指出方向，在学生走偏的时候及时纠偏，不强加干预学生的道路和选择。每个人都是独立的自然个体，在"道法自然"思想的影响下，我也从学生身上学习他们的宝贵品质，教学相长。

文化追求：深耕传统

我很感佩赵履宽教授每年在开学之初都会从哲学和传统文化视角对博士生进行思想上、理论上及专业上的教诲与指导，为劳动科学领域（劳动经济学、劳动关系、人力资源管理、社会保障）的博士生的培养和进步奠定一个广阔而扎实的学科基础。作为赵老师的弟子，我参加了恩师大部分的讲座，感受到了赵老师深耕传统文化的思想底蕴。

赵履宽：

拓劳人之学　育桃李芬芳

赵老师认为，把握中国传统文化之精髓，是一种文化自信，也是未来中华民族复兴路上很多事业的出发点。与此同时，也要在掌握传统文化之精髓的基础上与时俱进、不断创新。一个国家、一个民族要创新，首先，思想上、文化上要走到创新的最前线，这是深层精神驱动力和文化驱动力，这是创新的最上游，也是学习掌握传统文化之精髓的最高要求。为什么要掌握中华民族传统优秀文化精髓？因为这是创新的源泉与积淀。就如同一栋楼能盖多高，在于它的根基有多牢；一个民族在文明上能走多远，在于她的文化底蕴有多深厚。

基于传统文化底蕴的重要作用，赵老师提出学习传统文化的精华，我们要从一个有文化有知识的人成为一个有思想的人，不仅要考虑文化知识从哪里来，还要考虑为什么会这样、互相之间的关系是什么、最终向哪里去。作为学者，我们要知其然，又要知其所以然，将优秀文化之精华化于心。我们当前所处的时代，也需要大量真正能够学习并掌握传统文化之精华的人，进行文化创新并为学科发展提供新思想、新理论。这样才能文化自主，文化自信。总之，学习中华传统文化之精华，以天地为依，以圣人为师，以经文为学。做精神贵族，做文化贵族。

生活态度：乐观通达

我认为赵老师是一位幸福的老者。何以幸福？赵老师认为幸福＝健康＋快乐。这一公式简单却极为深邃，不快乐的人何谈幸福呢！赵老师提出人生的几种乐，包括亲亲最乐、交友有乐、知足常乐、助人为乐、苦中求乐、趋中致乐、自得其乐、读书雅乐、行路可乐、自然永乐，并且这些乐的内涵一直在更新。

其中，亲亲最乐，亲亲之乐即是天伦之乐，这是宇宙自然赋予人类的一大享受；交友有乐，交友可以使人愉快，轻松，乐观，充满希望，充满勇气，充满信心；知足常乐，知足在于安静淡然，行也安然，坐也安然，富也安然，贫也安然，更在于名也不贪，利也不贪，恬淡寡欲，清静无为，宁静而致远；助人为乐，把帮助别人当作最大的乐事，则心情愉快，胸襟开阔，助人最终助己；苦中求乐，很多时候，吃得苦，做事方能成功，有度量，道德才会高尚，在不触犯原则的小事情上，有时候吃亏是福；趋中致乐，就是中庸之道，寻常而不突出，平凡之意也，采取不偏不倚、调和折中的态度处世，是儒家的主张、传统的美德、做人的风范；自得其乐，幸福的追忆可得到妙不可言的结果，勾画未来生活的美景，勤于跳跃思维，自己往往便能从中得到乐趣；读书雅乐，活到老学到老，知识是人的精神食粮，是人类认识世界的精神动力，也是生命之最快乐的追求；行路可乐，明月清风随意取，青山绿水任君游，行路不仅带来知识增长之乐趣，亦能使身心愉悦；自然永乐，顺应自然则天地宽，胜不骄，败不馁，心清静，身体健，这就是最大的乐。

在生活的乐之外，赵老师主张在学习研究上也要做到"乐学"。孔子曰："知之者不如好之者，好之者不如乐之者。"说的就是学习研究中的快乐之道。按照孔子之言，知道怎么学习研究的人，不如喜爱学习研究的人；喜爱学习研究的人，又不如以学习研究为乐的人。以学习研究为乐的人在快乐中学习研究和实践，既能提高学习研究的效率，还能够加深对知识的理解，这样学到的知识才能够灵活地运用。可见"乐学"才是学习研究的最高境界。

总之，在赵老师身上，道法自然是人生哲学的指引，传统文化是安身立命的底蕴，快乐是幸福的秘诀。赵履宽教授的思想视野、文化底蕴与处事风格，深刻启发着我学习、工作、生活的方方面面，启发我正确对待进与退、得与失、名与利，为生活和实践提供有益的指导。

（作者系中国人民大学劳动人事学院教授）

陈先达：
马克思主义哲学
信仰播种人

【先生小传】

大先生
中国人民大学学术大家访谈录

陈先达，出生于 1930 年，江西鄱阳人。中国人民大学荣誉一级教授，当代著名马克思主义哲学家、教育家，我国培养的第一批马克思主义理论家的杰出代表。曾任中国人民大学哲学系主任、第三届国务院学位委员会哲学学科评议组成员、全国哲学社会科学规划哲学组组长、北京市哲学学会会长、中国历史唯物主义学会会长等。现任教育部社科委哲学学部召集人、北京市社科联顾问、中国历史唯物主义学会名誉会长等。

陈先达 1953 年毕业于复旦大学历史系，1956 年从中国人民大学哲学研究班毕业后留校任教至今。在哲学基础理论、马克思主义哲学史、中国特色社会主义文化理论等方面有精深的研究和著述，并且在历史唯物主义与辩证唯物主义的重要原理、关于人道主义和异化问题、关于真理标准、传统文化与马克思主义哲学以及哲学如何关注现实等方面提出了诸多影响深远的观点。由于为中国马克思主义哲学发展做出的突出贡献，1991 年获国务院颁发的政府特殊津贴。

陈先达的学术专著立足现实，由史入论，倡导哲学研究以问题为导向，关注民族和时代的命运。"从教一甲子，哲思十四卷。"《陈先达文集》（十四卷本）是其代表性成果，获 2018 年北京市哲学社会科学优秀成果一等奖。《走向历史的深处——马克思历史观研究》一书在哲学和社会科学理论界产生了重大影响，1988 年获中国人民大学优秀著作奖，1994 年获北京市哲学社会科学优秀成果特等奖，1995 年获教育部全国普通高校人文社会科学研究成果一等奖，并且多次再版。《人文学科在社会主义文化建设中的地位》《马克思和马克思主义》《理论自信——做坚定的马克思主义信仰者》等成果荣获中宣部"五个一工程"奖；带领学生郝立新、刘怀玉、刘建军等合著的《被肢解的马克思》获第二届吴玉章奖一等奖；《评资产阶级人道主义的出发点》获中国社会科学院优秀论文一等奖（1984）、中国人民大学优秀论文奖（1986）；《评西方马克思学的"新发现"》获北京市哲学社会科学优秀论文二等奖（1986）；参与主编并执笔的《有中国特色社会主义文化研究》获北京市哲学社会科学优秀成果奖一等奖（2000）、吴玉章奖一等奖（2000）等。

  陈先达为人正直，待人宽厚温和，不仅是优秀的哲学社会科学工作者，也是优秀的共产党员。2015年，陈先达在光明日报社与中央电视台联合举办的"寻找最美教师"大型公益活动中入选并位列榜首，荣获"全国十大最美教师"称号。2016年，被评为北京市优秀共产党员，北京市委组织部、市委宣传部和北京电视台为其拍摄制作了《为你而歌——哲学信仰的播种人》专题纪录片。2017年，中央组织部、中央电视台联合推出的特别节目《榜样》播出其先进事迹。

一间斗室，一张书桌，一台电脑，整面书墙。

平日，书房的主人陈先达吃饭、读书、写作、授课都在这里。这位久负盛名的马克思主义哲学家，著作等身、桃李满园，至今勤勉。

站在讲台上，他是全身心投入马克思主义哲学教学的教师；徜徉学海中，他是从未停止思考的马克思主义哲学研究者。躬耕哲学领域近70载，陈先达始终高擎马克思主义思想火炬，发哲学新声、立时代新论，马克思主义哲学教学与研究早已成为他一生的志业。

"哲学家不是社会的旁观者"

1953年，提前一年从复旦大学历史系毕业的陈先达，踏上了国家输送应届毕业生至北京的专列，被分配到中国人民大学马克思主义研究班哲学分班攻读研究生。从此，他与马克思主义哲学结下不解之缘，也开始了与中国人民大学紧密相连的学术人生。忆及过往，陈先达感慨："这是我人生道路的定格，我的学术专业的定格"。

"我们当时的哲学史知识面可能无法和现在的哲学系学生相比，可我们学习马克思主义哲学的热情非常高，有着执着的理想和追求。"在研究班读书的三年时间里，陈先达系统学习了马克思主义哲学，他以张东荪哲学思想为主题作的研究生毕业论文，被推荐在《教学与研究》上发表。毕业后，陈先达留校任教，成为人大哲学系正式成立后的首批教师。作为青年哲学教师的陈先达，已经展现出对马克思主义哲学精髓的深刻理解和对学术研究前沿问题的敏锐洞察。早在1963年，他就在《教学与研究》上发表了论文《实践检验和逻辑证明》，特别强调了实践检验和逻辑证明是不同的，明确提出并论证了"实践是检验真理的唯一标准"这一马克思主义基本观点。

陈先达：
马克思主义哲学信仰播种人

1964年，陈先达被调入人民大学马克思主义发展史研究所工作。后来，人民大学于"文化大革命"期间被迫停办，马克思主义发展史研究所一度并入北京大学。直至"四人帮"的阴谋被粉碎，陈先达才终于回到人大。1987年，他被调回人大哲学系任系主任。历经学海沉浮，他笑称自己在学术上是改革开放的同龄人："改革开放宽松的政治环境，使我获得重新执笔的勇气；改革开放社会大变化，吸引我关注现实问题并敢于发表意见；改革开放以来的安定团结局面，使我能有时间安下心干点儿正经活。"

陈先达认为，最初的20多年只是一段"学术空白期"，自己已经没有了年龄资本，必须奋起直追。宽容和谐的学术环境，为陈先达学术思想的迸发和哲学才华的施展提供了广阔舞台。他决心在学术的道路上重新起步，并作诗自勉："往事不宜频回首，荒园勤锄尚可春。况复柳媚山川绿，十年贻误日兼程。"开始的两年，他着重学习马克思的早期经典著作，尤其是《1844年经济学哲学手稿》，后发表一系列学术论文阐释对这部手稿深刻的学术见解；1982年，他参加编著《马克思恩格斯思想史》并审读全稿，又主编《马克思主义基本原理教程》，两本书分别从纵向史的角度与横向基本原理的角度，把马克思主义作为整体进行论述，在当时的中国学术界具有开创性地位；1983年，他与靳辉明合著的《马克思早期思想研究》出版，此书成为国内最早系统而深入研究马克思早期思想的专著；1987年，他独著的《走向历史的深处——马克思历史观研究》出版，被誉为反映改革开放以来中国马克思主义哲学研究领域学术进展和学术成就的最重要影响的哲学论著之一。

进入21世纪，针对哲学面临的困境和问题，陈先达阐释了马克思主义哲学的本质和功能以及哲学发展的方向。2006年，《中国社会科学》发表了他的论文《哲学中的问题与问题中的哲学》。这篇论文深刻阐释了哲学研究应该更加关注现实中的问题与问题中的哲学，入选《中国社会科学》创刊以来最佳论文。

关注具有现实性和重要性的重大哲学问题是陈先达一以贯之的学术态度。他不热衷从概念到概念的纯逻辑推演，曾概括了从事马克思主义哲学研究和写作的三点经验：一是问题要现实，为正确认识和解决重大的现实政治问题或社会问题提供哲学智慧；二是理论分析要深刻，马克思主义哲学最大的说服力就是文章中的"理"；三是表述要通俗，曲高和寡对马克思主义哲学来说不是优点而是缺点。

"面对文本，我们最多可以做一个哲学史家。而面对事实、面对世界进行思考，我们才可以成为一个哲学家，成为一个思想家。"围绕中国的历史发展、现代化道路和文化等问题，陈先达在《中国社会科学》《哲学研究》《马克思主义研究》等刊物上发表了系列学术论文，出版了《问题中的哲学》《中国百年变革的重大问题》《历史唯物主义与当代中国》《哲学与文化》等著作，在《求是》《人民日报》《光明日报》上发表了数十篇极具思想深度或理论分量的长文，阐述了对中国社会发展问题深刻的哲学思考。

在写作中，陈先达决不故弄玄虚，而是用明白晓畅又极具个人特色的文风，孜孜不倦地传播马克思主义哲学真理："直面问题是我的理论写作风格，这些问题都是理论界关注的热点问题。我宁愿不写，也决不写别人看不懂的概念套概念的文章。"近年来，他将更多的时间和精力用在写作哲学随笔上，先后推出《漫步遐思：哲学随想录》《静园夜语：哲学随思录》《哲学心语：我的哲学人生》《回归生活》《宜园杂论》《史论拾零》《散步·路上——我与学生聊哲学》《哲学与人生》等。这些随笔深入浅出地解答了哲学认知、人生智慧、历史文化、价值信仰等重要命题，使哲学走出书斋、走进人们心中，令读者爱不释手，也被他趣称为"老来得子"。

2015年，全十四卷、共496万字的皇皇巨著《陈先达文集》终于出

陈先达：
马克思主义哲学信仰播种人

版。出版座谈会上，与会专家学者对陈先达从教以来在教学与科研工作中的重大贡献给予高度评价，认为这套文集从走向历史到回归生活，逐步达到了返璞归真的思想境界，充分展示出马克思主义哲学家的理论高度和博大情怀。

从《走向历史的深处》到《问题中的哲学》，从《漫步遐思》到《历史唯物主义与当代中国》，鲐背之年的陈先达至今笔耕不辍。在《九十岁的我》一诗中，陈先达写道："生命是一种奋斗，是一份沉甸甸的责任。九十个春夏秋冬，三万个黑夜黎明。……有限的人生，溶入力的洪流会化作永恒！"

"'青出于蓝'的快乐"

"马克思主义不只是知识，更是一种信仰，我担负着传播马克思主义真理、用马克思主义塑造学生的世界观和人生观的重任。"作为教师，陈先达这样定义自己的角色。自1956年走上讲台，他至今依然和学生在一起："教书育人是最快乐，也是最适合我的工作。"

陈先达的课堂生动有趣、极富逻辑，总是挤满了学生，除本专业的学生之外，还有不少非哲学专业的学生赶来旁听，沉浸于他对哲学"可爱且可信、具有生活气息"的讲解。在讲解时，他力求深入浅出、明白晓畅，为哲学这门似乎艰深复杂的学问赋予了别样的魅力："我不同意把哲学搞得高深晦涩，完全由概念到概念。我喜欢具有生活气息，因此我讲课从来不照本宣科。我讲自己所想的东西，我讲的问题基本上整理出来就是文章。对我来说，教学、科研、文章都是一体的。""没有科学研究支撑的教学，水平难以提高；脱离教学的研究，不面对社会实践提出的问题、不面对学生中存在的问题的哲学研究，不可能把握时代脉搏，与时代同步。空对空，不可能发挥马克思主义立德树人的作用。"

中国人民大学明德书院院长、教授郝立新是陈先达带的第一届硕士生，他至今对陈先达引人入胜的课堂讲授记忆犹新："我还记得有一年，先生讲《反杜林论》，居然有人乘飞机赶来听课。"

因为对马克思主义经典著作了如指掌，陈先达被学生称为"行走的马列字典"。但凡遇到出处不定的引文，只需向他询问，总能得到精确到章节的回答；遇到意义不解的原典，只需向他询问，总能得到醍醐灌顶的点拨。"学生们经常来问问题，我的家门永远向他们敞开……除了教室，我的家和林荫道都是课堂。"直到今天，熟知他散步习惯的人大师生都愿意到他常出现的地方多走走，或许能"碰巧"跟这位边踱步边思索的可亲老人打招呼、问声好，一起走走、一块儿聊聊。他也乐于和年轻人同行，笑称"永远和年轻人在一起，永远与书为伍"可以让自己心态永远年轻。

陈先达鼓励学生进行自己的思考和探索，开展学术创新："我对我的博士生说，每人的水平不可能一样，十个指头还不一般齐，你们要有创造性，有新观点、新见解，我双手赞成。"郝立新也一直谨记恩师言传身教的道理："先生总是告诫我们，哲学是时代的思想，要用哲学思维破解现实问题，不能脱离现实。他就是这样，一直站在时代的前列，思想永远富有活力，可以说，他的学术生命永远年轻。"

同时，陈先达也强调创新的前提是做到两个正确：一是政治方向要正确，二是理论方向要正确。"方向不对，跑得越快，错误越大。"他常常叮嘱学生们要在变动不居的时代培养坚定的信念："尽管时代流转，但只要我还站在讲台，就必须与时俱进，关心最新的时事。可我从来不迎合学生，我是有原则的。错误的思想思潮，我对它们有分辨能力，也要提高学生的分辨能力。学术应该是坚定的，是一以贯之的，不该是赶时髦的。"

陈先达认为，大学最大的特点在于"既是传授知识的地方，也是培养

陈先达：
马克思主义哲学信仰播种人

人的地方"，对于许多人视作不容置疑的口号"知识改变命运"，他进行了辩证的思考与分析。他十分推崇法国哲学家蒙田讲过的一句话："一个没有善良知识的人，任何知识对他都是有害的。"他要求学生善用知识，绝不能做"精致的利己主义者"，在运用知识改变个人命运的同时，也要对国家和民族做出贡献，"既有自己的才能，同时也有自己的贡献，我们高校应该培养这种人"。

对于普遍存在的"哲学无用论"，陈先达也曾撰文回应："对很多人来说，专业学习都比较上心，因为它是'硬件'，是谋生手段和就业技能，但却往往忽视学习哲学，因为哲学被视为无用之学。这种看法，当然是片面的。""不学习哲学，我们就没有生命的精神支柱，没有正确的思维方法和分析、判断能力。人生的最大危机，不是仅仅因为没有某种专业技能，而是生活意义和生活价值的丧失，是思想信仰、理想和价值观的危机。"他细数哲学对各类人群的重要性：担任领导工作的干部，一定要重视哲学学习，尤其要重视学习马克思主义哲学，"这是我们确立理想和信仰的基础，是我们用以处理复杂问题、认识和解决实际问题的世界观和方法论"；与科学事实，与数据、实证打交道的科学工作者也需要哲学，"什么是事实？什么是数据？什么是信息？如果不首先解决一个重大的哲学问题，即世界的客观性问题，这些问题都无从解决"；即使是普通人，只要还在生活着，也都需要哲学，"只要进入生活的目的，进入关于生活中的幸福和痛苦，进入如何看待生活中的甜酸苦辣、悲欢离合、生老病死，便进入了哲学领域"。

陈先达深耕马克思主义哲学厚土，却唯恐读书太窄、范围太小、局限性太大，主张并实践读书要"杂"。"至今我仍以读书太少、知识面太窄为憾。"他总是告诉学生们要精读马克思主义经典著作，但也要读点儿别的书："杂食有益，生理如此，精神亦如此。""我是研究马克思主义哲学的，当然喜欢读马克思主义经典。但马克思主义经典以外的书，中国哲学、西方哲学方面的书，我也读点儿，不能一无所知。"

2015年，在光明日报社与中央电视台联合举办的"寻找最美教师"大型公益活动中，陈先达荣获"全国十大最美教师"称号。教书育人一辈子，"讲课"对于他来说，不仅是职业，更是志业，是终生的乐事："我的收获是有一群好学生……这是'青出于蓝'的快乐。"

"我坚信马克思主义的真理性"

"就我的浅薄知识而言，到现在为止，我还没有发现有哪种学说，其立场是为无产阶级和全人类，其理论论证逻辑是如此严密、不可反驳，其实践效果是如此巨大。一个半世纪以来，它改变了世界的政治格局，创造了一个前所未有的社会，得到如此众多学者的研究和人民的拥护。多少御用学者进行围剿和曲解，不能动其分毫；多少政府视其如洪水猛兽，无法阻止它的传播。"从教近70载，陈先达始终是马克思主义的坚定信仰者："在当今世界，马克思列宁主义是普照之光。它在中国成为中国马克思主义，成为当代中国马克思主义。"

陈先达始终确信，不相信马克思主义的人，"是绝不能来学习马克思主义的"。许多学生刚开始学习时对马克思等人的学说并不十分理解，陈先达认为这是可能的，也是无可厚非的。对于这些学生，他循循善诱，引导他们在学习中慢慢理解、慢慢掌握，一步一步坚定地向上攀登，并告诉学生："只要你选择马克思主义专业，你就必须有坚定的信念。我们这个专业和别的专业最大的不同在于，它不但是知识，而且关乎信仰。如果没有信仰的话，你这门课不可能学好。"而对于不纯粹不坚定的学习者，他表现出了少有的冷峻："如果你抱着一种'这个学科容易学、容易混'的

陈先达：
马克思主义哲学信仰播种人

态度，你趁早转到别的学科去……你单纯把它作为一种谋生手段是不行的，这是我们和其他专业的教师最大的不同。我不仅传授知识，同时也传播一种信仰。"

在陈先达看来，"姓马"容易，"信马"不易，"姓马"是专业，"信马"是信仰。专业可以变为单纯谋生的手段，而信仰则是高于谋生的精神追求。有信仰，才能立场坚定、旗帜鲜明，才能有从容淡泊的为学信念和胸怀天下的责任感。

从事马克思主义教学与研究的时间越长，陈先达越是为马克思主义真理的力量折服。他强调，马克思主义的信仰是以事实为根据、建立在规律基础上的，越是深入地理解马克思主义的科学性，个人信仰越是坚定。"不是因为信我才信仰，而是经过学习和研究才确立我的信仰。马克思说过，'真理是普遍的，它不属于我一个人，而为大家所有；真理占有我，而不是我占有真理'。是马克思主义真理掌握了我，而不是我掌握了马克思主义真理。"

针对把马克思主义宗教化的现象，陈先达毫不留情地撰文批驳："指摘马克思主义把资产阶级定为罪人，无产阶级视为上帝选民，资本主义视为罪恶，共产主义视为千年王国，是一种常见的歪曲和曲解马克思主义本质的伎俩。马克思主义宗教化，是把为改变此岸世界而斗争的学说，变为憧憬彼岸世界的梦想。理想化为幻想，革命学说变为劝世箴言。"他明确区分了马克思主义信仰与宗教信仰的区别：马克思主义是极世的、改造社会的，是治河换水、治水救鱼的；宗教信仰是极心的、自救自赎的，不企图改变世界、改变社会……马克思主义解决的是社会不公问题，而宗教解决的是个人灵魂失衡问题。宗教抚慰对宗教信仰者有效，而对非信仰者无效。马克思主义以解放人类为目标，解决社会向何处去的问题。不管你对马克思主义信与不信，消灭剥削，消除两极分化，消灭阶级，获得解放的不是某个人，而是整个社会。

　　马克思曾把科学研究称为"地狱"的入口，在陈先达看来，从事马克思主义研究必须具备这种精神。"我们这个专业无法与那些直接与市场需要挂钩的专业相比，既不能成为空中飞人，也不可能日进千金，更不会有这个那个国际基金会'慷慨解囊'。马克思主义不能成为个人发财致富的科学，但在我国，它关系坚持马克思主义在意识形态的指导地位，关系高举中国特色社会主义旗帜、坚持中国特色社会主义道路。不从整个中华民族复兴的前途和命运的高度出发，仅仅以个人经济效益为尺度是无法衡量出马克思主义这个专业的重要性的。"

　　坚信马克思主义，并不意味着把马克思主义经典中的每句话视为绝对真理。陈先达一直力求区分马克思主义基本原理和个别论断，从实际问题出发来研究马克思主义，反对把马克思主义与中国现实相割裂；他注重的是马克思主义的世界观和方法论价值，反对以唯心主义解释学方法对待马克思主义文本，陷入一千个研究者有一千种马克思主义的理论"困境"。"马克思主义不仅批判世界，而且提倡自我批评。……一个坚定的马克思主义者，不仅对反马克思主义思潮具有战斗性，还能够审查自身理论阐述的真理性和说服力。一个只能接受点赞而不接受批评的共产党，不是成熟的共产党；一个只讲蛮话、讲硬话，不准对自己观点质疑的人，不是真正的马克思主义者。马克思主义者的坚定性表现为勇于坚持真理、敢于实事求是。乌云难以蔽日，真理不怕反驳。"

　　陈先达将从事马克思主义理论工作视为自己人生的一种幸运。因为总是埋头于研究工作中，他常常被老伴"敲打"。他曾幽默地描述："老伴对我不按时吃饭很有意见，经常亮黄牌。我虽然保证下次不写，但没过几天又旧病复发。不敲敲字，心里老是发空，这大概是知识分子的宿命。既然选择了马克思主义，就应该发声。发声，是一个马克思主义者的历史使命和责任。"

"文求有骨诗求魂"

陈先达至今对少年时遭遇日军空袭的情景记忆犹新：掠过头顶的轰炸机那样低，甚至能看到驾驶员的模样。"看看巴黎和会时的中国，再看看APEC、G20会议中的中国！"陈先达声音洪亮地说，"我就认定了，中国要是没有共产党，什么问题都解决不了；要是没有马克思主义，什么问题都解决不了！"

亲历中华民族从站起来、富起来到强起来的伟大飞跃，陈先达始终坚持用哲学家的思想表达对国家命运的关注。见证着改革开放以来取得的伟大成就，他更坚定了宣传和捍卫马克思主义的行动自觉。

针对社会上出现的各种思潮，陈先达总是旗帜鲜明地撰文表态："理论要能说明当代世界问题、说明中国问题。如果不能说明中国现实问题，乱花迷眼，往往会因为迷茫而发生理想破灭。"他高度赞扬改革开放以来取得的举世瞩目的成就和马克思主义中国化的新成果："这是任何一个有良知的中国人都能亲身感受到的。从我出生以来，从来没有像现在这样作为一个中国人而扬眉吐气。"他反对蓄意抹黑中国，或令人怀疑地借事起哄，曾发表《改变马克思主义被边缘化的状况》《批评、抹黑及其他》《自由与任性》《马克思主义理论工作者的社会责任》等文章，一针见血地点明："我们应该欢迎批评，但拒绝抹黑。抹黑不是批评，不是抨击不良社会现象，而是'意在沛公'。"

陈先达并不因为受过挫折就曲学阿世或噤若寒蝉，也从不讳言自己的立场和观点，他常常对国家发展过程中出现的现实问题有着鞭辟入里的分析："该说什么我还是说，对得起马克思主义良心。"在他看来，"文革"

十年中某些惨无人道的不法行为应该批判，社会主义人道主义应该肯定，但抽象人道主义绝不是心灵疗伤的良药，不能作为总结"文革"十年教训的哲学指导："我们应该发扬社会主义人道主义，反对抽象人道主义，用唯物主义历史观对'文革'十年进行反思。""历史的车轮飞速前进时，会碾碎陈旧腐朽的东西，也可能伤及路边的鲜花小草，这就是历史进步的代价。毫无疑问，我们社会中出现的一些令人不满意的现象，有其复杂的社会原因，完全可以采取正确的措施逐步扭转。""十八大以来全面从严治党，大力惩治腐败，使我看到了希望，看到了国家和民族的前途，感到无比畅快。"

"在当代中国，文化自信是具有时代性的命题。"陈先达认为，文化自信是国家强大的表现，而自信心的丧失是附着在民族危机心灵上的文化毒瘤。"不懂中国历史，尤其是不懂近百年中国的奋斗史，不懂中国共产党的革命和建设历史，就难以理解文化自信的丰富历史内涵；不懂得马克思主义传入的重要意义，不懂得中国传统文化的创造性转化和创新性发展，不懂得红色文化和社会主义先进文化的创立是中国文化在当代的发展，就不懂得文化中的传统与当代的辩证关系。"

作为一名马克思主义理论工作者，陈先达深感肩负着当仁不让的历史使命和社会责任。"如果说，高校是意识形态工作的前沿，那教员就是坚守前沿的战士。……我们处在意识形态领域前沿，如果我们不作为或乱作为，祸害无穷；但又要有水平，道理一定要讲清、讲明、讲透。空话、大话、套话，无济于事，甚至适得其反。战士的水平决定于枪法，而我们的水平决定于是否能有的放矢。"对于人文社会科学研究和意识形态工作的密切联系，他特别指出："任何人文社会学科专业都有一个指导思想问题，不可能非意识形态化，不可能价值中立。历史学有历史观问题，新闻学有新闻观问题，文学艺术有文艺观问题，社会学有社会观问题，如此等等。

陈先达：马克思主义哲学信仰播种人

'观'，是全局性问题，是关系这门学科的基本立场、价值取向、研究方法和结论的客观性问题。可以说，'观'是人文社会学科的灵魂。"他格外重视思想政治理论课在育人工作中的关键作用，强调："在高校，思想政治理论课教学可以说是前沿的前沿，这是由这门学科的内容和任务决定的……它要求人文社会各学科的相互配合，不能各吹各的号，各唱各的调。"

陈先达坚持治学育人的现实品格也印证着中国人民大学"始终奋进在时代前列"的责任担当。"我们培养的学生应该是适合我们自己国家需要的，这是最重要的。我们输送的人才也应该是有利于我们自己国家建设的。"陈先达认为，只有认清自身使命，回应社会与时代的需求，才能让大学重回立学之基、治学之本。他对这所缘牵70载的著名学府怀有最深厚的感情，也寄予最热切的期望："人民大学，因为它的性质，决定了它在国内的地位和在世界的地位是不一样的。"

"中国知识分子具有爱国忧时的民族精神传统，老年知识分子更是如此。"陈先达十分感谢宽松的环境为自己发挥余热创造了条件，至今勤于学习，乐于接触新事物，愿意和年轻人打交道："我最得意的不是这些著作，而是1995年65岁时开始学电脑，而且学的是五笔……前些年，我也赶时髦学会玩微信。我的朋友圈不大，主要是同事和学生。会微信，好处不少，见闻多了，避免老年人缺少交往的闭塞。有时和学生开点儿无伤大雅的小玩笑，增加点儿'老来乐'。"

陈先达曾作诗表达自己对生活和生命的态度："老而弥坚不算老，文求有骨诗求魂。"他说，要争取活一百岁，"以现在的医疗和生活条件，不算奢望。如果能亲眼看到我们伟大祖国实现民族伟大复兴，不是光复汉唐盛世，而是一个全面实现了社会主义现代化的新的中国，我就不枉此生"。

（执笔人：杨　默　刘晓炫）

> **大先生**
> 中国人民大学学术大家访谈录

【侧记】

行走在思想与时代之间的哲人

郝立新

陈先达先生是当代中国哲学界著名哲学家之一，也是当代中国马克思主义哲学研究领域的旗帜性人物。我 1984 年考入中国人民大学，有幸跟随先生攻读马克思主义哲学专业的硕士和博士学位，而后又留校任教，一直得到先生的谆谆教诲，受益无穷。

以身闻道求理的哲学境界

追求真理、探寻规律、改造世界，是马克思所推崇的"真正的哲学"的使命。真正的哲学和哲学家应该在思想中反映或把握时代。先生的诗句"闻道犹能以身求"，是其在哲学信仰上笃定不移、在哲学事业上辛勤耕耘的人生写照。

先生的演讲和论著具有鲜明的现实品格、深刻的哲理分析和独特的文采风骨。他在《光明日报》发表的自传体随笔《专业、职业与信仰——我的治学之路》中，阐述了自己的学术主张，强调理论研究应坚持三个原则，即问题要现实，理论分析要深刻，表述要通俗。

问题应该是现实的，并非说哲学都是直接讨论现实政治问题或社会问题，而是指要能为正确认识和解决自己面对的重大现实问题提供哲学智慧；理论分析要深刻，意味着真正的理论就是要论理，最大的说服力就是

陈先达：
马克思主义哲学信仰播种人

文章中的"理"，无理可言就不能称为理论文章；表述要通俗，是指深入基础上的浅出，"浅入浅出没水平，浅入深出低水平，深入浅出才是高水平"。

先生对哲学研究中的"问题"具有独到而深刻的见解。他在《问题中的哲学》和《处在夹缝中的哲学》中认为，马克思主义哲学既是哲学的变革，又是变革的哲学，它不仅重视哲学中的问题，更重视问题中的哲学。哲学的深刻性在于触及思想历史和社会历史的深处。对象的整体性决定了研究的整体性。20世纪80年代出版的由先生作为主要执笔者撰写的《马克思恩格斯思想史》和由先生主编的《马克思主义基本原理教程》，分别从纵向史的角度和从横向基本原理的角度，把马克思主义作为一个整体来论述，这在当时中国学术界算是开创性的。

立足学术前沿的哲学探索

从20世纪50年代中期起，先生就开始发表哲学论文。26岁的他以《批判张东荪的哲学思想》为题写的研究生毕业论文，在《教学与研究》上发表。他在《教学与研究》1963年第4期发表的《实践检验和逻辑证明》，明确提出并论证了"实践是检验真理的唯一标准"，这在当时是难能可贵的。

20世纪80年代，国外马克思主义研究对国内产生了较大而复杂的影响，哲学学术研究也逐渐"解冻"。先生与靳辉明教授合著的《马克思早期思想研究》，是国内最早系统而深入研究马克思早期思想的专著。

真理需要碰撞才能闪光。《1844年经济学哲学手稿》（以下简称《手稿》）是马克思早期思想中最具影响的著作之一，也是学术界最为关注和争议较大的一部著作。先生写于1981年末的《马克思异化理论的两次转折》一文，对马克思的劳动异化理论进行了深刻阐释。他把异化理论置于历史的辩证思维中来认识，指出《手稿》中关于异化劳动的理论，既不是起点也不是终点；马克思的异化理论经历了两次重大转折，是一个活生生的、包含矛盾的过程。

先生对《手稿》的主题和主题论证的分析也颇有新意。他认为《手稿》关于无产阶级的阶级地位和人类解放道路论述的特点在于：一方面以私有制为基础，从经济事实出发；另一方面又求助于人的本质，对无产阶级的地位和人类解放的论证带有人本主义烙印，这个哲学论证是不完善的。

除了对马克思的早期思想研究外，先生对各个时期的哲学前沿问题也高度关注并进行研究。《中国社会科学》2006年第2期发表了其力作《哲学中的问题与问题中的哲学》，入选《中国社会科学》创刊以来最佳论文。

走向历史深处的哲学洞见

先生在哲学研究上的学术贡献，还突出地表现在沿着马克思历史观的思想轨迹，达到对马克思历史观内在逻辑的深度把握，以及对历史本质和发展规律的深刻认识。

20世纪80年代中期出版的《走向历史的深处——马克思历史观研究》，是先生最具代表性的学术著作。这部著作的一个重要特点在于，克服了普遍存在的在方法论上史论分离即历史研究和理论研究相脱节的缺点，既着力从凝结的形态上去把握马克思历史观的理论结构，又尽力从流动的形态上去探究马克思历史观演进的逻辑理路，并把思想史研究与理论专题研究有机地结合起来，展示了一幅马克思思想发展的立体图景。

马克思的早期思想以浓缩的形式再现了德国古典哲学中人道主义历史观的逻辑进程，但他绝没有简单地重复这一过程，经济学的研究对马克思的思想飞跃具有决定性的意义。先生不囿于旧说，对马克思历史观的理论来源、唯物史观形成的逻辑进程、人的本质问题、唯物史观的出发点问题等都提出了许多独到深刻的见解。

《走向历史的深处——马克思历史观研究》出版30多年来，多次加印和再版，成为国内许多高校马克思主义哲学专业的指定必读学术经典文献。

在马克思历史观研究方面，先生围绕历史唯物主义的争论和热点问题，阐释了历史的客观性、规律性和目的性，探讨了历史唯物主义的史学功能、历史的价值评价和道德评价等问题，从不同角度彰显了马克思主义哲学的解释力和生命力。

面向中国问题的哲学阐释

直面问题是先生一贯的研究特点和写作风格。他常说："哲学家不是社会的旁观者。"他围绕中国的历史发展、现代化道路和文化等问题，撰写了系列论文、著作和文章，产生了较大反响，显示了当代中国马克思主义哲学家的社会担当和思想魅力。

先生对中国问题的现实关注和哲学阐释具有鲜明的特色。

首先，坚持宽广而深远的问题视域。先生主张把关系中国发展的整体和全局的重大问题纳入哲学研究的视野。在他看来，马克思主义中国化的基本经验是当代中国最具理论性和实践性的课题。

其次，主张把中国发展问题纳入历史辩证法视野中来考察。中国近百年的历史逻辑表明，站起来、富起来和强起来三个阶段之间存在内在关联性，要从规律性高度来认识这一问题。中国历史的深刻变革，是中国与世界互动关系性质的变革。

再次，对文化问题给予了特别的关注。近年来，关于中国道路的争论再度兴起，出现以"马克思主义中国化"、"儒化"和"西化"为特征的文化理论的争论。"如果不站在历史唯物主义的高度把握这三个'化'的本质，就会在中国特色社会主义道路问题上缺乏文化自信。"

先生主张站在社会形态更替的高度来审视马克思主义和中国传统文化的关系。既要看到只有以马克思主义为指导才能变革中国社会，又要看到马克思主义在中国必须与中国传统文化有机结合才能获得强大力量。

儒学成为中国传统文化的正统和主导，但不能把中华民族的基本精神简单归结为某一家，要充分认识中华优秀传统文化的核心理念，即它的人文精神和高尚的道德情操，这是我们立德树人的重要思想资源。

回归生活世界的哲学遐思

回归生活是先生经常倡导的哲学方向。按照他的自述，其学术生涯有两次重要变化：一次是从20世纪80年代初起，由马克思主义基本原理的研究转向马克思主义发展史的研究；另一次是从20世纪90年代中期始，从长文转向偏重短文或随笔。

20多年来，先生先后推出了一系列哲学随笔，如《漫步遐思：哲学随想录》《静园夜语：哲学随思录》《哲学心语：我的哲学人生》《回归生活》《宜园杂论》《史论拾零》《散步·路上——我与学生聊哲学》《哲学与人生》等。这些随笔，是对哲学的生活本性的一种回归。生活需要哲学的解读与引导，哲学需要生活的土壤与动力。正如先生所总结的那样："如果哲学不关心人民，人民也就不会关心哲学；哲学不关心社会，社会也就不需要哲学。"

先生在《九十岁的我》一诗中写道："生命是一种奋斗，是一份沉甸甸的责任。九十个春夏秋冬，三万个黑夜黎明。……有限的人生，溶入力的洪流会化作永恒！"他用自己的思想和笔，谱写了不平凡的哲学人生，也充分展示了马克思主义哲学家的思想境界、理论高度和博大情怀。

（作者系中国人民大学明德书院院长，教授。原文刊载于《光明日报》2020年6月29日11版，收入本书时有所删减，标题重新拟定）

参考文献

邬沧萍

[1] 邬沧萍. 百岁人生：邬沧萍口述实录［M］. 北京：人民出版社，2021.

[2] 李娟娟."生老之学"的开拓者：邬沧萍传［M］. 南京：江苏人民出版社，2020.

[3] 邬沧萍. 从人口学到老年学：邬沧萍自选集［M］. 北京：首都师范大学出版社，2010.

[4] 邬沧萍，姜向群. 老年学概论［M］. 北京：中国人民大学出版社，2006.

黄　达

[1] 黄达. 与货币银行学结缘六十年［M］. 北京：中国金融出版社，2010.

[2] 宋科. 黄达传略［M］. 北京：中国人民大学出版社，2017.

[3] 张杰，宋科. 黄达教授访谈录［J］. 经济学动态，2019（11）.

[4] 李成刚. 黄达：中国金融学发展的奠基人［J］. 中国中小企业，2016（8）.

戴　逸

[1] 高亚鸣. 史海寻踪：戴逸传［M］. 南京：江苏人民出版社，2012.

［2］戴逸．皓首学术随笔：戴逸卷［M］．北京：中华书局，2006．

［3］沈秋浓．蕴藏于戴逸心底的往事［J］．世纪，2010（5）．

［4］李梦超．戴逸的清史情结［N］．人民日报，2003-02-27．

［5］潘玥斐，魏颖琦．戴逸：一生修史　孜孜以求［N］．中国社会科学报，2019-10-11．

［6］戴逸．治史入门：我的学术生涯［N］．北京日报，2022-03-14．

方汉奇

［1］陈昌凤．亦师亦友　笔走千秋［N］．人民日报，2016-01-07．

［2］邓绍根，游丹怡．方汉奇：一砖一瓦搭建新闻史学科大厦［N］．中国社会科学报，2022-01-19．

［3］叶雨婷．九旬先生的"知音情"，跨越了时间与海峡［N］．中国青年报，2022-01-31．

［4］方汉奇．方汉奇文集：增订版［M］．北京：清华大学出版社，2018．

李震中

［1］李震中．计划经济学［M］．北京：中国人民大学出版社，1983．

［2］刘瑞．国民经济学科发展史［M］（未发表）．

许征帆

［1］洪国靖．中华人物大典［M］．北京：新华出版社，1997．

［2］国务院学位委员会办公室．中国社会科学家自述［M］．上海：上海教育出版社，1997．

［3］刘建军．着力构建科学的马克思主义观：许征帆新著《时代风云变幻中的马克思主义》评述［J］．马克思主义研究，1999（2）．

［4］刘建军．真理的传播者：马克思主义理论教育家许征帆［J］．北京教育

（高教版），2002（2）．

何沁

［1］张海星，齐鹏飞．求真·求实·求善：评何沁教授主编的《中华人民共和国史》第三版［J］．北京党史，2011（2）．

［2］高燕燕，宋洁．何沁：知难而进　目标始终如一［J］．教育与职业，2008（10）．

高铭暄

［1］刘亚．高铭暄：我与刑法70年［N］．检察日报，2019-09-30．

［2］张明巍．高铭暄2022年口述史资料整理［M］．北京：中国人民大学出版社，2022．

胡　钧

［1］沈尤佳．胡钧先生学术传记［J］．生产力研究，2008（3）．

［2］侯孝国．经济学家：胡钧［J］．中国人民大学学报，1995（5）．

严瑞珍

［1］李稚．一部具有现实指导意义的佳作：严瑞珍、王沅著《中国贫困山区发展的道路》评介［J］．管理世界，1993（4）．

［2］文道．农业经济学家：严瑞珍［J］．中国人民大学学报，1991（6）．

［3］严瑞珍．根除贫困　走向小康［N］．农民日报，2020-11-16．

赵履宽

［1］赵履宽．道法自然　心向往之：我的八十八个春秋［M］．北京：中国人民大学出版社，2017．

［2］杨勋．心路：良知的命运［M］．北京：新华出版社，2004．

［3］李成刚．赵履宽：创建中国特色的劳动科学知识体系［N］．中国经济时报，2016－07－08．

［4］董克用．劳动经济学家：赵履宽［J］．中国人民大学学报，1994（5）．

陈先达

［1］张颖天．陈先达：立学为民　治学报国［N］．光明日报，2019－03－31．

［2］陈先达．马克思主义理论工作者的社会责任［N］．光明日报，2015－03－25．

［3］陈先达．专业、职业与信仰：我的治学之路［N］．光明日报，2010－03－30．

其他参考文献

［1］中国民大学校史研究丛书编委会．求是园名家自述：第1辑［M］．北京：中国人民大学出版社，2010．

［2］中国人民大学校报编辑部．大师渊范［M］．北京：中国人民大学出版社，2017．

后记

桃李不言，下自成蹊。

近年来，中国人民大学师资队伍建设成效喜人，涌现出一批又一批传道授业的杰出代表。以卫兴华教授、高铭暄教授为榜样的大先生荣获"人民教育家"称号，多位教师获北京市高等学校教学名师奖、北京市高等学校青年教学名师奖等奖项，他们为建设世界一流的中国特色社会主义大学赓续血脉、增砖添瓦。

时代的鼓点永不停歇，育人的道路宽广向前。

在进行本书文稿编写工作之时，我们满怀对大先生们的敬意，到历史的深处追溯大学之道的源头。

囿于时间和篇幅，本书展现了12位著名人大学人的风采，他们既具有相当的学术造诣和深厚的学术资历，又具有广纳英才而育之的慧眼与胸襟。他们的人生历程是一座座取之不尽的学术宝藏，可以使青年学子在字里行间仰望学术之崇高，为广大读者展示中国人民大学85年来与党和国家同呼吸、共命运的精神品格，展现"始终奋进在新时代前列"的人大风骨。

我们相信，在大先生的故事中，青年学子会找到为学、为事、为人的

后 记

范本，青年教师会发现教育的根本问题"为谁培养人、培养什么人、怎样培养人"的答案，青年一代将在与新时代同向同行、共同前进的过程中成就一番伟大事业。

本书篇目多、文字量大，加之编写时间紧张、编辑人数有限，不妥之处，恳请读者指正。在此，对书中所访大先生及其学术传承人致以敬意，并感谢社会与人口学院、财政金融学院、历史学院、新闻学院、应用经济学院、马克思主义学院、法学院、经济学院、农业与农村发展学院、劳动人事学院、哲学院（排名不分先后）师生对本书组稿工作的大力支持，感谢王宏霞等编辑精心编校。

本书编写组

2022 年 7 月 1 日

图书在版编目（CIP）数据

大先生：中国人民大学学术大家访谈录/中国人民大学校报编辑部编著. -- 北京：中国人民大学出版社，2022.9

ISBN 978-7-300-30889-0

Ⅰ.①大… Ⅱ.①中… Ⅲ.①中国人民大学-教育家-访问记 Ⅳ.①K825.46

中国版本图书馆 CIP 数据核字（2022）第 139219 号

大先生
——中国人民大学学术大家访谈录
中国人民大学校报编辑部　编著
Da Xiansheng

出版发行	中国人民大学出版社		
社　　址	北京中关村大街 31 号	邮政编码	100080
电　　话	010-62511242（总编室）	010-62511770（质管部）	
	010-82501766（邮购部）	010-62514148（门市部）	
	010-62515195（发行公司）	010-62515275（盗版举报）	
网　　址	http://www.crup.com.cn		
经　　销	新华书店		
印　　刷	涿州市星河印刷有限公司		
规　　格	170 mm×230 mm　16 开本	版　　次	2022 年 9 月第 1 版
印　　张	17　插页 3	印　　次	2024 年 4 月第 3 次印刷
字　　数	214 000	定　　价	108.00 元

版权所有　侵权必究　印装差错　负责调换